相米慎二の台本

残っていた私物の台本を初公開

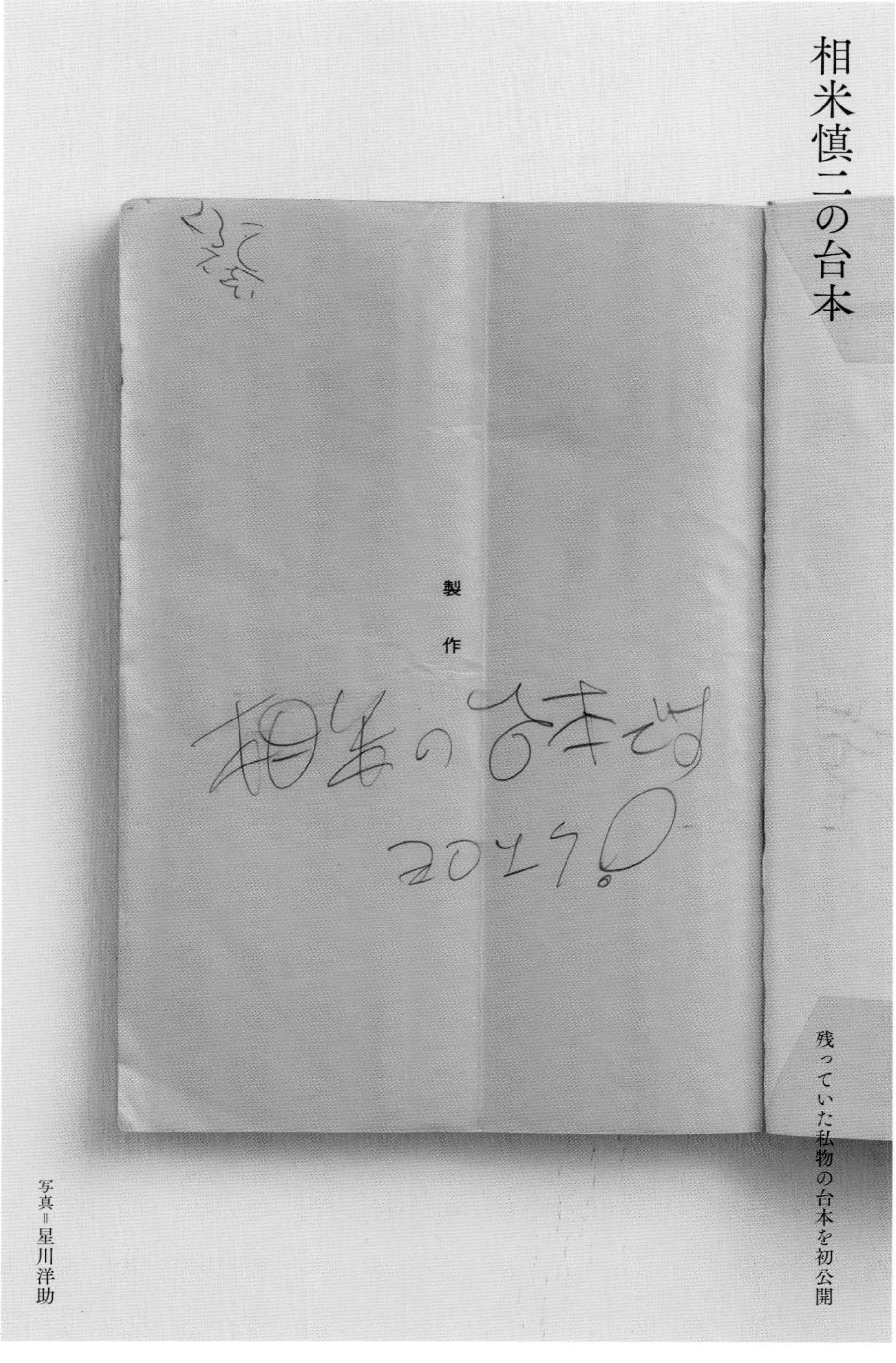

写真＝星川洋助

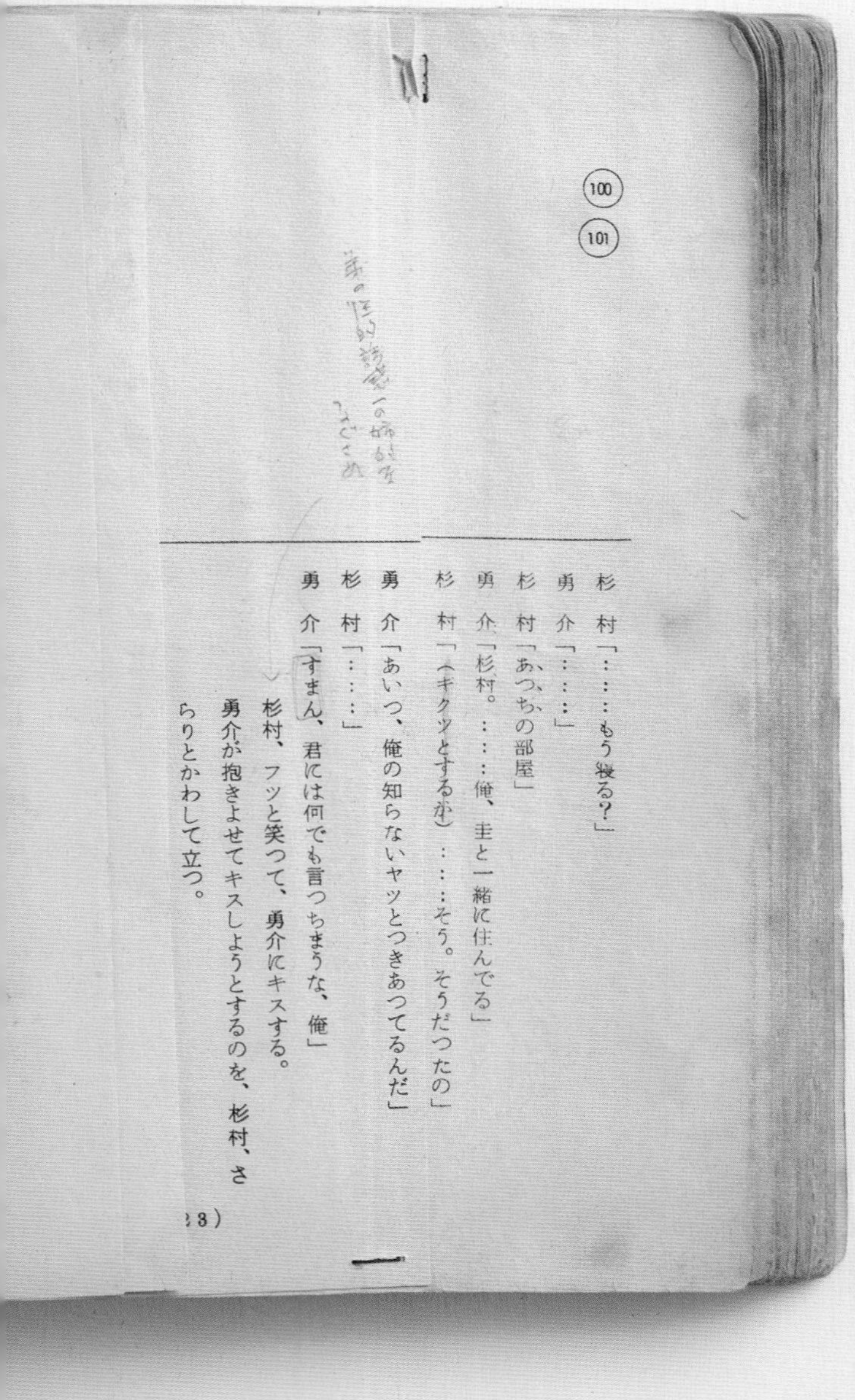

100

101

杉　村「……もう寝る?」

勇　介「……」

杉　村「あつちの部屋」

勇　介「杉村。……俺、圭と一緒に住んでる」

杉　村「（ギクッとするが）……そう。そうだつたの」

勇　介「あいつ、俺の知らないヤツとつきあつてるんだ」

杉　村「……」

勇　介「すまん、君には何でも言つちまうな、俺」

　杉村、フッと笑つて、勇介にキスする。

　勇介が抱きよせてキスしようとするのを、杉村、さらりとかわして立つ。

33)

織田「……った、綸澤君によって、初めての試合の前は興奮して眠れないんだ。それでみんなダメになる」

圭「……」

織田「しかし安心したよ。これも圭ちゃんが傍にいてくれるおかげだ」

圭「……」

織田「明日、圭ちゃんも必ずきてくれよ。新人戦の出場が決まったら、ちょっと頼みたいことがあるんだ。じゃ・おや」

(133)

圭がドアを……

「新入戦」のポスター等が貼ってある。

圭、勇介のヘッドホンをつけ、ボクシングの本をバラバラとめくる。

虚脱した顔。

棚のカラースプレーをもてあそび、唐突に白いレースカーテンに吹きつける。

翔んだカップル

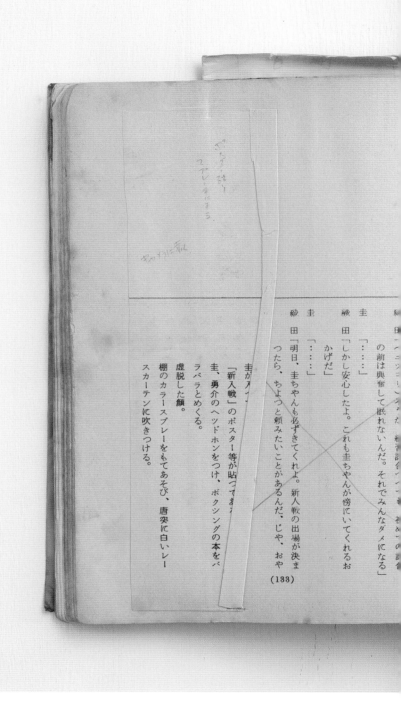

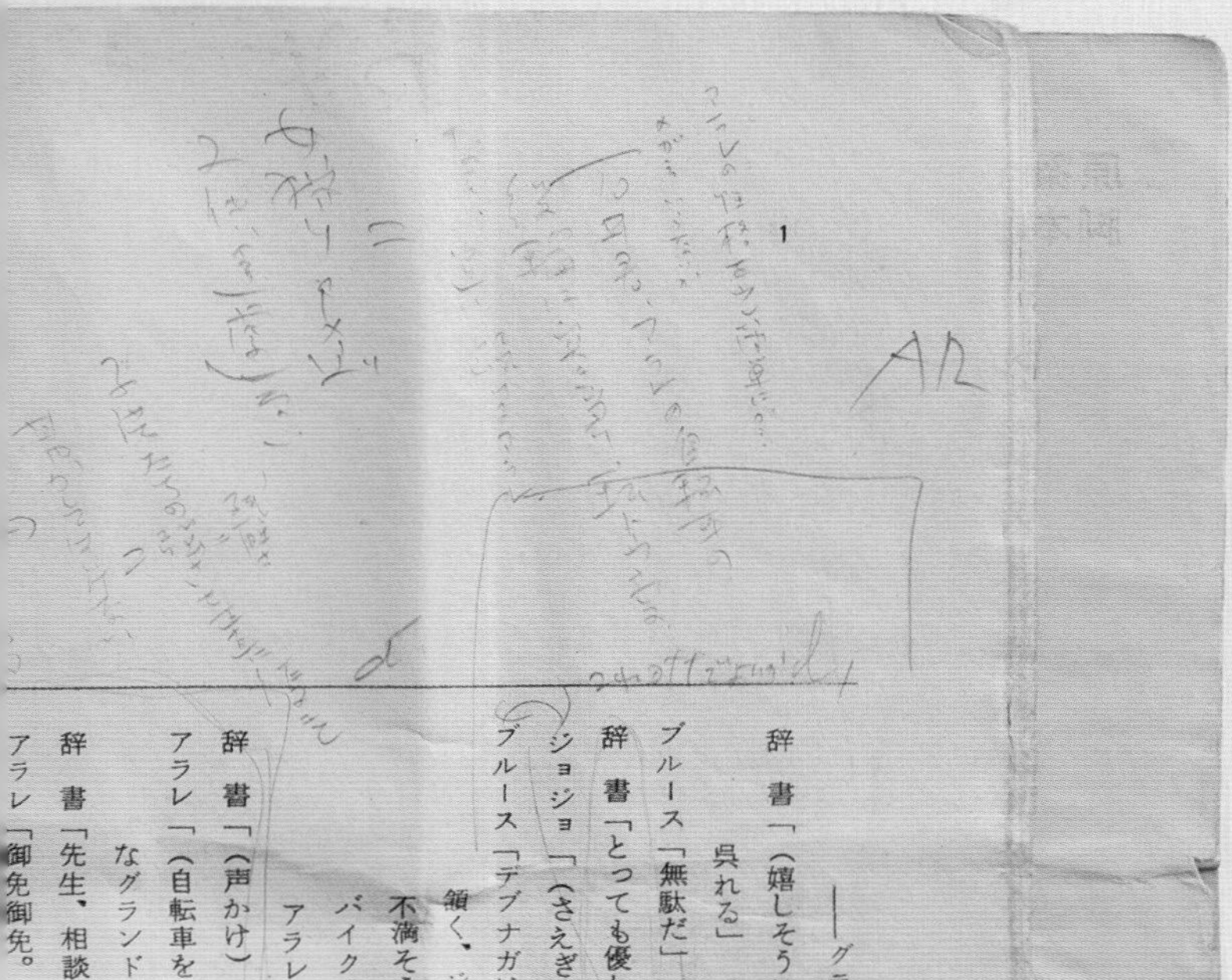

1

――グランドに出るジョジョ達。

辞　書「（嬉しそうに）アラレ先生だったら、僕達の話、聞いて呉れる」

ブルース「無駄だ」

辞　書「とっても優しくって……」

ジョジョ「（さえぎり）先公は皆んな、同じさ」

ブルース「デブナガは、僕達だけで、何とかするんだ」

頷く、ジョジョ。

不満そうな辞書――

バイクの連中、グランドから外の道へ、出て行く。

アラレ、自転車で、ジョジョ達の方へ戻って来る。

辞　書「（声かけ）アラレ先生ッ?!」

アラレ「（自転車を一旦停止させ）卒業生のクセに、母校の大切なグランド、何だと思ってんのかしらねッ?!」

辞　書「先生、相談したい事が……」

アラレ「御免御免。うちのクラスの子が仲間に入ってるモンだか

（6）

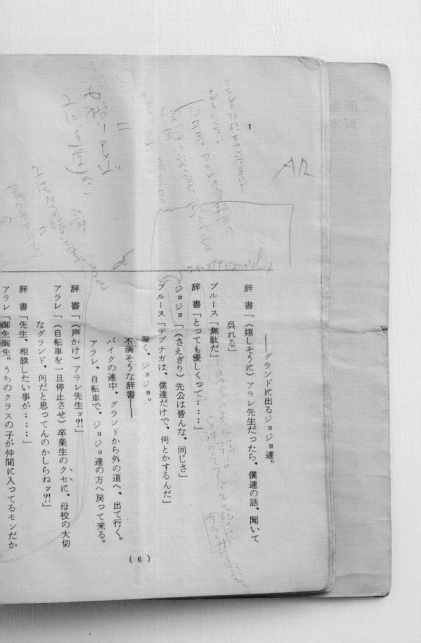

1

アラレ「明日から私、熱海で研修会……。二学期になったら、
ゆっくり聞かせて貰うわ……」

と、自転車で去る。

ジョジョ「良い子と悪い子しか興味が無いんだよ」

ブルース「ジョジョ！」

と、促し、グランド外の道に居るデブナガ達——先の数台のバイクをバックに、ポケット・カメラで記念写真なんか撮っている——の方へ行く。

辞書、仕方なく、従いて行く。

ジョジョ「デブナガッ！ 話があるッ！」

デブナガ達、嬉しそうに顔を見合わせて、待ち構える。

バイクの連中、爆音を挙げて、走り出して行く。

その後を追い駆ける様に、アラレ運転の軽四が、クラクションを鳴らし乍ら、デブナガ達の後ろを通り過ぎて、

(17)

ションベン・ライダー

トキ子は必死な感じになっている。

トキ子「だから、会って貰いたいの」

房次郎「……」

トキ子「父さん……お願い」

房次郎はまた焼酎に切りかえて、ぐいぐいやっている。

房次郎「……イヤだ」

トキ子「どうして……？」

房次郎「どしてもこしてもねえ。会いたくねんだ」

と立つ。

トキ子「父さん！」

房次郎「イカ釣りさいぐ。支度してけろ」

と奥へ行く。

トキ子「（呟く）なぜなのよ」

トキ子はぼんやり坐りこんでいる。

（20）

飾に灯を点したイカ船が沖合いで操業している。その中に第三登喜丸もある。房次郎がガンガン演歌のカセットを鳴らしながら、イカを上げている。

15 むつ市の商店街を房次郎が歩いている

16 酒屋でコップ売りの酒を飲みながら道を訊ねている

17 ××に房次郎が入ってくる

俊一、カウンターの中から、いらっしゃい、と言いかけて、あっと思う。

房次郎「あんた、依田さんか」

俊　一「ハイ」

俊一には、もう相手が分っている。

俊　一「僕が依田俊一です」

(21)

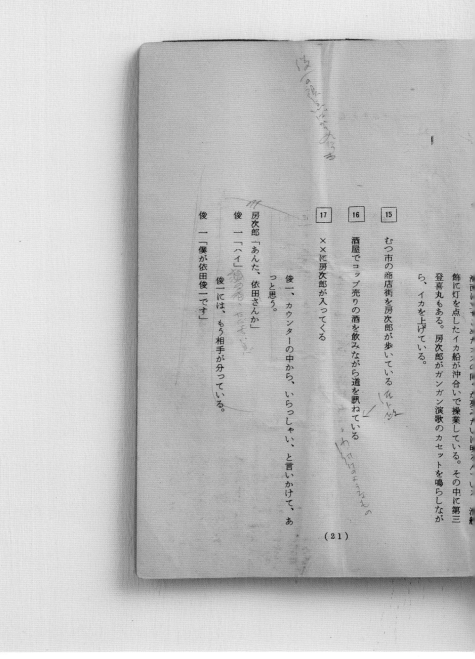

魚影の群れ

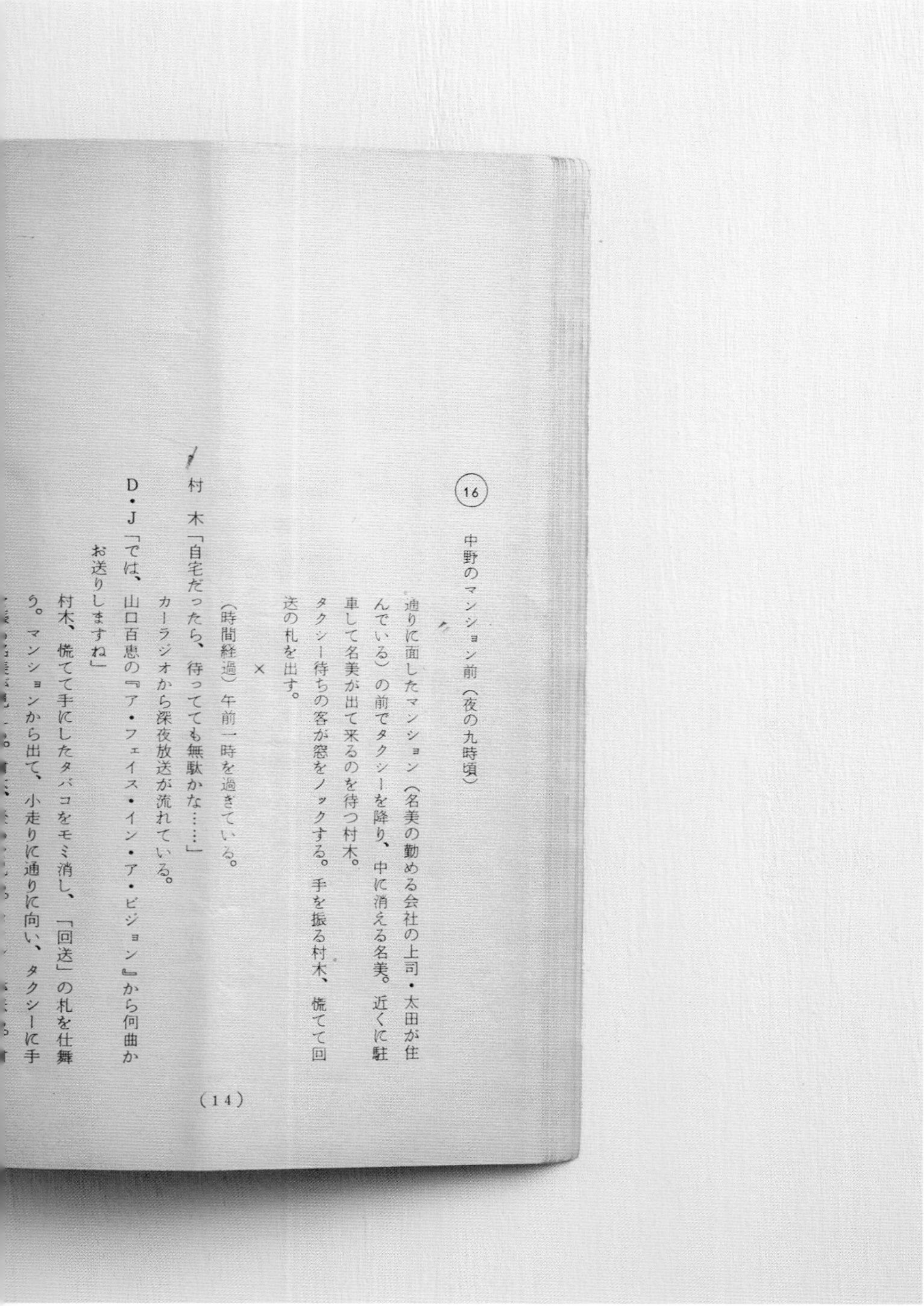

⑯ 中野のマンション前（夜の九時頃）

通りに面したマンション（名美の勤める会社の上司・太田が住んでいる）の前でタクシーを降り、中に消える名美。近くに駐車して名美が出て来るのを待つ村木。
タクシー待ちの客が窓をノックする。手を振る村木、慌てて回送の札を出す。

×

（時間経過）午前一時を過ぎている。

村　木「自宅だったら、待ってても無駄かな……」

カーラジオから深夜放送が流れている。

D・J「では、山口百恵の『ア・フェイス・イン・ア・ビジョン』から何曲かお送りしますね」

村木、慌てて手にしたタバコをモミ消し、「回送」の札を仕舞う。マンションから出て、小走りに通りに向い、タクシーに手

（14）

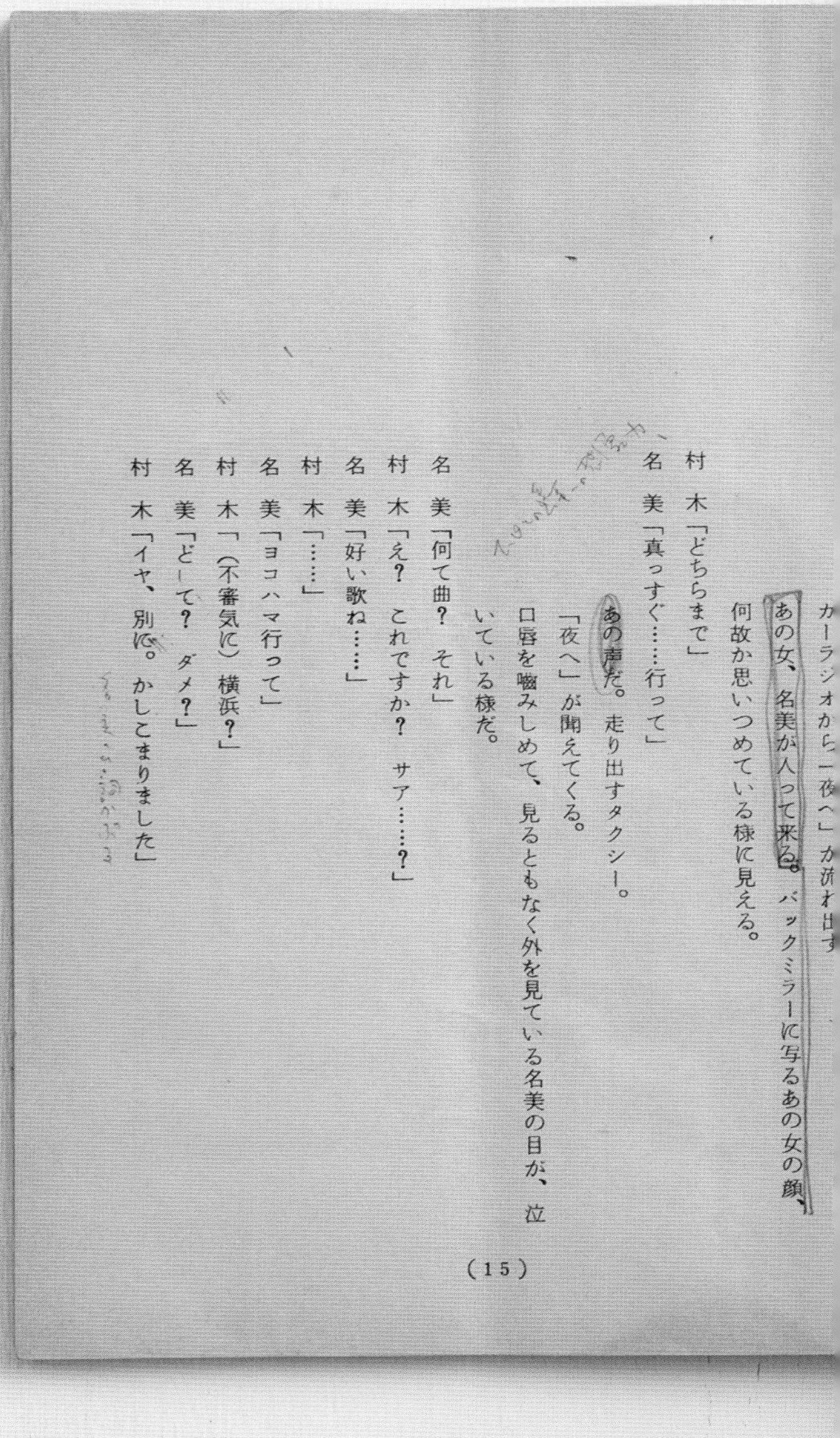
カーラジオから「夜へ」が流れ出す

あの女、名美が入って来る。バックミラーに写るあの女の顔、

何故か思いつめている様に見える。

村木「どちらまで」

名美「真っすぐ……行って」

あの声だ。走り出すタクシー。

「夜へ」が聞えてくる。

口唇を噛みしめて、見るともなく外を見ている名美の目が、泣いている様だ。

名美「何て曲？　それ」

村木「え？　これですか？　サア……？」

名美「好い歌ね……」

村木「……」

名美「ヨコハマ行って」

村木「（不審気に）横浜？」

名美「どーして？　ダメ？」

村木「イヤ、別に。かしこまりました」

（15）

ラブホテル

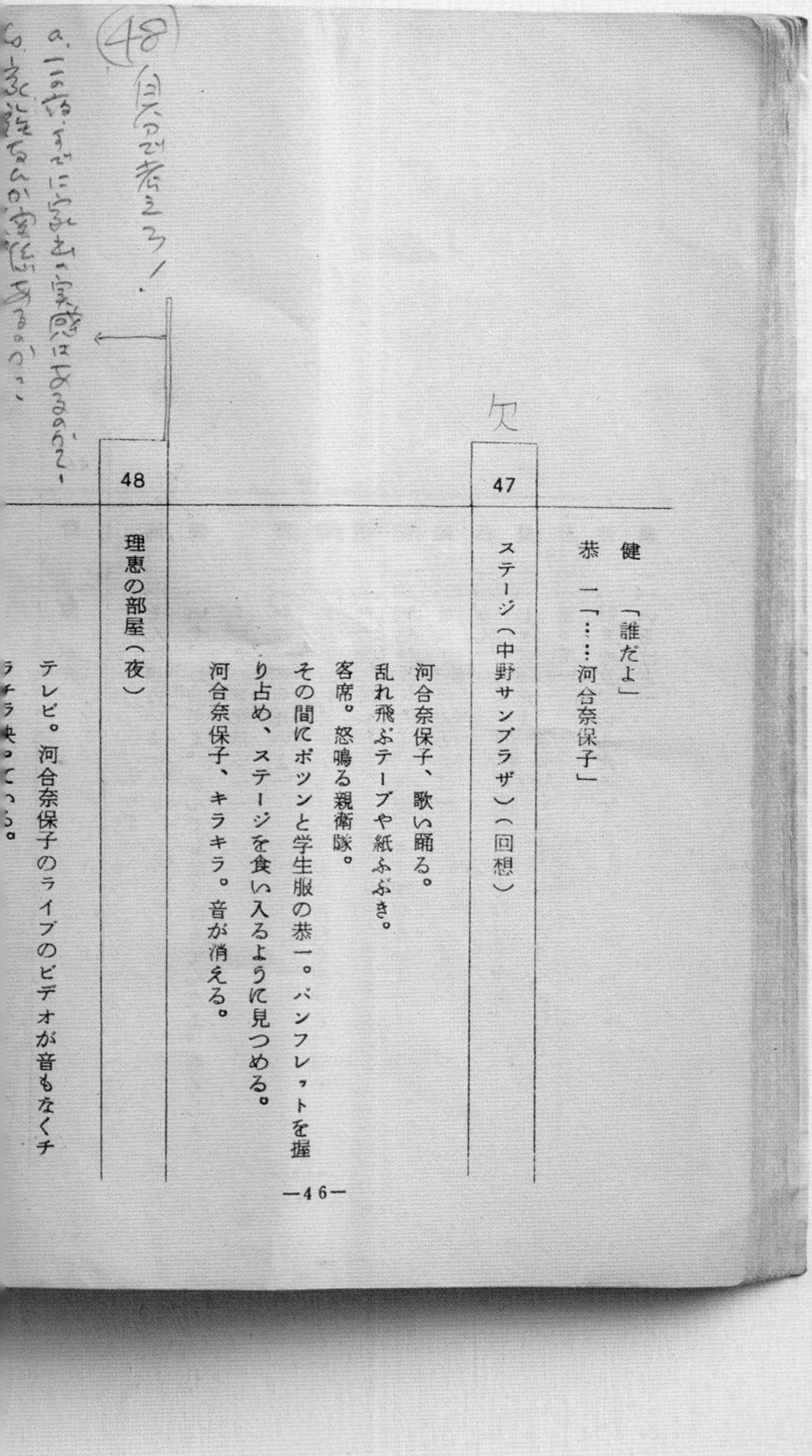

健「誰だよ」

恭一「……河合奈保子」

欠

47 ステージ（中野サンプラザ）（回想）

河合奈保子、歌い踊る。

乱れ飛ぶテープや紙ふぶき。

客席。怒鳴る親衛隊。

その間にポツンと学生服の恭一。パンフレットを握り占め、ステージを食い入るように見つめる。

河合奈保子、キラキラ。音が消える。

(48) 自分で考えろ！

48 理恵の部屋（夜）

テレビ。河合奈保子のライブのビデオが音もなくチラチラ映っている。

—46—

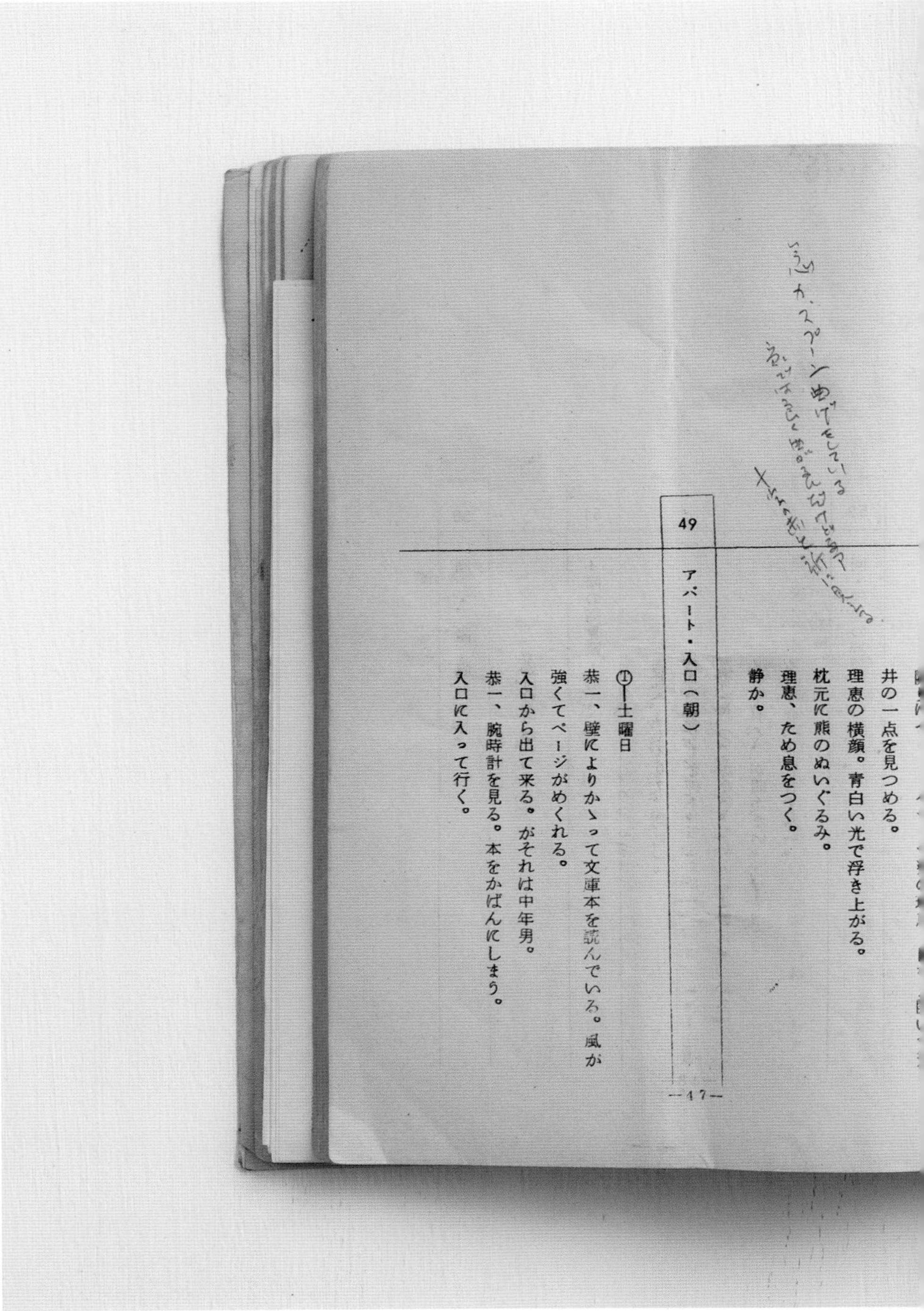

井の一点を見つめる。
理恵の横顔。青白い光で浮き上がる。
枕元に熊のぬいぐるみ。
理恵、ため息をつく。
静か。
49
アパート・入口（朝）
①—土曜日
恭一、壁によりかゝって文庫本を読んでいる。風が
強くてページがめくれる。
入口から出て来る。がそれは中年男。
恭一、腕時計を見る。本をかばんにしまう。
入口に入って行く。
—17—

台風クラブ

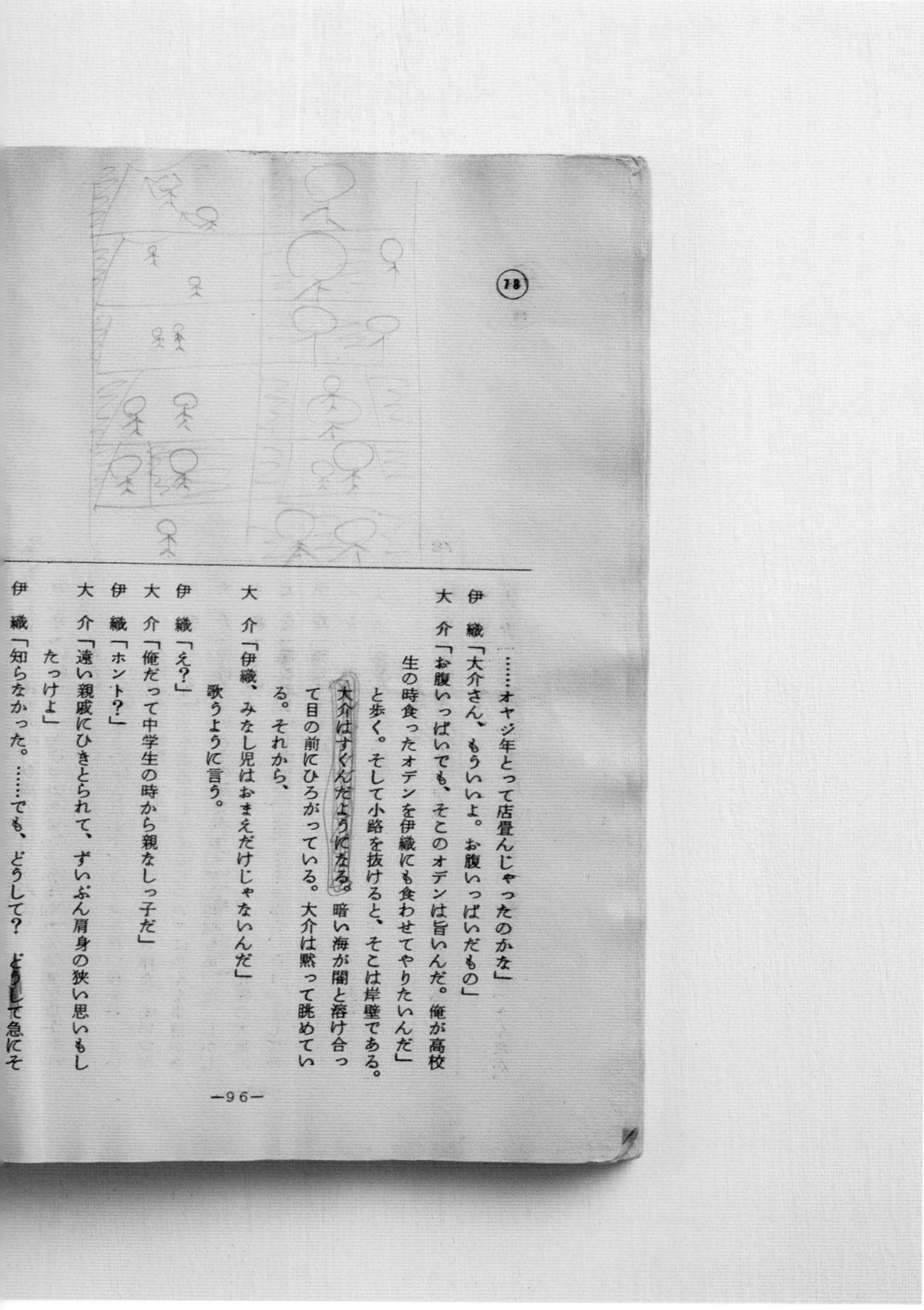

……オヤジ年とって店畳んじゃったのかな」
伊織「大介さん、もういいよ。お腹いっぱいだもの」
大介「お腹いっぱいでも、そこのオデンは旨いんだ。俺が高校
生の時食ったオデンを伊織にも食わせてやりたいんだ」
と歩く。そして小路を抜けると、そこは岸壁である。
大介はすくんだようになる。暗い海が闇と溶け合っ
て目の前にひろがっている。大介は黙って眺めてい
る。それから、
大介「伊織、みなし児はおまえだけじゃないんだ」
歌うように言う。
伊織「え?」
大介「俺だって中学生の時から親なしっ子だ」
伊織「ホント?」
大介「遠い親戚にひきとられて、ずいぶん肩身の狭い思いもし
たっけよ」
伊織「知らなかった。……でも、どうして? どうして急にそ

—96—

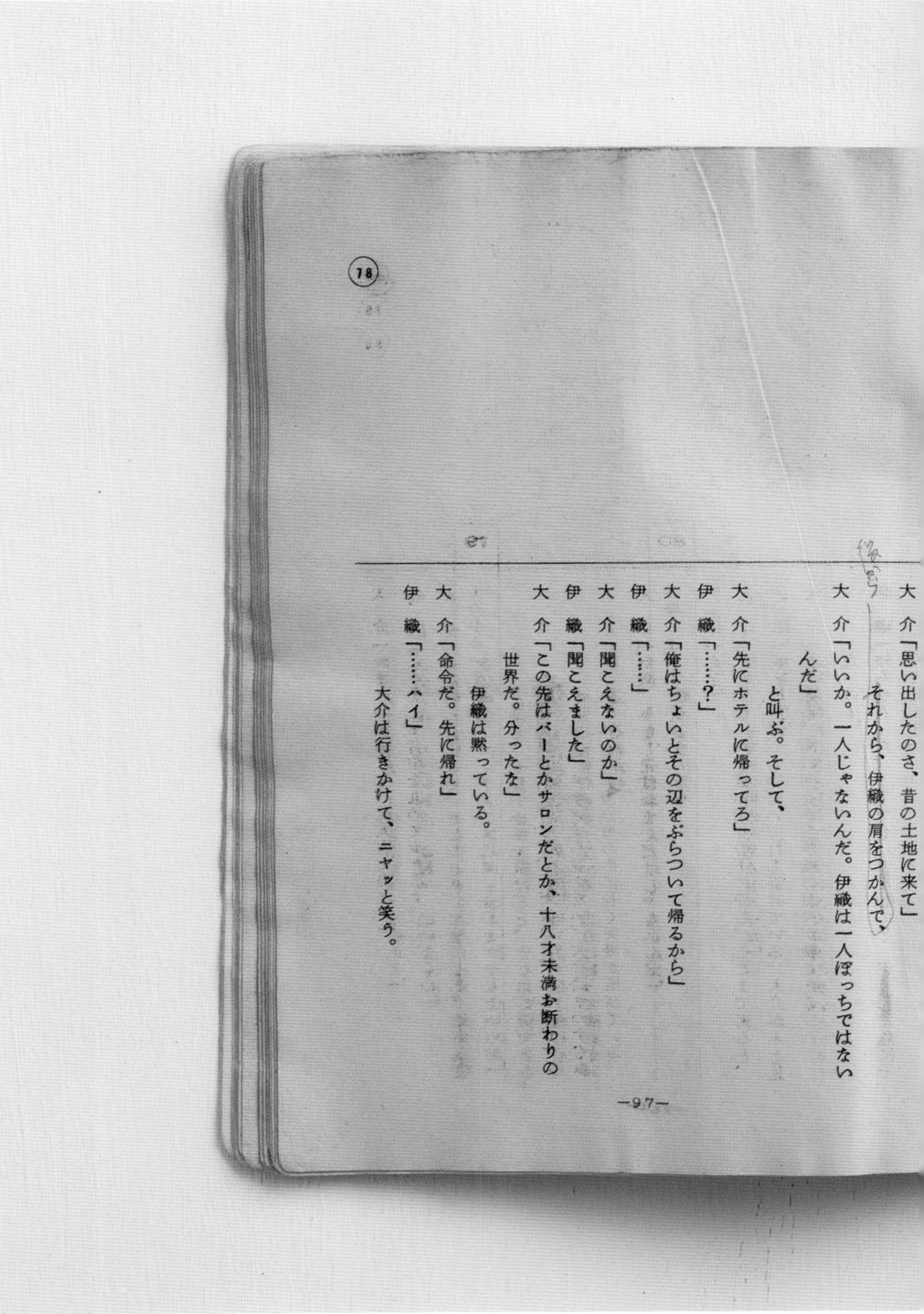

78

大　介「思い出したのさ、昔の土地に来て」

それから、伊織の肩をつかんで、

大　介「いいか。一人じゃないんだ。伊織は一人ぼっちではないんだ」

と叫ぶ。そして、

大　介「先にホテルに帰ってろ」

伊　織「……？」

大　介「俺はちょいとその辺をぶらついて帰るから」

伊　織「……」

大　介「聞こえないのか」

伊　織「聞こえました」

大　介「この先はバーとかサロンだとか、十八才未満お断わりの世界だ。分ったな」

伊織は黙っている。

大　介「命令だ。先に帰れ」

伊　織「……ハイ」

大介は行きかけて、ニヤッと笑う。

—97—

雪の断章—情熱—

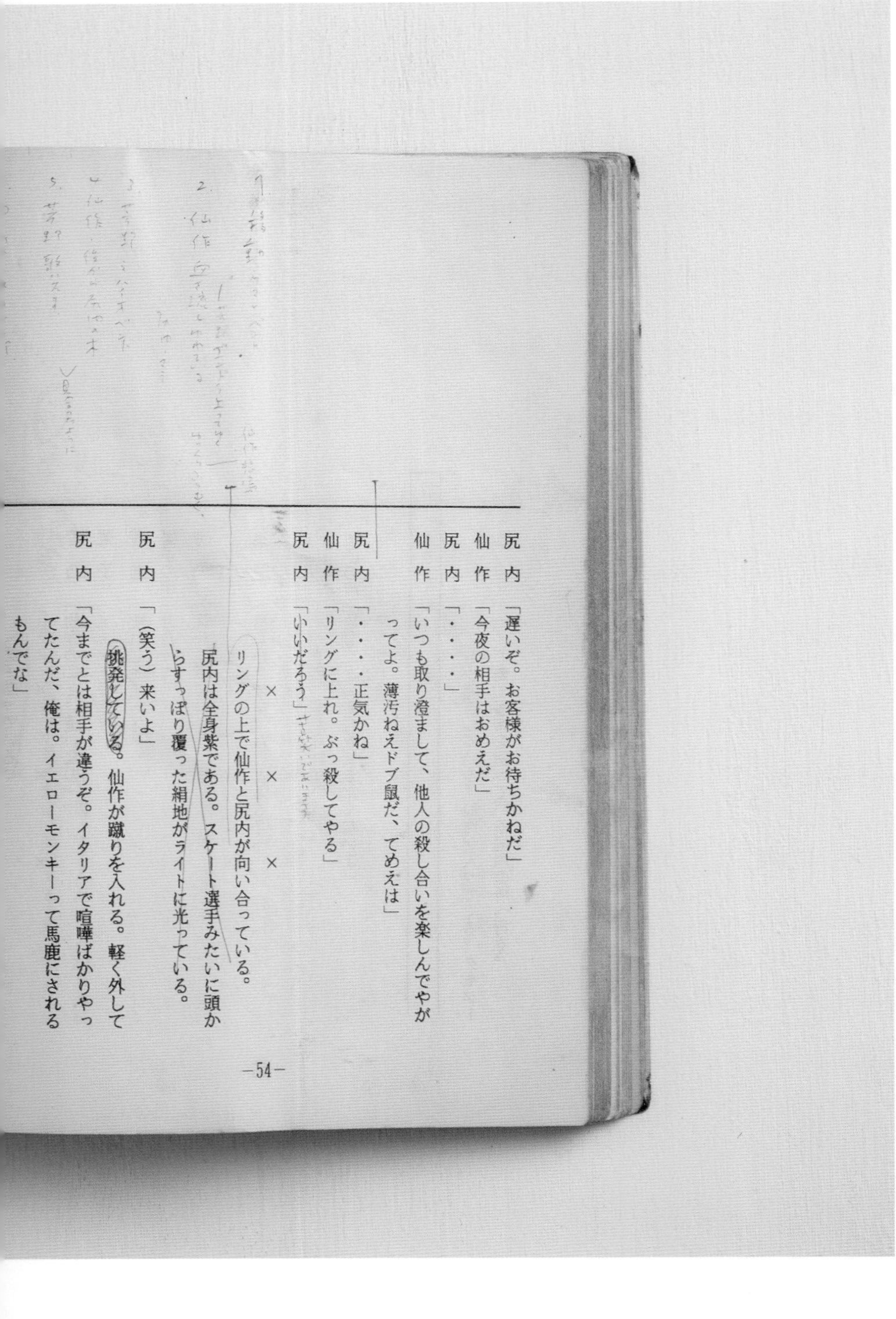
尻内「遅いぞ。お客様がお待ちかねだ」
仙作「今夜の相手はおめえだ」
尻内「・・・」
仙作「いつも取り澄まして、他人の殺し合いを楽しんでやがってよ。薄汚ねえドブ鼠だ、てめえは」
尻内「・・・正気かね」
仙作「リングに上れ。ぶっ殺してやる」
尻内「いいだろう」
× × ×
リングの上で仙作と尻内が向い合っている。
尻内は全身紫である。スケート選手みたいに頭からすっぽり覆った絹地がライトに光っている。
尻内「(笑う)来いよ」
挑発している。仙作が蹴りを入れる。軽く外して
尻内「今までとは相手が違うぞ。イタリアで喧嘩ばかりやってたんだ、俺は。イエローモンキーって馬鹿にされるもんでな」
—54—

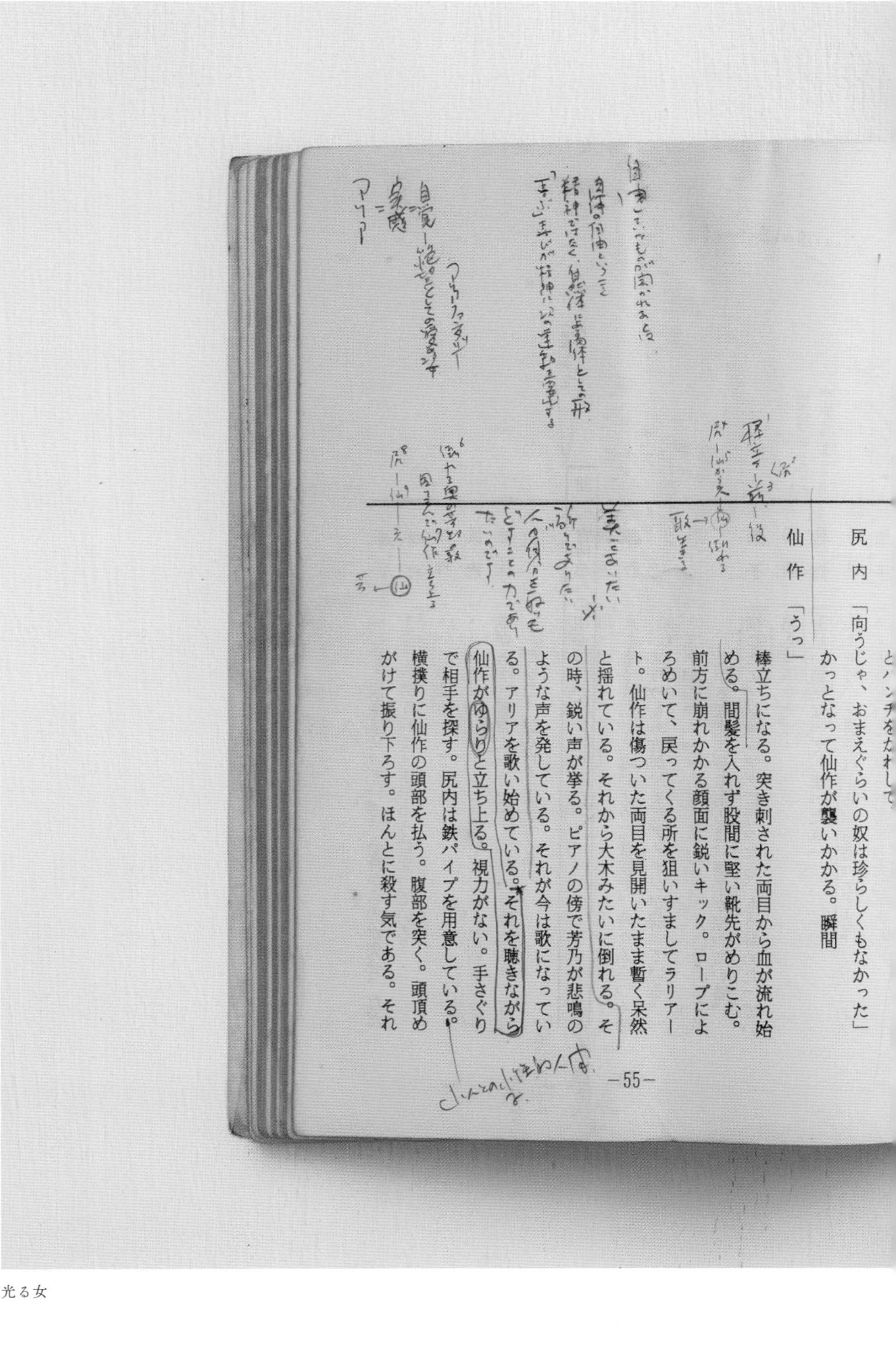
とパンチをたれして
尻内「向うじゃ、おまえぐらいの奴は珍らしくもなかった」
かっとなって仙作が襲いかかる。瞬間
仙作「うっ」
棒立ちになる。突き刺された両目から血が流れ始める。間髪を入れず股間に堅い靴先がめりこむ。前方に崩れかかる顔面に鋭いキック。ロープによろめいて、戻ってくる所を狙いすましてラリアート。仙作は傷ついた両目を見開いたまま暫く呆然と揺れている。それから大木みたいに倒れる。その時、鋭い声が挙る。ピアノの傍で芳乃が悲鳴のような声を発している。それが今は歌になっている。アリアを歌い始めている。それを聴きながら仙作がゆらりと立ち上る。視力がない。手さぐりで相手を探す。尻内は鉄パイプを用意している。横撲りに仙作の頭部を払う。腹部を突く。頭頂めがけて振り下ろす。ほんとに殺す気である。それ
—55—

光る女

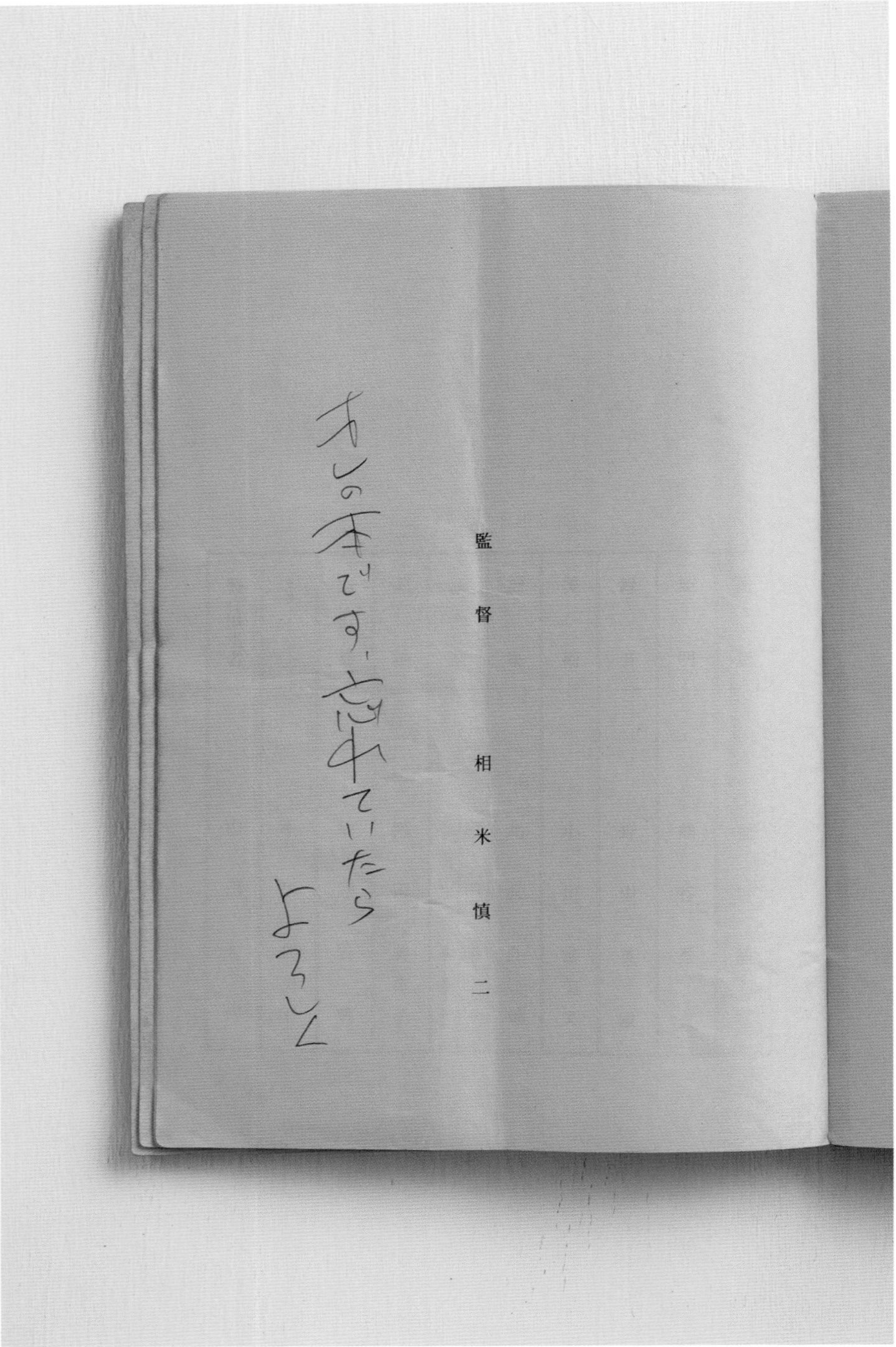
監督 相米慎二
オレの本です。忘れていたらよろしく

相米慎二という未来

目次

証言・構成　小林淳一
賀来タクト（大友良英）
表紙写真（帯）　佐野篤
装幀　山城絵里砂

証言者（登場順）
佐々木史朗
榎戸耕史
今村治子
小池直実
伊藤進一
小川富美夫
小川久美子
清水啓太郎
村本大志
榎望
大友良英
椎井友紀子

相米慎二という未来へ

2021年は、相米慎二の没後20年にあたる。私が参加しているA PEOPLE（エーピープル）では2月に渋谷・ユーロスペースで「作家主義　相米慎二」を企画し、特集上映を行った。全監督作品を上映したこのレトロスペクティブはコロナ禍にもかかわらず、たいへんな人気を獲得した。こんな光景を目にした。すべての上映作品が見られる14枚つづりの前売り券を発売していた。ある日、カウンターでその前売り券を握りしめ、次に見る映画の券と交換している場面に遭遇した（前売りを実券に換える仕組みだった）。まだ、20歳くらいの女性だ。映画関係の学校に通っているか、将来クリエイターをめざしているかわからないがその顔はキラキラしていた。相米慎二と邂逅してしまった10代の自分を想いだした。

本書は「相米慎二を過去にしない」ということをテーマにしている。相米と会ったことも仕事をしたこともない人たちの「邂逅」。出演者の「回想」。関係者の「証言」。主にこの3つから構成されている。そこには、相米映画の魂と、映画の「未来」へのヒントがある。

映画の可能性は大きく広がっている。一方で、映画という世界は大きく行き詰まっている。デジタルの時代にいかに映画を撮るか。コロナ以降の時代にいかに映画を撮るか。相米慎二はその答えを知らない。しかし、かつての作品に触れたとき、自分の中で何かが起こる。いったいその現場では何が起こっていたのか。相米慎二は何をしたのか。スタッフは何をしたのか。役者はなぜ、そう演じたのか。同じことをするのではなく、そうした視点をもう一度、獲得すること。

相米慎二は小泉今日子にこう言ったという。

「お前がやれよ、生きて伝えていけよ」。

神話としてではなく、実際にするべきこととして、相米慎二を伝えたい。今回、25人の取材を行っている。その言葉はさまざまだ。しかし、自分なりにそれを収斂《しゅうれん》してみると、相米慎二が言い続けていることはひとつ、「考えろ」ということだ。

今回、初公開となる相米慎二の私物台本。「台風クラブ」の書き込みにその言葉は、あった。

「自分で考えろ！」

小林淳一

台風クラブ

地方都市の市立中学校。夜、そのプールに5人の女の子が泳ぎに来た。彼女たちは、先に来ていた明に気付き、からかった挙句、溺死寸前まで追い込んでしまう。野球部員で夜のランニングの途中だった同級生の恭一と健に助けを求める。担任の教師、梅宮も駆けつけ、生徒たちのいたずらを諭す。翌日の授業中、梅宮の恋人・順子の母親、勝江と叔父の英夫が教室にやって来た。勝江は梅宮が順子に大金を貢がせたと大声で話しはじめた。そんな状況で、授業は続けられなくなり、教室中に動揺が生まれていった。

東京国際映画（ヤングシネマ）グランプリ作品。審査員のベルナルド・ベルトルッチが激賞したことは有名。ディレクターズ・カンパニーのシナリオ公募で準入選第2席となった脚本を映画化した。バービー・ボーイズの「暗闇でDANCE」「翔んでみせろ」、出演者たちが歌う「もしも明日が…。」などの音楽が鮮烈な印象を残す。三浦友和の役者的転換点となった作品で、その演技はそれまでのイメージを超えた。主演のひとり、工藤夕貴は「逆噴射家族」の記憶と共に、ディレクターズ・カンパニー作品を印象付ける女優だ。

© ディレクターズ・カンパニー

［証言］

台風クラブ

●スタッフ　製作・企画＝宮坂進　プロデューサー＝山本勉　脚本＝加藤祐司　撮影＝伊藤昭裕　照明＝島田忠昭　録音＝中野俊夫　音楽＝三枝成彰　美術＝池谷仙克　編集＝冨田功　音響効果＝小島良雄　記録＝今村治子　助監督＝榎戸耕史　●出演　三上祐一／紅林茂／松永敏行／工藤夕貴／大西結花／三浦友和　１９８５年8月31日公開　96分　製作＝ディレクターズ・カンパニー　配給＝東宝／ＡＴＧ

佐々木史朗

ベルナルド・ベルトルッチ激賞の裏側

「台風クラブ」は１９８５年の東京国際映画祭のヤングシネマという部門でグランプリを獲得しましたよね。そのプロデューサーって、僕がやっていたんですよ。準備には1年半くらいかかってるんじゃないかな。7人の審査員を僕が各国回って本人に会って、ひとりひとり口説いていった。「七人の侍」の志村喬みたいでしょ。ベルナルド・ベルトルッチに会いにイギリスまで行ったしね。ソニア・ブラガ、デビッド・パットナム、レイモンド・チョウなど、それは豪華なメンツ。日本からは今村昌平監督が入ってくれた。日本からの出品作になったのが「台風クラブ」だった。参加基準があって、ギリギリＯＫだったんですよ。だから、相米に「応募してみれば」って。当時、「そういえば夏に撮った相米の作品があったな」「公開できずに困っているらし

佐々木史朗
映画プロデューサー
主なプロデュース作品に「遠雷」「転校生」「家族ゲーム」「人魚伝説」「逆噴射家族」「空がこんなに青いわけがない」などがある。

いな」というのを思い出した。それで審査を通って、日本代表になった。

そして、映画祭が始まる。いま考えると凄いラインナップだったからね。コーエン兄弟の「ブラッド・シンプル」、ジャン＝ピエール・リモザンの「逃げ口上」、ニール・ジョーダンの「狼の血族」、イム・ホーの「ホームカミング」、ヘクトール・バベンコの「蜘蛛女のキス」など錚々《そうそう》たる顔ぶれの中、相米の「台風クラブ」だから。監督、ほとんどみんな来てたからね。グランプリ、獲れそうもないでしょ。そうしたら、審査会の途中で、休憩のとき、審査委員長のデビッド・パットナムが僕のところに来て、「『台風クラブ』を審査員がみな絶賛している」「特にベルトルッチが大絶賛している」と言ってきて。びっくりだったよね。僕は「台風クラブ」をはじめて見たときはよくわかんなかったから。パットナムが続けて、「だからこれで審査会を続けると相米がグランプリになる可能性がとっても高い」と。「ただ、相米は日本の監督だし、佐々木も日本人なんだから、相米がそういうことになったときに、佐々木の立場が悪くなるってことはないか」って聞いてきたんだ。つまり、身びいきしているみたいなね。日本だからって。「それはないだろうか？」っていうから、「いや、相米は昔からの友達でよく知ってるし、東京でやった第1回の国際映画祭で相米がグランプリで日本人だった、っていうのは、それはそれでまあぐちゃぐちゃいう人はいるだろうけど、個人としてはそうなるとすごく嬉しいなあ……」という話をしたら、「わかった」って言ってまた審査会が始まった。審査会は審査員のあくまで合議なので。それで相米の「台風クラブ」になったんです。いや、だからもう、そこまで行ったときにはね、あれがグランプリになったときには、「あ、やった！」と。これで1年半かけてやったヤングシネマが終わるな、って。相米はベルトルッチが好きなので、そのベルトルッチが審査委員長で絶賛してくれたって聞いて、もう大喜びでしたよ。「台風クラブ」はなかなか公開も決まっていなかったし、これで次回作

ディレクターズ・カンパニー
1982年、長谷川和彦（代表）を中心に設立した映画会社。メンバーは、相米慎二、根岸吉太郎、石井聰亙、井筒和幸、池田敏春、大森一樹、黒沢清、高橋伴明。通称は〝ディレカン〟。

の資金のメドもたったし、僕が言うのもなんだけれど、相米のその後のフィルムグラフィはこのグランプリがなかったら違うものになっていただろうね。1年半かけてヤングシネマをやったのは、結果、相米のためにやった、みたいになったけれど、それは嬉しいよね。

相米とはずっと兄弟みたいな関係だけど、仕事はあまりしなかった。ひとつ覚えていることがあって。いつだったかな。今になってちょっと思い出してるんだけど、原作者は誰だったかな、ちょっと忘れたけれど、「SFを1本やらないかね」って話をした覚えはある。そういう種類のものを、相米が読んだりはしないと思って、僕が言ったんだよね。「SFだけどな、ナントカっていう小説が面白かったんだ」って言ったら、「うん、あれは面白いよね」っていう。「え、お前、読むのか、SF」って。日本のものです。今、ちょっと名前が思い出せない。小松左京のような小説ではなくて、もっとファンタジックで、幻想的な。相米のSF、よくないですか。相米のSF、見たかったよね。

榎戸耕史（助監督）

「台風クラブ」って、空気なんです

「台風クラブ」はディレクターズ・カンパニーの脚本募集に応募があった作品でした。

自分で手を挙げてやろうと思ったんでしょう、相米さんが「台風クラブ」の脚本《ほん》を持ってきて、「榎戸、すごい脚本だ。どうだ、すげえ脚本だ」って「すごいすごい」と連呼するんです。相米さんは常々「脚本は空気を書け！　現場で脚本を書け！　仕上げは映画を作れ！」って言ってました。だから、脚本は空気が書い

榎戸耕史
「セーラー服と機関銃」
「ションベン・ライダー」
「ラブホテル」
「台風クラブ」
「雪の断章―情熱―」

てあることが大事なんだと。現場で脚本を書けって、その信条が相米さんの口癖だった。そういう意味で言うと見事に「台風クラブ」って空気感なんです。そういう空気感を、読んでいると感じるんですよね。ヤングシネマの上映のときの監督トークや、受賞した後のトークでも、いろいろな人から「どうしてあなたはこれを？」って質問を受けた時も、ただ「脚本が面白かったんで」って、それしか言わなかったんです。「ワクワクした」とか、そういうのは、相米さん自身も言葉にはできなくて、感じた脚本だったんだろうと思うんです。僕らは相米さんから脚本のスピリチュアルな要素をいつも聞かされていたからね。脚本を読んだときにやっぱり最初に感じたのは、そんな空気感でした。これが相米さんが言っていたざわざわする空気感か、この脚本の中に子どもたちの気分みたいなものがちゃんと描かれているんだなって感じられました。「台風」が来るというのは、幼心にもあるじゃないですか。何か期待感とか、ざわめきとか。それが子供たちの未来への期待感や不安感と重なっていて、よく書かれている本だなというのが、よく感じられたので。

脚本の加藤祐司さんも初めて書いた脚本だったそうです。初稿なんですよ。彼は東京藝術大学の美術学部の学生だったんですけど、大学にも行かないでずっと部屋の中で考えていたことを、ある日突然、シナリオにしようと思って書いて、そのまま応募した脚本だったらしいです。敢えて書こうとするとあいうふうには書けないと思うんです。脚本って不思議なものなんだなって。加藤さんのことを思うと、そう思います。文才って言葉がありますが、本当に生涯一作だけ書けた傑作ですね。ただ、基本的には一行一句変えていないんです。これはとても珍しいことなんです。後の「お引越し」の脚本を担当した奥寺佐渡子さんは36稿以上ですよ。「ションベン・ライダー」の時の西岡琢也さんも延々と書き直しをやらされていたけど。相米さん、加藤くんにここはどうなんだ、と言うんですけど、「うーん、うーん」と聞いてはいるけれど、一言も直して

「魚影の群れ」—6作品の助監督を務める。「光る女」「東京上空いらっしゃいませ」「お引越し」「夏の庭」「あ、春」にも協力。監督作品に「・ふ・た・り・ぼ・っ・ち」「ありふれた愛に関する調査」などがある。

こないんです。また会って酒飲んで終わり。「どうなの?」って聞くと「まだちょっと考えています」と言って、延々やってたんですけどちっとも直せないので、加藤くんを現場にそのまま連れて行っちゃったんです。現場に行って僕らが撮影している間に「宿で直せ」と。それでも直らないんです。それどころか、出番のない生徒役の役者さんたちと、宿舎で綴方教室を開いて作文の指導をしていました。どうしても直せなくて、そんなことをしていたんです。結果的に一行一句直ってないです。だから今でも残っているあの本は初稿です。でも、それがよかったんでしょうね。それは、相米さんの映画では滅多にないことだし、その後もなかったことですね。

今村治子(記録)

「おかえり」「ただいま」

相米組では、スタッフは何でもやるんです。「台風クラブ」のとき、「お前が代役やれ」と言われて、紅林茂くんが家に帰って来るシーンをわたしがやりました。家の前に立っているという設定で。それで彼の口グセの「おかえり」「ただいま」って言って、ドアを蹴っ飛ばしていた。それでライティングして、紅林くんが入ったら、そのままやっていて。私の発案なのか、監督との会話で生まれたことなのかもはや定かではないですけど、そういうことはありました。それはそれで終わったと思ったら、教室で大西結花さんが紅林くんに追われるシーンで。逃げ込んだ大西さんが壁を挟んで、紅林くんが「おかえり」「ただいま」って、蹴って、ドアをぶち破っていく。あそこまで大きく膨らんでよかったというか、嬉しかったのは憶

今村治子
「翔んだカップル」

「セーラー服と機関銃」

「ションベン・ライダー」

「台風クラブ」

「光る女」

「あ、春」

「風花」

―

阪本順治監督作品のスクリプターとしても活躍。

えていますね。

　ラストシーンについても憶えています。家出をした工藤夕貴が帰ってきて、学校へ入っていったら、校庭が水浸しでね。その後、校門をすぎて、バシャバシャと水に入りながら校舎へ向かっていく……、その時に監督が「音楽がない」って言うんですよ。それで、どうするといったら、「お前考えろよ」みたいなことを言うんですよ。それで、助監督と効果さんを前にして、希望のある音にしないとダメだからというので、秋の運動会の音でやってと。アイデア出したら、助監督が原稿を書いて、撮影所でヒマしていたスタッフを捕まえて声を入れさせてつくっちゃった。監督の承諾も何もない。アフレコしてもらって、それでダビングに入って……。ダメとか言われないで、結果、そのまんま。自分の中では何か考えていたんでしょうけど、「それいただき」とも言わないしね。面白いなとも言わない。でも、スタッフがあーでもない、こーでもないって言ってた結果がこれだってわかったときに、まぁ一等賞じゃなくても悪くはないなと思ったんだろうなと。うん、だからそういうことってほかの現場でもたくさんあってね。それが相米組の作り方。

回想

余計なものをそぎ落とされる、
放置プレイですよ。

構成＝金原由佳

三浦友和

台風クラブ
東京上空いらっしゃいませ
あ、春

主な出演作に、1974年「伊豆の踊子」、1985年「台風クラブ」、1989年「226」、1999年「M／OTHER」、2007年「転々」、2009年「沈まぬ太陽」、2010年「アウトレイジ」、2011年「RAILWAYS 愛を伝えられない大人たちへ」、2016年「64-ロクヨン-」「葛城事件」、2018年「羊と鋼の森」などがある。最新作は「唐人街探偵　東京MISSION」。

――相米慎二監督が亡くなって20年が経ち、いろんな逸話に尾ひれがついて伝わっていることも多く、改めて撮影現場で多くを委ねていた人たちの話を記録に残したいということで三浦友和さんにお話を聞きたいのですが、「台風クラブ」はエバーグリーンな青春映画としていまだに若い観客を引き付けて止まない作品だと思います。

三浦友和　今の40代、50代ぐらいの監督から、「台風クラブ」を見て映画監督になりたいと思ったとか、映像の世界に携わりたいと決めたと言われることはよくありますね。相米映画を見てきた人の中でも「台風クラブ」を原点にしている人も多いですしね。まあ、僕に話しかけてくる人がそうなのかもしれないですけど、相米さんの話を聞きたい人がいっぱいいたのは事実です。よっぽど記憶の中で大きいんでしょうね。

――もし、具体的なお名前を出すのに憚《はばか》りがなければ、教えていただけますか。例えば私は個人的に山下敦弘監督の「松ヶ根乱射事件」や赤堀雅秋監督の「葛城事件」を見たときに、三浦さんが「台風クラブ」で演じた梅宮先生の面影を見出してしまうのですが。

三浦　赤堀さんとは相米監督の話をした記憶はないけど、山下さんは相米監督の作品を好きかもしれないですね。あと、諏訪敦彦監督は作品の作り方は全く違うけど、演出方法はかなり相米監督との共通項を感じます。他の作品で、「梅宮のその後を撮りたい」ということを仰る監督も実際にいましたし、相米監督の現場での演出方法に興味を持っている人が監督に限らず多いことは確かですね。でも、中に入っていた俳優の立場だとどうにも言葉にしづらい。だから、「特別なことはないんだけど、相米教みたいなのがあってですね、みんな拝んじゃう。助監督も、スタッフも、キャストも全員が相米監督に向かって何かをやっている、これはもう宗教です。でも、とても良い宗教ですね」と言うんですけど（笑）。

――「台風クラブ」と巡り合う前の作品について伺いたいのですが、三浦さんは川端康成、三島由紀夫、石坂洋次郎など文芸作品の映画化の出演が多く、私の中では市川雷蔵や池部良さんのような正統派の若手スターの系譜といいますか、文芸作品を一気に引き受けているイメージがすごくあったので、「台風クラブ」を見たとき、あっさりそれをぶち壊されたんだという驚きがあったんですけど、ご自身はこれまでのイメージが壊れるなという予感はあったんですか。

三浦　ははは。何も考えてなかったですね。もう青春ものを演じる年齢ではなくなっていたことは自覚していましたけど。それまでは、恋愛もの、純愛もの、文芸ものという路線が主で、それは自分で選んだことじゃなく、ある意味、レールに乗っかっていて、気がつくと結婚もして30を過ぎていた。もうこの路線ではないなっていうのは感じていました。でも、何で「台風クラブ」に乗っかっちゃったんでしょうね（笑）。マネージャーから渡された脚本を読んで、この梅宮役に三浦友和はミスキャストだとしか思えず、断って欲しいと伝えたんですが、まあ一度会ってみたらという事務所の社長の言葉に押されて四谷の小さな居酒屋で、監督、プロデューサーなど数人と会ったんです。で、内容の話などほとんどせずに2時間ほど飲んで、結果帰り際には「よろしくお願いします」、なんて握手して別れたんです。それが相米慎二監督の人たらしのところで、まあ、そこからもう演出が始まっていたんでしょう。それで自分のイメージがどうなるとか全く何も考えていなかったですね。そんなに大きい作品じゃないし、全国上映もないだろうしぐらいに軽く考えていたのかもしれません。

――それまでは東宝の看板を背負っての作品が多かったので。

三浦　全国上映のものばっかりでしたからね。まあ、「台風クラブ」はミニシアター系というか、当時はまだATG（日本アート・シアター・ギルド）もありましたから、そういうところでかかるんだろうなと思っていました。

――「台風クラブ」の現場で驚かれたことは？

三浦　ワンシーン・ワンカットだけに驚いたのではないんです。長回しを使う監督はそれまでにも幾度か経験はありましたから。やっぱり演出方法といいますか、現場での監督の立ち位置というか、我々俳優に伝える力みたいなものが違うのかなと思いましたね。「あ、この監督は上手い芝居とか、それらしい芝居を全く望んでないな」と漠然と感じました。

――子供たちも演技が上手いとか下手とか、セリフの発声がどうのこうのじゃないですよね。

三浦　ほとんど素人でしたけど、そのド素人をあそこまでもっていく力がね。僕なんかの10年ちょっとやってきたことの余計なものは全部いらないよっていうことでしたね。でも、それがわかるのはしばらくしてからなんですけど。現場では本当に「こんなふうにするんだ」という驚きと面白さと相当の戸惑いがありました。そもそも、何をどうしたらいいのか具体的な指示が何もない。言葉の多くない監督で。

――ボソボソと喋《しゃべ》る方でしたから。

三浦　時々ポツンと一言言うぐらいで。僕らはその一言をどうすればいいのかわからない。的確なアドバイスはひとつもないんですよ。ほっぽらかしで一日中、リハーサル。その中で芝居をやったこと

ATG
日本アート・シアター・ギルド。1961年から1980年代にかけて活動した映画会社。1983年の「家族ゲーム」などを製作。ディレクターズ・カンパニーとの提携作品に「人魚伝説」「逆噴射家族」などがある。「台風クラブ」は東宝と共同で配給を手掛けた。

のない子供たちはそこの中に入り込んでいく作業があるし、少し経験を積んでいた我々は余計なものをそぎ落とされる。まあ、あの人は放置プレイですよ。

――梅宮先生は生徒と地続きでざっくばらんに話をする人で、冒頭の夜のプールでもトラブルに際してわざわざプールに呼び出されるぐらいみんな気を許している存在です。ところが、授業中に交際している女性の母親と叔父が教室に乗り込んできて、先生の性の匂いが教室中に充満し、それが個々の生徒たちに伝播していく。大西結花さんの演じる大町美智子はそこに猛烈に反発するっていうのが非常に面白かったのですが。

三浦　もう一度見てみないとわからないな。あんまり分析して見たりしていないので。一度試写で見て、次に見たのはＤＶＤが発売された十数年後ですから。そのとき初めてすごい作品に出ていたんだなと思いました。これはいろんな場所で語って、広く知られている話ですが、もともと梅宮役は糸井重里さんにオファーしたと、どこかの本で関係者が発言しているのを読んだんです。それを知ったとき、「糸井さん、よくぞ、断ってくださった」と。相米さんと出会っていなかったら、今の自分にはなってないなと思います。俳優の仕事は面白いと心から思っている自分にです。

――先日、永瀬正敏さんと「台風クラブ」の話になったのですが、なぜあそこまで10代の性の目覚めの生々しさが充満するのか本当に不思議だと言い合ったのですが、その場にいた三浦さんから見ると、その秘訣は何だと思われますか?

三浦　そのときはそんな作品になるとは想像もしていなかったですね。まあ、僕に感じる力がなかったのかもしれないけど。そういうことは監督の頭の中にはできあがっていたのかもしれないですね。

ただ、小学生でも性の目覚めみたいなものはあるじゃないですか。子供の頃の実体験としては、大なり小なり、そういう性への意識は自分の中でも経験があり、子供たちだけで空間に、特に密室の中に集まると、独特の空気が生まれたりしますよね。それが中学ともなると顕著になって、「台風クラブ」はそれをもうちょっと誇張というか、極端に表現して、拡大させた形なんでしょう。多くの人があの作品を好きだというのは、あの時の感覚をもう一度はっきりと体験できたっていうことですかね。子供の頃、台風って怖さよりワクワク感が勝っていた気がします。学校はデカいけど台風の強風豪雨で密閉された空間となり、男女入り混じった生徒数人がその場に取り残されて。観客の方たちは、性の目覚めのあのころが甦って懐かしかったんじゃないでしょうか。

——なるほど。もうひとつ、梅宮先生の重要な役割として、三上祐一さんが演じた教え子の三上恭一に、「いいか若造、お前はな、今はどんなに偉いか知らんが、15年後も経ちゃ今の俺になるんだ」という強烈な呪詛《じゅそ》のような言葉を放つのですが、これはどの時代の若者が聞いても戦慄する大人からのセリフだと思います。そのセリフを負わされた三浦さんとしてはどう思ってらっしゃるのかと。

三浦　当時はそこまで深くは感じていなかったですね。まだ自分の精神年齢が中学生並みでしたから。ただ、このセリフを言うための前準備が長くてですね。リハーサルを朝から夕方までやって、照明さんが「日が暮れてきちゃったんで、明日にしましょう」という、そういう現場なんですね。またもや放置プレイです。何にも言わない。よく、厳しいとか、現場で竹刀持っていたとか言われますけど、確かに持ってはいましたけど。それは飾りで、人を叩いたりとか、声を荒らげたりすることは一切なく、本当にポツンポツンと喋る演出で、「もう1回」。若い子たちにはたまに「タコッ」とそれだけなんですね。誤解されてる方もいらっしゃるんだけど。

――そうですね。相米監督の演出が厳しいと伝わって、今でいうハラスメントにあたるのではないかと誤解を招いていることもあるようです。

三浦　妙な伝説が膨らんでいるんでしょうね。子供たちは長野県の佐久市の民宿で合宿みたいに共同生活をしていて、僕は最初、違う宿にいたんだけど、途中からみんなのいる民宿に移ったんです。スタッフも僕らも一緒になって生徒たちと過ごして、若い子たちはそれぞれ、自分の役としての日記を書かされていた。そういうことが記憶に残っているかな。確かに撮影中は厳しい。けれどそれはガンガン怒られたり、言われたりする厳しさじゃなく、ほったらかしの現場という厳しさだから、子供たちもすごくのびのびしていました。夜みんなで一緒にワイワイしているわけですから。僕は相米映画全13作のうち3作品しか出てなくて、「台風クラブ」は別として、「東京上空いらっしゃいませ」と「あ、春」はちょっとかじっただけだけど、俳優が緊張して悪循環になるような演出をする監督ではなかったです。追い詰められるのは、例えば教室に用務員さんが入ってくるときの振り向き方が、「ちょっと、三浦友和なんだよな」と言いながら去っていく。そういう演出なんです。自分で意識しているわけじゃないので、そんなことが自分ではわからない。だから、さっき言った自分の中で余計なものが身に着いちゃっているのかなと後で感じたりとかね。そういうことは印象に残りました。

――完成した作品を見て、今まで見たことのないご自分の表情を発見されましたか？

三浦　いや、自分の事は全くわからない。結局、ＯＫになったカットが「振り向き方が三浦友和」と言われたものと比較して「何が違うのかな？」って、何も理解できなかった。でも、相米さんからすると何か違っていたんでしょう。子供たちの機が熟すタイミングと、僕から余計なものがはがれたタイミングがあった段階でカメラを回し始めて、OKを出した瞬間はニヤニヤしていますからね、だいたい、寝転がって。カメラの横でニヤニヤし始めてるとOKなんだろうなって。

――台風の物語だけれど、台風が来ない。雨待ちで大変だったと伝わっていますが、そういう何週間も雨を待って、子供たちの心情と情景が合うまで待つという現場も今となっては贅沢ですね。

三浦　そもそも長野県に台風が来る確率が低いですからね（笑）。なのにそれを待っているっていう。3週間も4週間も。それは贅沢な話で、でも毎日雨も降らずに、本当に晴れているんですよ。しょうがないので曇《くも》った日に、外の木にロープをかけて幕を張って、カメラの映っている範囲で助監督が一生懸命雨を降らしていたりしていたんですけど、これは撮影あるあるです。雨と言えば面白いシーンがあって、工藤夕貴ちゃんが傘をさして歩いている向こうの後方に、通り過ぎる人がいるでしょう。気づきました？　あの方、一般人なんです。で、傘をさしていないんです、実際に雨は手前の数十メートルしか降らせてませんから（笑）。でも、相米さんはOK。他のことでは凡人にはわけのわからないNGがいっぱいあるのに、手前の主人公は傘をさして、その後方に歩いている人はさしていない。これがOKなんだというのは、相米さんにとって、大事なことが違うんです。

――きっと観客は工藤夕貴さんしか集中して観ない、工藤さん以外の背景なんてそんなところは見ないだろうという腹のくくり方があったのかなと？

三浦　ええ、見ないだろうし、見たってどうでもいいと思ってますよね。

――「台風クラブ」の梅宮役を演じたことで、これでどんどん普通の役が来るぞという感覚はあったんでしょうか？

三浦　いやいや、30代は一番苦労していましたからね。自分の中で花開くというか、相米演出を理解して、こういうことが大事なんだと理解したのは40代でしたね。まあ、10年かかりました。だから、「台風クラブ」で初めて演技に対しての賞として、報知映画賞とヨコハマ映画祭で助演男優賞を頂いたんですけど、自分の中でやった感がないので意味がわからない。相米組に出た人は、みんなそんな感じを持っているんじゃないですか。想像ですけど。相米監督がいなくなってからの3回忌、7回忌、13回忌、17回忌、みんな来るんですよ。17回忌でも来るんですよ。みんな「行かないってことはないだろう」って言って来るんだから、それがすごいんですよ、あの人はね。あの人の集まりがあるときは行かないと何か仲間外れにされそうというか（笑）。「こんなに関わっているんだ、俺は」っていうのをみんなに証明したい。浅野（忠信）くんも、永瀬（正敏）くんも、（佐藤）浩市くんも相米組に関わったキャスト、スタッフがほぼみんな来ていて、それで「相米慎二に一番影響を受けているのは自分だ」って暗黙で競いあっている。そういう監督って、珍しいと思いませんか（笑）。もちろん、いろんな監督から素晴らしい影響を受けてますけど、相米さんから受けた影響が最も大きいのは確かですね。振り返ると俳優生活最大の転機だったから、というのが一番の理由ではありますが、まあ、ここまでくると相米教、いや、相米狂かな。

――「東京上空いらっしゃいませ」と「あ、春」に話題を移したいのですが、これはどういう出演依頼だったのでしょうか？

三浦　いや、ワンシーンだけなんだけどどうかと。そりゃ、出ますよね。ワンシーンでも声が掛かったら出ます。

――「東京上空いらっしゃいませ」は、相米監督が主演の牧瀬里穂さんの殻を外そうとされていたと思うのですが、現場でご覧になっていていかがでしたか？

三浦　いやいやいや、相米組に呼ばれていって、周りを見ている余裕はないのでね。それがたとえワンシーンであっても。ああ、相米組だと感じた瞬間が、ナイトクラブの設定の店に入ると、そこに照明もカメラもない。普通なら、監督なり助監督が「あなたはここで」「この人はここで」とポジショニングの指示から始まるけど、相米さんは「どこに座りたい？」とかね、「どこに居たい？」から始めるのが第一声で「ああ、相米組だ」ってすごく嬉しかった。新鮮でしたね。「あ、春」のとき、中途からの参加で、相米組はもういろいろと出来上がっている状況の中に入っていくわけだけど、あのときもリハーサルを数回やって、呼ばれて、「なんですか？」と聞くと、「いい人にしか見えないな」と一言。そう言われたってわからないですけど、「ちょっと時間ください」と言ったら、「わかった」ってスタッフ全員引き上げて、30分とか1時間、時間をくれたんじゃないかな。例の放置プレイです。あそこは、富司純子さんと余貴美子さんの3人で絡む場面だから、一人で考えたってどうしようもないと思いつつも、一生懸命探るんですよね。探るんだけど、結論は出ない。なんだかやけくそになってきてですね。「そろそろ大丈夫ですか」と助監督が来て、「長く居ても同じだから。何かやりましょうか」みたいに始めて、適当にやるんですよ。あそこは、長いクレーンでカメラが回ってくるっていう長回しのシーンで、一度リハーサルして、次に本番。で、カメラの横で寝そべっていて「OK」って言うんですね。でも何がOKかわからない。

――私はあのシーンが非常に好きで、何故かというと、三浦さんの妻役の余貴美子さんがプリプリしている。三浦さんにとって富司さんは義理の母で血は繋がっていない。で、どこか仲が良くて、余さんの放つ感情に明らかに嫉妬みたいなものが混じっていて、この店を売って早く遺産が欲しいという話ではなく、夫と義母の二人の日常を見たくないから売ってほしいんだという感情が垣間見える。母親なのに、夫といると女にしか見えない悔しさが滲み出ていて、確かに富司さんが姑だったら、心が折れると思いました。色っぽいシーンなんですよね。

三浦　それは女性の見方ですね。あのシーンも、後々、よく、若手の映画監督たちから「あのシーンはどういう演出だったんですか」と聞かれるんですけど、わからないですよ、もう相米さんだから。「どうしてああいう芝居になったのか、僕にもわからない」って言うしかない。演じている本人が一番わかってないですから。だから予想がつかないんですって。次にこうだろうなと思わずに演技することで、観客の予想を裏切ってくるようになってしまうんでしょうね。演者が計算してそうなるのではなく、結局そうなってしまっているという感じで。だから誉められても実感がない。

――ひとつ、三浦さんに伺いたいことは、相米監督の「ラブホテル」に山口百恵さんの「夜へ」の曲が使われたのは、三浦さん経由でお願いして許諾のＯＫが取れたという伝説があるのですが、事実関係はこれで合っていますか？

三浦　ははは、それは知らない。曲のことは版権を持っている会社との話し合いでしょう。僕が頼まれたのは、どこかでばったり相米さんと会ったとき、「この本を読んでくれ」と、「光る女」の脚本を渡されたときのことで。「どういう意味ですか？」と聞くと、「出番はないけどね、でも読んでくれ、特にな、奥さんに読んでもらってくれないかな」。
三浦　ね、ずるいでしょ、あの人は。あんな顔してね。4つしか違わないんですよ。すごい歳が上かと思うんだけど（笑）。
——ほお。
三浦　——それは山口百恵さんに「光る女」に出ていただきたかったのか、何か歌を使いたかったのか？
三浦　「簡単でいいから感想を聞いてくれないか」というから、妻が脚本を読んで、中にいろいろ書き込んだものを渡したはずですよ。その後、何か動きがあった訳でもなく、狙いはよくわからない。まあ、何考えているのかさっぱりわからない人ではありましたね。
——三浦さんが次世代の監督に伝えるべき相米イズムがあるとしたら、それは何ですか？
三浦　相米イズムみたいなものがあるとしたら、本当に俳優に寄り添う、俳優が一番やりやすい状況を作るのが演出ではないかと。素材だけ集めてるんだなって感じる現場が近頃あったりするもので。優しくしろという意味じゃないです。俳優を見ていて欲しい、きちんとね。だってスクリーンに映って観客の感情を揺さぶるのは我々俳優なんだから。当然理解してる方はたくさんいるので、今の監督に物申すってことではないです。ただ、助監督経験のない人も増えていて、俳優との付き合い方がわからない人がいっぱいいるんでしょう。まずは俳優の悩める姿を陰からでもジッと見て感じて欲しい。それだけです。

回想

「お前らが3周走ったら
カメラを回すから」って。

大西結花

台風クラブ

女優。１９８４年、「家族の晩餐」（日本テレビ系）でヒロインとしてデビュー。１９８５年、映画「台風クラブ」出演、ヨコハマ映画祭最優秀新人賞を受賞。１９８６年、「スケバン刑事Ⅲ 少女忍法帖伝奇」に出演。映画「スケバン刑事」「スケバン刑事 風間三姉妹の逆襲」「ＢＥ ＦＲＥＥ！」などに出演した。現在、「いいものプレミアム」（フジテレビ）に準レギュラー出演中。

構成＝賀来タクト

――「台風クラブ」は大西さんの映画デビュー作でしたね。

大西結花　高校生になる年に上京してきて、まだ15歳のとき、最初に受けたオーディションで合格したのがテレビドラマ「家族の晩餐」のヒロインだったんです。「台風クラブ」はその同じ年の夏休み、7月の後半から長野県で撮りました。出演が決まる前に、日活撮影所へ面接みたいなものに行ったのは覚えているんです。でも、相米監督と会ったのかどうかまでは思い出せなくて。だって、映画人って、だいたいあんな風貌じゃないですか（笑）。長野では合宿形式で撮影をやっていたんですけれど、東京に戻った記憶はあまりなくて。ドラマの撮影と並行してやっていたのかな？　合宿所では助監督さんたちと一緒に寝泊まりしていました。マネージャーさんも最初は駅のホテルとかに泊まって現場に来ていたんですけど、（自分がいなくても）大丈夫とわかったら東京に戻っていきました。

――撮影前の準備などは何かありましたか。

大西　若い助監督さんに連れられて多摩川沿いを発声練習しながら歩いた気がします。その後に長野の民宿に移動して、共演のみんなと同じ部屋で一緒に過ごしました。私も子供でしたし、映画の撮影というより修学旅行みたいな気分でしたね。合宿中はなぜか私、起床係をやっていたんですよ。2階に私たちの部屋があって、1階がスタッフさんたちで。そこをお鍋をおたまでたたいて起こして回っていました。「起きてくださーい」って言いながら。そのあと学校で撮影が始まるんですけど、自分の撮影がない日もなぜか現場に連れて行かれて監督の横に座らされていましたね。小間使いみたいな感じで。（吸い殻入れ用の）バケツが手元にないと、監督に「おい、持ってこい」って言われて「はい！」って走っていく感じで。買い物のお使いもありましたよ。「駅前で何か買ってこい」みたいに言われて、自転車に乗ってとんでいくっていう。ほかの子もそんな感じじゃなかったかな。とにかく、撮影が休みでも「現場に来て見ていなさい」みたいな感じはいつもありましたね。現場も、日傘があって日焼け止めして、みたいな時代じゃなかったです。太陽をさんさんと浴びていました（笑）。

——なんだかあまり過酷な感じがしない現場ですね。

大西　相米監督っていうと、厳しい人だとか、俳優を泣かせるとか、そういうことを聞いたり記事も読んだりしたことがありますけど、私にはそんな印象が全然なくて。むしろ現場は楽しかったです。大変だったこともあったと思うんですけど、なにぶん初めての経験でしたから。「映画って、こういうふうに撮るのか」って感じでポケッと受け止めていました（笑）。監督のことで覚えているのは、だいたいいつも同じ表情だったことです。（晩年のカメラに向けて笑っている写真を指しながら）こんな表情、ほとんど見たことない！　だいたいムスッとしていて、目も開いているのか開いていないのかわからない感じで現場を見ているんです。で、呼ばれてそばに行くと「おい、お前、今のどういう気持ちでやってんだ」って言われて、「こういう気持ちでやっています」と答えると、「じゃやれよ、それで」って言って。私が「それでやっています」って言っても、「やれよ！」って繰り返す。たまに笑っても、私の言っていることを鼻で笑っているような感じでしたね。そしてまた「じゃ、やれよ」って言って。そうこうしているうちに監督が私につけたあだ名が「口先2号」でした。言っているだけでやらないからって（笑）。「この口先が！」って。いつもそう呼ばれていました。

——1号はどなたなんですか？

大西　工藤夕貴ちゃん（笑）。ふたりして「この口先ども！」って言われていました。私は監督に言われてそれに返事をする感じでしたけど、夕貴ちゃんは自分から監督に話しかけていましたね。台本を手に「こうじゃないんですか」みたいに提案もしていて、すごいなって思いました。

——同級生の清水健（紅林茂）に襲われるシーンなどはどうだったんですか。

大西　ストーリーの中での私のハイライトですね（笑）。学校は2階建ての校舎だったんですけど、真ん中と一番奥に階段があったんです。そこを「よーい、スタートの合図でまず3周しろ。全速力で」って言われました。「絶対に捕まるな」って。紅林くんにも「本気で追え」って。「お前らが3周走ったらカメラを回すから」って。もう必死で走りましたよ。捕まったらまた走らされるんですから。

——そのあと、美智子（大西）は職員室に逃げ込みます。

大西　私が扉を押さえていると、そこを紅林くんが中に入ろうとして蹴破ろうとするじゃないですか。でも、あの扉は破られるように細工されていないんです。あの学校に最初からあった扉で、それを紅林くんが本当に壊したんですよ。「この扉、大丈夫？」って思っていたことは覚えています。監督はただ「おい、入ってこられたらお前、どうすんだよ」って言うだけでしたから。あと、美智子は実験室で、健にやけどの痕《あと》をつけられるんですけど、あそこも頑張って熱がる芝居をしましたね。あのやけど痕、背中が見えなくても撮影のたびにメイクでつけていたんですよ。それもよく覚えています。

——同級生役のみなさんと教室で一緒にいるシーンはいかがでしたか。

大西　理恵（工藤）が三上くん（三上祐一）と付き合っているかどうかを話すシーンでは、助監督さんから「ここからここまでカメラに入っているから、その中で芝居して」っていう指示がありました。でも、それ以外、監督から動きの指示はほとんどなくて、「お前はそこでしゃべってろ」って言う程度で。テストは何回も繰り返すんです。ひと通り芝居が済んでも「はい、もう1回」って。そのうち休憩時間に助監督さんが来て「ちょっと動きを変えてみようか」ってなって、またそれを繰り返すっていう。テストがあまりにも続くからダメ出しが出るたびに「今の（NGの原因）は誰だ？　私かな？」ってなって、とにかく考えさせられるんですよ。「本テスト」って言われるときは嬉しかったですね。「キター！　今の（芝居）でよかったんだ！」ってわかって（笑）。

——最初に撮ったシーンは覚えていますか。

大西　冒頭の夜のプールのシーンです。最初、あそこを撮るのに夕方くらいから準備していたんですけど、テストの繰り返しになって、そのうち夜が明けちゃって。結局、撮れなかったんですよ。「そんなことあるの？　映画ってこうなの？」って思いましたね（笑）。で、次の日、昼から準備を始めたんですけど、やっぱりテスト、テストになって、また夜が明けちゃったんですよ！　2日連続で！

——そのとき出演者のみなさんが足の裏に絆創膏《ばんそうこう》を貼っていたという噂は本当ですか。

大西　何回もやるし、すりむけちゃうから絆創膏、貼っていた気がします。私たちだけじゃなく、スタッフさんも大変なんですよ。撮影が終わったあと、寝ないでお酒を飲んだりするから。そこへ私がお昼に「起きてくださーい」って言って回っていたんです。私が起こしていたのは役者じゃないんです、スタッフさんなんです。撮影がそんな調子ですから、長野には目一杯いましたね。長野の学校って新学期が始まるのが早かったんですよ。8月の半ばくらいには始まっちゃう。でも、結局、そこまでに撮りきれなくて、一旦、東京に撤収して、土日とかに通って撮っていた気がします。私、今でもあの学校に行くことができると思います。1カ月近くいて、自転車で散々、中込駅までお使いもしていたし。あのときの私には駅前に行くのがオシャレだったんですよ。パフェも食べられたし。完全にあの土地と同化していましたね。一度、20代半ばくらいのとき、ドライブで佐久市まで行ったことがあります。そのときはまだあの民宿もありました。そこからまっすぐいくと千曲川《ちくまがわ》があって、川を渡ったところに撮影に使った小学校があるんです。浅間山も見えて、すごくいいところなんですよ。

――同級生役の共演者のみなさんとはどんな交流がありましたか。

大西　あの撮影きりですね。友達というよりも同志というか、家族？　そんな感じでした。スタッフさんも含めて、家族みたいに協力して撮影をして、生活もしていましたからね。

――お話を伺っていると、現場では飄々《ひょうひょう》とされていた感じがあります。

大西　だから「口先」と呼ばれていたんでしょうね（笑）。役のことで覚えているのは、助監督さんに「美智子がどんな人間か、背景を自分で考えろ」って言われたことです。美智子は優等生だから、わりと厳格な家庭に育っているんだろう、みたいなことをノートに書いた覚えがあります。

――ファンの間では美智子は梅宮先生（三浦友和）が好きだったという説がありますけれど。

大西　そんなこと、全然思いもしませんでした。どうなっているんですか、この映画のファンの人たちは（笑）。役としては、美智子は三上くんが好きなわけです。片思いなわけですよ。私のイメージの中では、美智子にとって三浦さんの先生は大人すぎて「好き」も「憧れ」も何もないんですね。恋愛対象は同級生くらいって感じで。三上くんのお兄さん（鶴見辰吾）も対象外ですよ。でも、そうやってファンの方の妄想をどんどんふくらませるんだから、やっぱり相米さんはすごかったのかな。

――わらべの「もしも明日が…。」という歌は最初から楽曲が指定されていたんですか。

大西　台本にはなかったと思います。当時、流行《はや》っていた歌ですよね。私たちもよく歌っていたと思うし、それで映画の中でも使うことになったんじゃないかな。同じように、「おかえり、ただいま」っていう健くんのセリフ、あれは私たちが現場や合宿所で言い合っていた「言葉遊び」から採用されたものです。私たちが変な発音で使っていたのを監督たちが見て、「それ、いいじゃん」と。まさかあんなふうに映画の中で使われるなんて思わなかったです。雨の中で服を1枚ずつ脱いでいくシーンは、そのまま脚本に書かれていました。それを横からマネージャーにダメ出しされるのが相米さんは嫌で、マネージャーを合宿所に入れなかったんじゃないかな。私たちは私たちでマネージャーからきつく言われていたのは「どんなことがあっても絶対に脱ぐな」でした（笑）。だから、下着の下にもう1枚、裸になったときに見えないように肌色の下着をつけていましたね。下着で踊るのは恥ずかしかったんですけど、「もうやるしかない」って感じでした。雨降りもあるし、濡れるし、1回しかできないってわかっていましたから。私一人が恥ずかしがって迷惑をかけるわけにもいかないなと。三上くんが飛び降りて地面に刺さるシーンを撮る頃にはもう疲弊していましたね。あそこは一晩中撮ったあとの夜明けに撮った気がします。窓に張り付いて「キャー」って声を上げていますけど、心の中では「もう眠い」って感じでしたね（笑）。三上くんも、水の中に体を突っ込んで大変だったと思いますよ。あれも人形じゃなく、本人にやらせていましたからね。今では信じられないですよ。

――映画は好評で、大西さんはヨコハマ映画祭で最優秀新人賞を受賞されます。

大西　結果がついてきただけだと思います（笑）。自分としては一生懸命やっただけでした。映画がそんなに話題になるなんて全然、想像していませんでしたから。現場ではただ「映画ってすごいな」って思っていただけで、変な緊張もなかったですね。完成した映画みたいにピリピリしていません。もしかしてそう思っているのは私だけ？　だから「ちゃんとやれよ」って言われていたのかな（笑）。

――相米さんとの個人的な思い出などはありますか。

大西　教室での芝居がうまくいかなかったとき、休憩時間に一度、中庭が見える廊下へ気分転換に出たことがあったんです。そこでポケッと外を眺めていたら、監督が横に来て、なんでもない言葉を2つ3つ交わしたことがありました。私が「ここの景色が好きなんですよね」みたいなことを言われていたら、監督が「薬師丸（ひろ子）とも同じようなことがあったな」って。確かそんなことを言われていたような覚えがあります。あのシチュエーション、すごく鮮明に刻まれていますね。写真でも撮っておけばよかった（笑）。監督とは映画が終わったあとに、1回だけ会ったことがあります。井の頭公園でお花見をされているところへ、「また機会がありましたら、よろしくお願い申し上げます」みたいな挨拶をしに行ったんです。「また、この口先が」みたいな顔をされましたけど（笑）。

――監督が亡くなられたときはどんな思いがありましたか。

大西　もうビックリ。もう一度、お仕事ができたら、デビューのときとは違った話もできたかもしれないな、残念だなっていう気持ちでした。今も私の中では「いつも麦わら帽子をかぶっている面白くて楽しい監督」です。監督にとって私は「うるせえ女」だったかもですけどね。映画を試写で見たときも「よくわかんないし、暗いよこれ、監督！」って言いましたから（笑）。台風が来ると子供はワクワクするっていいますよね。そこなんですか、この映画の面白さって？　よくわかっていない私の代わりにこの映画を愛してくださるファンの方々の存在、本当にありがたいです（笑）！

邂逅

板垣瑞生

あれが、僕が生きてきた
「中学生」というものだった。

２０００年10月25日生まれ。東京都出身。２０１５年の映画「ソロモンの偽証」での演技が評価され、第25回日本映画批評家大賞・新人男優賞を獲得。その他の主な出演作は「響-ＨＩＢＩＫＩ-」「初恋ロスタイム」「ホットギミック ガールミーツボーイ」、ＮＨＫ連続テレビ小説「エール」、ＮＨＫ大河ドラマ「麒麟がくる」など。２０２１年公開作に「藍に響け」「胸が鳴るのは君のせい」がある。

構成＝相田冬二

――相米組出身のスタッフと縁があるそうですね。

板垣瑞生　そうなんです。もともと（『ソロモンの偽証』の）成島（出）監督から相米監督の話は聞いていて。でも、相米監督の映画をなかなか見ることができませんでした。でも、いまこの年齢でお仕事させていただいている中で、見なきゃって思ったんです。何か急にきっかけになるような出来事があったわけではないんですが。ただ、自分の演技の先生も相米組にいた方でした。僕にとっては成島さんと演技の先生が師匠だと思っています。とにかく、この年齢になってようやく相米監督の作品を見ることができました。今年（２０２1年）になってからのことです。

――その初めての相米体験が「台風クラブ」。わけのわからない映画ではなかったですか？

板垣　いいえ。全然、わけわからなくなかったです。一緒に見ていた友達は、難しかったかな……と言っていて。でも、僕はすごく好きだったんですよ。うまく言葉にはできないんですが、自分自身にとってのアイデンティティの話というか。台風の中、生徒が入り乱れて、いろんな感情があって。めちゃくちゃファンタジーに感じる人もいるかもしれないけど、めちゃくちゃリアルに感じたんですよね。あの時間、あれが真実だなって。あの世界における、本当。というか、僕がやりたいエンタメ、という考え方もあるじゃないですか。作品ってファンタジーで、結局、ウソが上手い人が演技も上手いじゃん、と思っていて。確かに「台風クラブ」はめちゃくちゃファンタジーで！　でも、そこに描かれていることがリアルになっていくことが素敵だなと思っていて。確かに「台風クラブ」はめちゃくちゃファンタジーで！　でも、そのファンタジーをリアルにしてくれたことが僕は嬉《うれ》しくて。心理状態を台風と一緒に描くギミックもかなり好きです。

――相米さんの映画って、スタッフだけではなく、俳優さんにもかなり愛されているんですよ。相米さんに実際に関わってる、関わっていないは関係なく。きっと、演技というものを実体験として知っている人に特別に響く何かがあるような気がしているんです。

板垣　役者としての自分が思ったことなんですけど、一人の人間として見ると「あのまま」なんですよ。あれが、僕が生きてきた「中学生」というものでした。何か一生懸命やるときって、自分の脳みその中が台風みたいになるんですよね。（頭の中で）いろんな人が喋《しゃべ》っていて、いろんなことが流れていて。でも進み続けなきゃいけないし、気づいたら進んでるし。（進むことで）大人になっているのかもしれないし、なっていないのかもしれない。あの感覚がなぜか共感できました。脳内で起きていることの体感。そして生き方。あの作品に、僕自身がすごく近い気がして。それですごく好きだったんですよね。

――頭の中が台風！　ざわざわしているし、ぐちゃぐちゃしているし、ビュンビュンしているし。そんな感じですよね？

板垣　そんな感じですよね。すごく楽しいときは、あっという間だし。すごくつまんないときって、本当に長いし。むちゃくちゃ一生懸命やろうとしているときって、なんかまた違いますし。でも全然そういう（時間の）ことを感じないときもあって。それがまた大人になるってことなのかなって。それもまたさみしいなって。大人になると、「あの世界」にいられなくなる……ちょうど、そんなことを思っていた時期で。この仕事をしているし、冷静である必要もあるし、子供のままじゃいられないし。そのことに悩んでた時期だったから、あの映画にすごくヒントをもらったような気がするんです。

――そのさみしさを感じていたからこそ、この映画が突き刺さったのかもしれませんね。

板垣　完全にそうだと思います。他人の中にある感覚の話って、わからないじゃないですか。映画って、それぞれ違う尺度を持った人が見るわけで。結局、その感覚を共有できるかどうかだと思うんです。あと、これは誰かに理解されようとしている映画……という気がするんですよ。何が言いたいかというと、つまり、僕は相米監督の作品が好きだ、ってことなんですけど（笑）。

――「好き」って、シンクロするってことなんだと思うんですよ。作品の感覚と、自分の感覚がシンクロすることで「好き」が生まれる。

板垣　自分の感覚の部分だけで映画が見られました。でも、その感覚も年々なくなってきたのかもしれないし。その「原点」に立ち帰れました。一瞬で感じられることだけを拾って拾って、1本の映画にしている。僕らって、スタッフさんの誰かとひと言話すだけで、芝居が全然違ったものになったりするんです。そのぐらいの危うさがある。その感覚にもリンクした気がしますね。

――感覚って内面的なものじゃないですか。でも、この映画は、内面的なものがちゃんと目に見えるかたちになってるんですよね。わかる人がわかればいい、というわけではなくって。

板垣　ひとりひとりの感情に対してすごく優しくて。彼らのスピード感覚に合わせて進んでいく。ああ、これだなって。僕の根はこれだなって。お芝居は心でしなきゃいけないと思っています。その究極形をすごく感じたというか。ごめんなさい、言葉がまとまらないんですけど。

――いや、すごく伝わります。「台風クラブ」の真っ只中に「いられること」を羨《うらや》ましく思います。時間って、吹っ飛びますよね。何かに夢中になっていると、時間の概念はなくなる。

板垣　あ、もう、こんなに時間が経《た》っていたんだ。逆に、まだこれしか経っていなかったんだ、というときもありますよね。それがあの映画って、めちゃくちゃ出ていた気がします。

――そもそも、どれだけの時間の話なのか、ちょっとわからなくなりますよね。体感的に。

板垣　わからないです。（上映時間が）何時間の映画かもわからない。でも、めっちゃ面白いことが起こってる！　凄い！　凄い！　って。でも、彼らの「あの時間」もまた日常に戻っていく。それもまたリアルだなって。あれこそリアリズムだと思いました。

――きっと、感覚だけではできないですよね。でも、そんなふうに悩む時期だったからこそ、この映画に向き合えたのかもしれませんね。

板垣　でも、向き合わせてくれたんですよ。この映画が。探していたものではあったんです。「ソロモンの偽証」のとき、成島さんに言っていただいたのは「ウソつくなよ」ということでした。「その場で、あなたが感じたことがいちばんだから。言いたくなったらセリフを言えばいい。だって、あなたは、その人（役）なんでしょ？」と。お芝居は頭で考えてするものじゃない、と思っています。（役には）その前の時間もあって。その後の時間もあって。ただ、「この時間」に生きているってだけなんだと思います。いや、僕はバカなんで、考えて演じることができないんですけど（笑）。

――論理的に演じない？

板垣　本番中、論理的にやった瞬間、自分の中で破綻するんです。自分を信じて、自分を解放する。僕なりに成島さんから教わったことは、そういうことでした。「台風クラブ」の中で蠢《うごめ》いているものには、このことと同じものを感じたんです。それは、相米監督の匂いを感じるということでした。すごく好きな方だなって。僕はこの人のことが好きかもしれないって。成島さんにも思ったことなんですけど。「そこ」をすごく大切にしてくれる方なのかなって。

――相米さんは、何度も役者に芝居をさせる監督でした。理由を告げずに何度もやらせる。でも、それは役者を解放するためだったのかもしれません。

板垣　成島監督はリハーサルに時間をかけて下さったので、それがすごく自信につながりました。相米監督と成島監督は時代も違いますし、もちろん相米監督が何を思っていたのかは僕にはわからないですが……作品にすごく愛がある、っていうことは本当に感じます。

――だから「好き」なんですね。

板垣　台本はある。セリフはある。でも、それより、目の前にあるもの。「そこ」にいる人を信じる。その人が「そこ」に生きてるということを、すごく近い距離感で描いてくれてるなって思います。

――師匠たちの師匠を「見た」いま、どんなことを思いますか。

板垣　自分を救ってくれた人たちを、救ってくれた人を見たような気持ちなんです。僕も「人が生きる」という作品に、あらためてもう一度、携わっていきたいなって思いますね。

――ルーツに遭遇したみたいな感じですか。

板垣　未来でもないし、過去でもない、「いま」って感じで。「いま」を一生懸命生きている。それでいいんじゃないか、とも思います。それは、過去でもあり、未来でもあって。とにかく、出合いに感謝です。なかなか見られなかったですが、ようやく見られた。それで、もう1回、師匠のみなさんとの感覚が戻ってきた。この感覚はいまでも自分の中にあります。でも、ここから進んでもいきたい。

どっちの気持ちもあるんです。この映画って、思いがバーッと走馬灯のように流れてくる。でも、その中の一瞬しか画面には映っていなくて。本当になんて言っていいかわからないんですけど、でも、素敵だなって。この1本で何カ月も考えています。自分が出演しているわけでもないのに。でも、「それ」は自分の中にあったものなんです。しかも新しいんですよ。わ、凄い撮り方だなって。もうただただ、出ている方々も素敵でした。

——画面に映っている人が素晴らしい！　これって、最良のシンプルさですね。

板垣　あるカットが、誰かのためのカットじゃなくて、「そこ」に生きている人のためのカットなんですよね。やっぱり好きだなと今お話させて頂いて、また感じてます。

——もし、相米さんに会えたら、どんな話をしたいですか。

板垣　そうですね……やはり、僕の師匠の若い頃のことを知ってみたいです。僕は、相米監督のことが好きです。成島監督のことが好きです。好きな人のことを、好きな人には好きでいてもらいたいので、相米さんが成島さんのことを話すとき、どんな顔をしているか見てみたいんです。その顔で、わかることがあると思います。

ションベン・ライダー

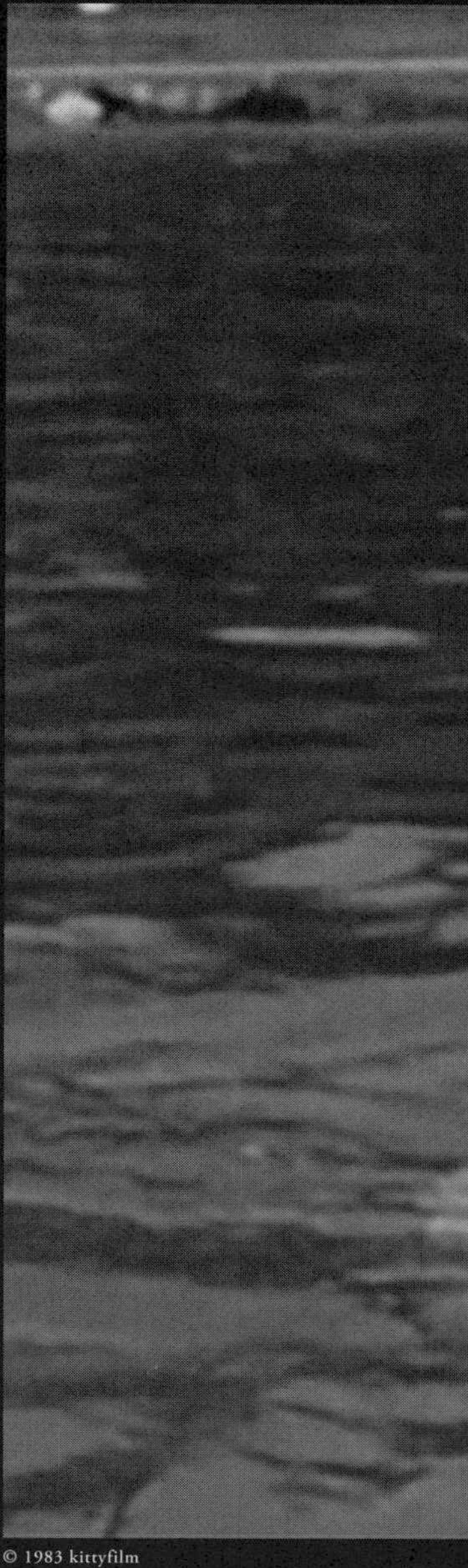

© 1983 kittyfilm

ジョジョ、辞書、ブルースの3人の中学生はガキ大将のデブナガにいつもいじめられていた。今日こそやっつけようというとき、そのデブナガが3人の目の前で誘拐されてしまう。デブナガの父が覚醒剤をタレ流していることに腹を立てた横浜のヤクザ極龍会の仕業であった。誘拐した組員は山と政の二人組だが、マスコミはこの事件を派手に報道し、組ではもてあましていた。一方、ジョジョ、辞書、ブルースは横浜に向かい、極龍会の組員で、山と政の二人を連れ戻すように命令を受けた中年のヤクザ、厳兵と出会う。

7分にわたる冒頭のワンシーン・ワンカット。貯木場での追っかけあい。まさに相米伝説ともいえるシーンが次々に繰り出す。「セーラー服と機関銃」で、興行的成功を収めた相米がエンジン全開でその世界観をブローアップした一作。公開時同時上映だった「うる星やつら　オンリー・ユー」の押井守は本作を見て衝撃を受け、「勝手にやっていいんだ」と翌年、傑作「ビューティフル・ドリーマー」を作り上げたという。関係者だけが見た「ションベン・ライダー」の3時間半を超える完全版があったが、もうそのフィルムは存在していない。

［証言］

ションベン・ライダー

●スタッフ　製作＝多賀英典　プロデューサー＝伊地智啓　脚本＝西岡琢也／チエコ・シュレイダー　原案＝レナード・シュレイダー　撮影＝田村正毅／伊藤昭裕　照明＝熊谷秀夫　録音＝信岡実／紅谷愃一　音楽＝星勝　美術＝横尾嘉良　衣裳＝岩崎文雄　スタイリスト＝勝俣淳子　編集＝鈴木晄　装飾＝小池直実　メイク＝太田とも子　記録＝今村治子　助監督＝榎戸耕史　●出演　藤竜也／河合美智子／永瀬正敏／鈴木吉和／坂上忍／原日出子　1983年2月11日公開　118分　製作＝キティ・フィルム　配給＝東宝

榎戸耕史

リアルと歪《いびつ》さ

有名なファーストシーンは出たとこ勝負だったんです。こうなっていくから、ワンカットで収めるためにはどうしたらいいのか、確信はしてなかったと思います。あるところまでは確信するんだけど、その先はどうなっていくのか分からないというか計算しないんだと。

貯木場のシーンもそうでした。そのままみんながドボドボ落ちるから、じゃあもうとにかくカットかけないでずっと回しちゃった、みたいなもんなんです。カメラのたむらまさき（当時の表記は田村正毅）さんがひたすら追いかける。頭の5分ぐらいしか分かっていなくて始まって、最終的にはあそこまで行っちゃう。多分、渡り板の上を行って、どこかへ逃げるだろうというのは分かるんだけど、どうやって逃げるかまではそのとき次第。俳優次第だなと監督は思っていたんです。その前の橋から飛び降りる原日出子さんも一緒で、「お前だったらどうするんだ」という指示くらいで、あのまま橋を走り切って川の土手から「ジョジョ〜（永瀬正敏）」って叫んでもOKだったんです、本来は。でもそこで、「お前が先生だったらどうすんだよ」と、監督に言われたら助けに落ちるしかなくなる。「落ちろ」とは言わないんですよね。「お前だったらどうなんだ。お前が先生としてとるべき行為は何だ」っていうふうに攻められると、どうしても落ちざるを得なくなってしまう。それが本当にいいのかどうか分からないところもあって。でも、落ちる。相米さんは貯木場のシーンですごく心配していたのは、役者が大丈夫かっていうことでしたね。やらせておいて何言ってるんだ、と思うんですけど（笑）。木之元亮さんは泳げないのに飛び込んでしまった。あそこは泥沼だからなんとかなったんだと思うけど。必死に泳いで岸に逃げる、泳げないのに。「ションベン・ライダー」でもう一つ注目するのは、寺田農さんが死ぬシーンなんです。寺田さん、水が大嫌いな人なのに。わざとああいうところであんなふうに死なせている。

農さんにもそういう意味で言うと、一番嫌いなことをさせている。いつもそういうところがありますからね。何かそのことによって、本当に役者としての演技を超えた何か、本物のリアルみたいなものをどこかで求めているというのは、常に俳優への方法論として持っていたんじゃないかとは思います。嫌いなことは普通はやれない。でも、仕事としてそれに耐えなきゃいけない。自分としては絶対にやらないことを役者として敢えてやることによって、芝居でもリアルな何かを引き出そうとしているっていうのは、相米さんの演技指導術としてあったのかなと思います。

面白いのは、そこが相米さんの一番興味深いところなんですが、監督のためにっていうのが一番嫌いな人なんです。全て映画のためになんですよ、あの人は。映画のためにお前は何ができるのかっていうことを常に僕らにも問いかけてくる。基本的に相米監督は俳優第一主義で、映るのは彼らなんだからといつも言っていましたが、フォローするこちらはとても大変でした。映画のためにっていうと、どうしたって相米さんの求める方にある程度向かっていってしまい、ああなっちゃうんですよ。その結果、ある種、歪《ゆが》んだ映画になる。それは本当に相米映画の功罪で、映画としていったい何を求めていたんだろうというのが、どうしても疑問として残る。現場でもやっぱり思うことではあったんです。リアルというのは頭では理解できるけど歪みを受け入れ難い。「ションベン～」は監督自身が一番感じていて、「こんな映画を客に見せてはいけない！　榎戸フィルムを燃やせ！」って連日仕上げで言ってました。

相米映画っていうのは、出来上がってしまうと達成感で良かったという気持ちを持ちつつも、いつも一つだけ残るっていうのはそれなんです。相米映画の歪《いびつ》さみたいなものを、なんで解消できないんだろうかということを常に抱えながら、前期の相米映画というのはあったような気がするんです。相米愼二は本当に映画をどう思いながら、ああいうふうな映画を作り続けたんだろうって。

貯木場の背景の謎

小池直実（装飾）

貯木場のシーンは名古屋の熱田神宮の裏なんですけど、遠くに神官が何気に歩いたりとかね。小さく映っている。気づく人は気づくし、気づかない人は気づかない。こういうのは、僕が言い出すときもあるし、助監督の榎戸が言い出すときもある。遠くに誰か歩いていることにしよう。勝手にこっちがやっちゃえ、やっちゃえ、という感じ。それが相米監督が演出しているように見えるのはいいことで。そもそも「こうしろ、ああしろ」とは言わないから。貯木場のシーンでは小屋を作ったんですけどね、簡単な小屋を。そこを拳銃で撃って、穴が開いて、そこから飛び出して。それでずっと丸太の上を行く。

船のシーンがあるじゃないですか。あれは本当に燃やしたんですよ。横浜の山手の上のほうで撮ったんですけどね。そこからちょうどだるま船が見えるので、なかなかなシーンだったんです。中でずっと芝居しているときに木漏れ日が、雲が、移動する。で、明かりが移動していく。それは照明の熊谷（秀夫）さんのアイデアなんですけど。僕らは使われるわけですよ。だるま船にシートを被せて、それを両側でずっと剥《は》いでいく。そうすると、雲の移動みたいに見える。手動ですね。そういうのをやらされるわけですよ。照明部じゃないのに、日がないんだよとか言われて。すみませんって、なんで俺が謝らなきゃいけないんだと思いながら。

伊藤進一（音響効果）

効果音でドキドキさせる

「ションベン・ライダー」の効果音というのは小島良雄さんが担当していたんですけど、凄いですあの作品。あそこから一気に相米監督の音の感覚っていうのが変わってきたように思うんです。それはこの小島さんの

小池直実
「ションベン・ライダー」「魚影の群れ」「光る女」「東京上空いらっしゃいませ」「風花」
―
装飾。滝田洋二郎監督作品、若松節朗監督作品など作品多数。

伊藤進一
「翔んだカップル」（録音

たように思います。小島さんが48歳で亡くなるまで相米組の初期の作品は殆《ほと》んど小島さんが担当されています。

小島さんの助手をしてると凄い音の世界が作られて驚くことが多かったです。効果音でドキドキさせる。相米監督と小島さんのコンビは効果音を変えたんだと思う。効果音という世界が「ションベン・ライダー」から変わっていった様な気がします。

有名なファーストシーン。カメラがヤクザ二人からパンしてプールのほうへ行って。で、バイクが校庭に来てっていうシーンがあるじゃないですか。ヤクザ二人が話していると〝チチチチチチ〟って音が入っているんですよ、スッと。頭から入っているんです。画の中に「なんの音なんだろう?」という感じで。オモチャのピストルが見えていればわかるけど。けれど、そこにわざと見えていないのにわけのわからない音が聞こえてくるわけですよ。プールへパンしていってやっと映ってきたときに「あ、この音か」っていうふうに思うんだけれど、その何だか分かんない音がね、見えていないんで、遠いわけじゃないですか。だからちっちゃく入れるじゃないですか。普通は。映ってきたときに映ったレベルで音を大きくしていくんですけど、違うんですよ。デカいんですよ、最初から。オフなのに何の音なのか、探すじゃないですか、画面の中を。どこにあるんだろうっていうぐらい印象をつけておくっていう手法は、もう相米監督好みなんだろうなって。それでカメラがずっとパンして行ってグラウンドになって、バイクが来て、ワーッとなって。原日出子さん演じるアラレ先生が追っかけて行ったりするときに音楽が流れるじゃないですか。そうするとバイクの音が最初はブーンと入っているんですよ。途中で音楽が始まってバイクの音が一瞬いなくなる。「あれ?」と思っ

助手)
——音響効果技師　小島良雄に師事。森田芳光監督作品の音響効果などを手掛ける。

てタイトルバック用の音楽だけでいくのかなと思わせておいて、バイクがブーンと来てね、ちょっとだけフレームの前に来るの。そうしたら普通は当然バイクの音が大きくなるじゃないですか。ここら辺からバイクの音が復活していくのかなと、僕なんか予測するじゃないですか。しないんです。「あれ?」っと思ったら、ブーンって音がちょっとだけするんですよ、フレームの中で。ちょっとだけ。で、フレームアウトして見えなくなって向こうへ行くときにドゥルンってすごい音を出して。「あれ!?」って思うくらい。だからそれは音楽との絡みだと思う。例えば、音楽がちょっと谷になったところで、映っていなくたってバイクの音をちょっと上げるみたいなことを手法としてやっているのかなって。

雨が降っているじゃないですか、「台風クラブ」「魚影の群れ」とかで。だけど雨が降っていたって途中で雨の音なんかなくなるんです。で、見ているほうは雨が降っていたって雨の音がしなくたって全然平気なわけですよ。それを、時には「雨が降っているのに雨の音がしないのは変だ」とか言う人たちもいる。だけどそうじゃない。映画の音なんてね、お客さんがその感情に入ってきたときには、もう俳優さんのセリフだけ聞こえてくればいいんだよ、ということだってあるわけですよ。そういうところがすごく上手な音響効果マンだったんですよね、小島さんは。だから僕は自分の師匠がこういう人だったんで、音ってそういうことなんだなと思って。僕もそれからは音をそういうふうに作っていくように心掛けました。

回想

「あ、次だな」とみんなの
ピークを捕まえる天才。

河合美智子

ショ ンベン・ライダー
光る女
あ、春

神奈川県出身。女優・歌手。1983年に相米慎二監督の映画「ションベン・ライダー」でデビュー。1996年のNHK連続テレビ小説「ふたりっ子」で演じた〝オーロラ輝子〟が人気を呼び、ドラマ内で歌ったオリジナル曲「夫婦みち」もCD化され大ヒット。翌年のNHK紅白歌合戦に出場した。2016年8月13日に映画のリハーサル見学中に脳出血を発症し救急搬送。言葉は1日で戻るも右半身麻痺が残る。2017年1月10日に退院。役者として映画・ドラマ・舞台などに復帰。タレントとしてもテレビ・ラジオ・雑誌などにも出演しながら講演活動も行っている。2018年兵庫県豊岡市に移住。

構成＝金原由佳

――「ションベン・ライダー」は河合美智子と永瀬正敏という二人の俳優を生み出した映画であると同時に、今も多くの若者にとって重要な青春映画です。この作品に関してはオーディションの立ち上がりから選考の様子、撮影前の準備期間も含めて相米映画だと考えているので、なぜオーディションを受けることになったのか、そこから伺ってよろしいでしょうか。

河合美智子　新聞に大きく「映画に出てヒロイン、ヒーローになろう！」みたいなオーディションの広告が出たんです。父親がそれを見て、「オーディションってなんだ？　面白そうだな」と反応して。妹は対象年齢外だったので、私に応募しろと。私は興味がなくて断ったんですけど、マンガを買ってやるからと言われて。あだち充さんの「陽あたり良好！」の全5巻の1巻だけ買ってくれたので応募したんです。当時、神奈川県平塚市に住んでいて、渋谷までオーディションに行ったんですけど、全国から応募者が来ていて、遠いエリアから来た人を優先的にやると、会場に着いてから言われたんです。結果的に5、6時間待たされることになったんですけど、迷って慌てて会場に向かったのでお昼ご飯を食べられなくてお腹はすくし、腹も立つし、ようやく呼ばれて5人ほどの応募者と部屋に入ったら、相米さん、といってもその時は相米さんと知らなかったわけですけど、テーブルに足を乗っけた態度の悪い人がいて、「なんだ？　こいつ！」と思っちゃったんですね。

――はっはっはっ。目に浮かぶようです。

河合　プロデューサーの伊地智啓さんも当然、そこに居たはずですけど、私としてはやる気はないし、質問も「この映画をどう思いますか？」というもので、「始まってもいない映画をどう思うだなんて、くだらないことを聞くな」と態度がひどく悪かったと思うんです。ところが、それが良かったみたいで一次審査に通り、次も来いと。言い出しっぺの父親はオーディションを見たいと思って付き添いをしたら、審査会場に入れなかったので興味を失って、次からは母親がついてくることになったんです。二次でも周囲の応募者は一生懸命なのに、私はダルくてしょうがない。毎回不機嫌で、それがいいということで最後まで残ったという。最終候補者のカメラテストを日活でやったんですけど、そこにはすでに合格していた永瀬（正敏）くんと坂上忍くんも呼ばれてました。何もないスタジオの真ん中に脚立を広げて梯子のようにしたものが吊ってあって、そこで芝居をしなければいけないのですが、何をしていいのかわからないから、私はとにかく梯子の一番上まで登ったんです。

――なるほど、それは大きな決め手ですね。飛んだり跳ねたりの映画なので。

河合　そうみたいです。サルみたいで良かったって言われて帰りました。後日、その残っていた人たちに助監督の矢野広成さんがひとりずつ、「ごめんなさい、今回はダメでした」と電話したそうなんです。矢野さんは私に喜んで貰えるだろうと思って、最後、私の家に電話をかけたら、私は丁度妹とケンカをしている最中で、矢野さんの「ほぼ決定です。また来週来て下さい」の〝ほぼ決定〟という言い方に「ほぼって何？　まだ行かなきゃいけないの⁉」と憤《いきどお》って、「エー⁉」って言っちゃったんですね。その後、矢野さんにはことあるごとにあの不機嫌さはないと文句を言われました。

――ファーストシーンで撮影監督のたむらまさきさん（当時の表記は田村正毅）は3度クレーンを乗り換えて、長回しを撮っていますが、どのような状況だったのでしょうか？

河合　いま冷静に考えると、とんでもないことをしていますよね。でも、初めての撮影なので、クレーンを乗り換えることも映画の撮影では普通のことだと思っていました。やらなきゃいけないことに必死だったし、珍しいことだと思っていないので、たむらさんの動きはあまり見ていないんですけど、道路からプールにカメラが来たときには、私、平泳ぎの練習してます。で、デブナガ（鈴木吉和）に跳び蹴りし損なってプールに落ちたあたりで、カメラはクレーンを乗り換えて校庭の暴走族とアラレ先生（原日出子）になるんですけど、そしたらダーッと走って、更衣室で水着から服に着替えるんです。濡れてるから肌に張り付いて時間がかかるんですよね。それでも全速力で、校庭に飛び出てきてデブナガたちとの対決。と思ったら、そこにヤクザのチンピラの政（木之元亮）と山（桑名正博）がやってきて、校門の辺りでデブナガを車で誘拐していく。それを朝からずーっと。何回も何回も。もうとにかくずっと走らされていたという印象です。3日間、ずっと走って走って走って、なんでこんなに何度もやらされるのかがわからない。「何が悪いんだ？」と自分たちなりに考えて「ここが悪かったのか」と修正しても「もう1回！」。何十回ってやったときに、じゃんけんで負けた私が「何が悪いのか」と聞きに行くと、「てめぇで考えろ！」。相米さんも最初は座っていたのに段々ゴザを敷いて寝ながら、「もう1回！」。そのうち、「もう1回！」と言うのも邪魔臭いからと美術さんに△と×の札を作らせてそれをひょいと挙げるだけ。「キーッ！　何で○がないんだ！」。今でも昨日のことのようにはらわたが煮えくり返ります。あっ、でも相米さんのことを恨んでいるとか、嫌いっていうことではないですよ。誤解されやすいんですけど。

――わかります。SNSで、相米さんは女優に厳しかった、それはハラスメントではないのかというニュアンスの批判の言葉があるのを見て、この問いに対しては、実際、相米映画に出た人しか答えられないと感じました。

河合　ハラスメントなんてとんでもない。ものすごい愛情に溢《あふ》れた罵《のの》りの言葉の「このタコ！」でした。陰湿な演出でも虐待でもない。愛情を持ってちゃんと私たちのことを見てくれていました。私も昨日のことのように本気で怒ったりするから、誤解されることも多くて、もう外ではあまり言わないようにしようと思うんですけど、本当に信頼しているし、大好きで、ある種、家族以上の存在でもある。だからこそ今でも新鮮に怒れるという。亡くなってしまいましたが、伊地智さんと会ったときは二人して「アイツは何なんだ！」と笑いながら悪口が止まらない。そこが相米さんの人たらしというか、愛されるところかな。

話は変わりますが、ずっと後、ＮＨＫの朝の連続テレビ小説「ふたりっ子」で私が演じた演歌歌手のオーロラ輝子がブレイクしたとき、それ以前から相米さんは何故かずっと私には歌をやったほうがいいって言っていたから「ほらな！」みたいな感じだったたんです。で、一度、私が府中競馬場で歌う仕事があったんですけど、そのときは、「俺も行く！」って付き人として同行してました。

——輝子も競馬も大好きだから大喜びだったでしょうね。

河合　ええ、一般人が入れないエリアに入れるって。相米さんて、私にとってはマグロ漁船に乗ってるお父さんみたいな感覚で、長いこと会えないけど必ず帰って来る人だったたんです。だから亡くなったってことはもちろんわかっているけど、今、ふらりと戻ってきてもきっと驚かない。亡くなる以前から、飲み屋に連れていってもらったときの写真をずっとリビングに飾っているんです。カメラ向けたら、ピースのポーズで顔を隠して、だからちゃんと顔は写ってないんですけど、照れ屋の相米さんらしい写真で。

――じんとくる話です。河合さんに聞きたいのは、自身の演じたブルースは今でいうＬＧＢＴＱで考えると、肉体は少女だけれど、性自認は少年、もしくは性自認がまだわからないクエスチョンの状況に当てはまるかと思うんです。その意味でかなり先駆けたキャラクター設定の作品だったと思うのですが、ブルースが熱海の海に入っていく場面は生まれついた性別の肉体がいまいちしっくりこない中で初潮を迎えた、ある種のショックを表現しているのではないかという論考があります。ぜひとも、河合さん自身はどういう感情であの場面を演じていたのか、伺いたいのです。

河合　初潮がきたんだなということは台本にちゃんと書いてあったと思います。自分も読んで、そういうことなんだなとはわかっていました。しかも、撮影のとき、私、本当に生理だったんですよ。

――そうだったんですか。ナイーブな内容のお話になるけど、聞いてもいいですか？

河合　全然構いません。私自身、生理が始まったばかりの頃で、よくわかっていないんですよ。海に入る撮影だからとタンポンを渡されたんですけど、ひと箱無駄にするくらい使い方もわからなくて。その自分自身の抱えるわからなさとブルースの心境が勝手にリンクしたんでしょうか。今考えると、タイミングが良かったのかなと思います。

台本では、辞書が砂浜で寝ているときに、ブルースが異変を感じて、下着に手を突っ込んでみたら、血がついていることに気づいて、「嫌だ！」って砂で拭《ぬぐ》って、そこから海に入ることになっていたんですけど、なぜ、海の中に入るのかがわからないんですよね。さっさと行きゃあいいんですけど、どのタイミングで行きたくなるのかがよくわかんない。すごくデリケートなシーンだから、どれだけ時間を使ってもいいと事前に言われていたのもあって、手を見ながら、砂で延々と拭っていたらさらによくわからない気持ちになって、それでもずっとやっていたら、忍くんに「いつまでやってんだ！」って怒られました（笑）。

――坂上さん、厳しい。

河合　カメラマンのたむらさんが砂浜から2メートル先の海の中に身を浸かって、じっと私が来るのを待っているんです。そういういろんな状況が重なって出来た奇跡のシーンだと思うんですけど、あそこを契機に顔が変わったと言われると、「そうですか？」と自分では思っちゃいます。相米さんはもちろん変わると思って狙っていたんだと思いますけど、個人的にはいろんなことが当時の私にぴったりはまって出来たのかなと思う。私、本名は鈴木一栄というんですけど、不思議な経験だと思うのが、鈴木一栄さんの14歳の夏休みの思い出はひとつもなくて、あの夏は全てブルースとして生き切って、ブルースとしての思い出しかないんです。

――当時のエピソードを披露していただいてありがとうございます。相米さんは、河合さんが表現した少女の変容する瞬間をカメラに収めたことに味を占めたのか、「お引越し」でも祭りの夜、田畑智子さんで再度、同じような仕草を演じさせていますよね。ただ、田畑さんの場合は性別を越えてセミの脱皮みたいに見える。相米監督も中年期に入って少女がどうのこうのじゃなく、生き物として見ていたのかなと見比べて面白い。

河合　本人としては、いろんな論評を見て「ああ、そういう風に見えるんですか？」みたいな感じです。私はただ海に浸かってずっと待っているたむらさんのところに行かなければいけない！　そんな感じでした。ちょっと話が逸れますけど、「光る女」で私は、安田成美さんと武藤敬司さんがレストランに来たときのウェイトレス役だったんですね。「いらっしゃいませ」と水を置いて、その後、結構長い間ふたりの芝居があって、もう一度、「お待たせしました」とメニューを運ぶ役目だったんです。なので割と楽な気持ちで見ていたら、私たちのときよりもだいぶ優しかったですが、相米さんの「もう一回」は健在で。でも、やる度にふたりの動きや表情がどんどん変わっていくんです。驚いて、スクリプターのお治さん（今村治子）さんに、「もしかして私たちもあんな感じだったんですか？」って聞いたら、「当たり前じゃない！」って。

——永瀬さんは撮影前の合宿からずっと一緒に居るから、途中での河合さんの変わりように驚いたと言っていました。ブルースだけ一足先に大人になったという、その置いてきぼり感みたいなのがジョジョと辞書（坂上）にはすごい良かったんだろうなって今、思いました。

河合　置いてきぼりといえば、目黒川沿いの公園でキャッチボールをしながら、「デブナガを取り返そう！」というシーン。川からコンクリートを登って、フェンスを越えて公園に入るんですけど、ジョジョが真ん中で、左に辞書、右がブルース。動きはブルースが先行していてジョジョ、辞書と続きます。ちょっとした間があって、フェンスを越えるのは3人揃うのかと思いきや、ジョジョだけがワンテンポ早く動き始めます。が、そのあとに続く辞書とブルースの動きがシンクロしてジョジョよりも先にフェンスを越えるんですね。助監督の榎戸さんにぼそっと言われ、忍くんと動きを合わせることは意識しましたが、あんなに揃うとは！　3人の関係性のようで、あの一連はすごく好きです。

——3人同じ地点から出発するのに、旅の間、ブルースと辞書組、ジョジョと厳兵（藤竜也）組とで行程が分かれますものね。藤さん演じる厳兵と初めて会う船の中に入っていくところは、横尾嘉良さんの美術と熊谷秀夫さんの照明のマッチングが素晴らしくて、甲板の隙間から入ってくる光と影の中、藤さんにみなさん蹴り飛ばされていますが。

河合　私は蹴られていないです。永瀬くんと忍くん、特に永瀬くんが多かったと思います。あまりの勢いで吹っ飛ばされてくるので、私は上手に避けていました。藤さんが凄まじい勢いだったので、3人とも本当にビビッていました。あのシーンだけじゃなく、覚せい剤に関係するシーン、例えば熱海の別荘の場面もですが、本当に怖かった。そこの反応は素の鈴木一栄が出ちゃっている。この人に何をされるんだろうって、犯されるか殺されるんじゃないかっていう気持ちで演じていて、カットの声がかかったとき、あまりの恐怖にしばらく涙が止まらなかった覚えがあります。

——怖いといえば、名古屋の貯木場での大乱闘ですが、ブルースは橋を渡らずに、高いつり橋から飛び込むというこれまた驚愕の演出で。観客にはまず何故、飛び込むのかわからない。

河合　あれ、わからないですよね？　この映画では、厳兵さんの帽子を私が被っていたり、ジョジョのところにいったりと、持ち主が変わっていくんですが、あの場面ではジョジョが被っていて、つり橋で桑名さんとやり合っているときに帽子が落ちて引っ掛かってるんです。一応、それを拾うためなんですけど、拾おうとしてるというか、落ちにいってますね。

——その飛び込みは脚本には書いてあったんですか？

河合　ありましたけど、貯木場の丸太の上から、最初のシーンでデブナガにプールサイドでしたように、跳び蹴りして落ちるってだけでした。それが現場に行ったら、「あそこから飛び降りろ！」と橋を指さされて、「一体何を言ってるんだ、このハゲは！」と思いました。

――そうでしょうねぇ。うんうんうん。

河合　つり橋の手すりを越えて、橋の横に張ってあるワイヤーにぶら下がって、手を放して落ちるんですけど、テストのとき、私、握力がないのに火事場のバカ力で、懸垂して元の場所に戻ってきちゃいました。それくらい怖かった。そうは言ってもやらなきゃいけないからやりますけど、本当の被害者はアラレ先生役の原日出子さんです。原さんもブルースを追って飛び降りますけど、それは台本にはなかった。相米さんが原さんに「お前、教え子が落ちたら、助けるだろう？」と言いだして、原さんも横にいた私も「エーッ」みたいな。私はワイヤーにぶら下がってから落ちるけど、原さんはつり橋の手すりの上に仁王立ちして、そこの高さから飛び降りてますから、さらに怖いと思いますよ。でも相米さんへの怒りのパワーでやり遂げて、可愛らしいのに男前というか、かっこいいなぁって思っていました。

――河合さんは「あ、春」にも出ていますが、どういう経緯で出演を？

河合　どういう経緯でしょう（笑）。私、「あ、春」の陣中見舞いに行ったんですよ。自分が出演するって知っていたら、陣中見舞いは行かないですよね。

――陣中見舞いに来た河合さんを見て、「ピッタリだ！」と思ったのでしょうか？　相米組の恐ろしいところは、主人公の西荻窪の家もクランクインがかなり差し迫ったタイミングでお借りすることが決定したと聞いていますから。「あ、春」での河合さんは終盤の山﨑努さん演じる浜口笹一が息を引き取ったときに付き添っていた看護師さん役で、笹一が密かに温めていた卵がヒナに孵《かえ》ったことに気づくという重要な役目を担っています。

河合　その病室で卵を見つけるシーンのときに相米さんから「お前は看護師にしか見えねぇんだよ！」って言われて、本番のあと、すぐに母親に電話した覚えがあります。「あれはたぶん誉め言葉だと思う！」って。

――それは誉め言葉ですね。撮影では、ヒナが孵らないバージョンと、孵るバージョンのふたつを撮ったので、河合さんも両パターン演じているということですよね。

河合　はい。私自身は「生まれない派」で、撮影も、先に生まれないほうを撮ったんです。カットがかかって、「こっちだろう」と思ったけど、やっぱり生まれたバージョンも撮ることになって。でも一度昇華してしまった感情をまた作り上げるのが上手くいかなくて。（佐藤）浩市さんに「難しいだろ？　芝居は」って言われました。結局、生まれたバージョンが採用になって。だから、誉められて嬉しいシーンと自分の未熟さに後悔が残るシーンの2つがある、何とも言えない気持ちになる映画です。

――相米監督の演出を受けた演者として、次世代に引き継いでもらいたいことは何でしょうか？

河合　相米さんは、テストを何回も何回もやりますけど、それによって余計なものが削ぎ落されていって、で、次が一番いいというのがわかる感覚がすごい！「ションベン・ライダー」ってテストの回数は半端ないけど、カメラを回した本番は基本一回。「あ、次だな」とみんなのピークをとらえる天才だと思います。一方、今の若い映画監督たちは編集でいろいろ作業できると思っているから、素材をいっぱい撮るじゃないですか？　それはそれで面白いなとは思いますけど、相米さんの一回に賭ける匠の技！　みたいな、ピンポイントでとらえる気力と技はあってもいいんじゃないかなあとは思います。

――機が熟したとわかるということは、それだけ観察眼があるってことですよね？

河合　私は相米さんの他の現場も見に行っていますけど、「ションベン・ライダー」が一番好き勝手していたように感じていて。スタッフは「相米さんがやりたいように」と懸命だったし、伊地智さんも好きにやらしていたように思う。私たちも「なんだよ、ハゲ！」って思いながらも、ものすごい信頼感を持っていた。そこが私の一番の強味で、自信を持って言えるところです。

最近の若い役者さんはみんな素晴らしい才能で感心しきりではありますが、役者を尊重しすぎて、役者の個人技に頼り過ぎな作品も多い気がしています。映画監督はコンダクターであり、料理人であり、神様だと思うので、もっともっと化学反応を起こして、想定外に挑戦してほしい。そして世界を一つにまとめてほしいと思うのです。皆でギューって集中するあのヒリヒリした空気を味わったことがある私は、それを期待してしまいます。

邂逅

松居大悟

わからない事が多いから、
僕は相米さんの呪いが解けない。

1985年11月2日生まれ。福岡県出身。映画監督、劇団ゴジゲン主宰。2012年「アフロ田中」で長編映画初監督。その後「スイートプールサイド」(14)、「私たちのハァハァ」(15)、「アイスと雨音」(18)、「君が君で君だ」(18)など。「ワンダフルワールドエンド」(15)がベルリン国際映画祭に出品されたほか、「アズミ・ハルコは行方不明」(16)が東京国際映画祭・ロッテルダム国際映画祭で上映されるなど、枠に捉われない作風は国内外から評価が高い。「バイプレイヤーズ」(テレビ東京系)シリーズを手掛け、20年に自身初の小説「またね家族」を上梓。最新作は映画「くれなずめ」(21)。21年9月、PARCO劇場にて舞台「Birdland」を上演。

構成＝金原由佳

——去る2021年2月にユーロスペースにて開催されたA PEOPLE主催の相米慎二特集で、何度か松居大悟監督をお見掛けして。とはいえ、プライベートでの来館で声をかけるのは失礼だと劇場を後にする背中ばかりを見ていたのですが、2月16日に松居監督がツイッターで、「相米慎二特集上映。劇場で見れてなかった、魚影の群れ、雪の断章―情熱―、ラブホテル、東京上空いらっしゃいませ、光る女、ようやく制覇！　どの作品も雨が降ると命が溢れる。こんな映画を作りたい」と投稿されていたのを見て、今、第一線で活躍されている監督として相米慎二をどう見ているのかを伺いたくて、インタビューをお願いした次第です。

松居大悟　2月の特集では久しぶりに映画館で見られて嬉しかったです。先週、永瀬正敏さんとお会いして、相米さんの話をしました。永瀬さんは「魚影の群れ」「お引越し」「夏の庭 The Friends」以外は毎回現場につき、ただ相米さんの肩をずっと揉んでいただけだと話されていました。

今回、お声掛け頂いて嬉しいですし、縁のある方々と並べていただき光栄です。僕自身は相米さんと関わりあいがなく、同時代に映画も作ってはいない。今もいらしたら、自分は映画に進むのをやめていたかもしれない。もし2021年に相米さんが新作映画を作っていたら、自分がやりたい事の遥か先を行かれている気がする。これまでの13本の作品には、映画という生き物を作っている行程や、俳優や、カメラもそうだけれど、その時代の街の空気感や空も時間も全てをそこで切り取っている感じがして、それは狙いで収めたときもあれば、どう見ても奇跡が起きてフィルムに偶然収め切ったときもあったように感じて。こんな風に映画を撮れたらな、って心から思います。勝手にですが、今の時代で、僕は相米さんのような存在になりたいと思っているんですね。

――松居監督の「私たちのハァハァ」も「アズミ・ハルコは行方不明」でも登場人物の住むエリアと登場人物の動き回る領分の設定がとても重要な意味を持っていますよね。

松居　そうですね。僕の映画に出てくる当人たちにとって、今いる場所は切実な意味を持ち、そこでなんとかして正義を貫きたい、自分にとっての小さな正義が、当人の半径5メートルくらいの中で起きる。その姿を長回しで撮ると強い物語になってくる。つまり、物語や映画の中で出来事のスケールを大きくする必要はなく、その人の切実さとその人の正義を貫く事のほうが見ている人にとっては重要だし、いま日本映画を作る上で僕はとても大事だなと思うんです。人それぞれの物差しがあって、事件を大きくする必要はないということは、相米さんの作品がまさにそう。「お引越し」のあらすじはひと言「両親が離婚しそうでちょっと不安になる話」で、「夏の庭」は「近所のおじいちゃんが亡くなるのをこっそり見守る話」で済んでしまう。本当に小さな話だけれど、小さな話にはならない感じが、すごく僕はいいなと思います。

――松居監督の「アイスと雨音」を見たときに、74分ワンカットの長回しの映画を作るとは、これは相米慎二への後人からの素晴らしい挑戦状だと感じましたし、相米さんが生きていたら「こんな面白いヤツが出たよ」と喜んだだろうなと思いました。

松居　ホントですか？　嬉しいな。長回しに関していえば、海外でも日本でも長回しを使う監督は増えていると感じますが、それと比べて相米さんがスゴいと思うのは、映画を見ていて、ああこれは長回しだなとは観客に思わせない。気づいたら、結果的にずっと長回しで構成されていて、引き付けられているみたいな感覚。個人的にですが、相米さんの長回しは製作者側のドヤ感がなく、描くべくして描いているように感じるんです。人を描くためにワンカットでいくんだというのが作品の核というか、演出の魂のようなものになっている。これが、技術的にただワンカットをやりたいから、みたいになってくると、ただ役者が気持ち良くなって終わりってことになって、それでは面白くないし、僕は「ここはワンカットで撮ったんですよ」とアピールするような〝ワンカット感〟がすごい嫌なんです。その意味で、「アイスと雨音」はワンカットで撮影しているんですが、少年少女の衝動を止めないため、舞台という止められない芸術を体感させるため、そして、そのワンカット内でどんどん時間をとばしていこうと思って。あくまでさりげなく、稽古初日から舞台の初日までの6人の俳優の1カ月間の時間経過を74分で一気にワンカットで見せようと。チャレンジしていましたよね。

――スクリーンの中で起きていることと、スクリーンの枠外の広がりを相互に利用しながら、場所や服をどんどん替えて、時間の流れを見せていく。よくやりましたよね?

松居　あれは予定していた自分の演劇が中止になり、頭に血が上って作ったんですけど、でも血が上っていたから出来たんだろうなとは思います。まさにこの下北沢の本多劇場界隈《かいわい》をスタッフ、キャストで走り回って撮りました。

――そもそもの話になりますが、松居監督が相米慎二という監督に気付いたのはいつですか?

松居　大学を休学したときに、一日に一本映画を見るというのを1年ちょっとやって、TSUTAYAで昔の海外の映画や日本映画を見ている中、「翔んだカップル」にすごい衝撃を受けたんですね。その前に「セーラー服と機関銃」は見ていて、面白い人だなとは思っていて。なんとなく存在は気になっていたけど、「翔んだカップル」を見て「この人、一体なんなんだろう?」と強烈に意識するようになりました。でも、当時はソフト化されていない作品がいっぱいあったから、映画館で特集上映されるたびに足を運び、その都度、頭から離れなくなって……。自分が映画を作るようになると、さらに頭によぎるようになりましたね。そして、2月のユーロスペースでの没後20周年の特集上映でようやく全作品コンプリートしました。で、「東京上空いらっしゃいませ」はおかわりしました（笑）。

監督作を全部見ている映画監督って、北野武さんとキム・ギドクさんと相米さんだけで。武さんやキム・ギドクさんはこうなりたいというよりも驚きをくれるから見るし、ギドクの新作を見られないのは残念ですが、武さんは、この人、次は何を描くんだろうっていう楽しみがあったりする。相米さんも同時代に生きていたら、「この人、次は何を？」ってめちゃくちゃワクワクしたと思うんですけど、それ以上に、「なんでこの人の作品は俺の頭の中から離れないんだろう？」という思いのほうが大きいですね。

――2月に全作品を鑑賞し終えたことで、そこへのある種の回答は得ましたか？

松居　僕、映画デビューしてしばらく、相米さんでいう「ションベン・ライダー」期だと言っていたんです。2012年のデビュー作の「アフロ田中」から「男子高校生の日常」「自分の事ばかりで情けなくなるよ」「スイートプールサイド」「ワンダフルワールドエンド」「私たちのハァハァ」までの3年間、ずっと少年少女をこだわって描いていた。「アズミ・ハルコは行方不明」から大人の物語を手掛けるようになり、それは相米さんの「魚影の群れ」以降だなとか。勝手に相米さんのフィルモグラフィと重ねて自分の位置を意識していたんですけれど、全作品を見切ってからはそういうのはなくなりました。そして、相米さんの映画をスクリーンで見たときの感動を、自分も届けたいと改めて思いました。なんでかわかんないですけど。

前出の衝撃を受けたという「翔んだカップル」ですけど、中盤以降に引きの画《え》で、鶴見辰吾さんが薬師丸ひろ子さんにキスしようとして、ビンタされてゴロンと転がるシーンがあるじゃないですか。すごく印象的なんですけれど、あの場面をはじめ、どの映画のどの作品も軽やかじゃないっていうか。「翔んだカップル」の薬師丸さん演じる山葉圭をはじめ、どの映画でも登場人物が走ったりするのに、軽やかな人って「東京上空いらっしゃいませ」の牧瀬里穂さんくらいで、それ以外はどてっとしてるんですよね。相米映画ではたとえ走っていても、この星に居る人間にかけられた重力というものも感じさせるものがあって、それこそスクリーンから汗が飛んでくるんじゃないか、吐息が吹きかけられるんじゃないかって、五感に近い体験として、人間である事を描こうとしてるのかと感じてしまうんです。

「東京上空いらっしゃいませ」の牧瀬さん演じるユウだけが、映画が始まって早々、命を失ってしまうので、相米映画の他の女性たちと明らかに雰囲気が違っていて、あれは衝撃を食らった。他の作品の生きている女の人たちより断然、軽やかで、イキイキしていて。「くれなずめ」を撮る前に見なくてよかったと思いました。見ていたら影響受けちゃうから。

――「くれなずめ」で成田凌さんが演じた吉尾は種明かしをするとまさに、牧瀬さんと同じ存在で、彼だけ他の同級生と違う質量で存在していますからね。

松居　そうなんです。「なんでそこに居るんだ？　お前は」っていう存在ですから。設定が似ているから、撮影時に思い出さなくてよかったです。

――演出の面では相米監督を意識されることはありますか？

松居　「お引越し」でレンコが井上陽水の「東へ西へ」を歌うところや「東京上空いらっしゃいませ」のラスト、牧瀬里穂さんが井上陽水の「帰れない二人」を歌うところ、「ラブホテル」のラスト、もんた&ブラザーズの「赤いアンブレラ」の曲が流れて奈美と村木の元妻が階段ですれ違うところを見ると、音楽好きなのはわかります。でも、それ以上に音楽への嫉妬を感じる。おかしいのは、映画を見ていて相米さんはリズム感がある方とは思えないんですよ（笑）。カット割りのテンポのリズムを見ても。それは僕も音感やリズム感がないからよくわかる。だけど、音楽を映画のものにして引っ張る握力がすごい。そこは音楽に画《え》をもって行かれたくないという意思を感じます。映画という芸術は音楽によって読後感とか観賞後感とか結局、負け続けてきているから、自分で作る映画くらい音楽をこっちのものにしたいという念というか。そこはシンパシーですね。

――音楽がお好きだったことは間違いないですね。

松居　加えて、やはり雨の使い方ですね。「魚影の群れ」は全部すご過ぎてちょっと引いてしまう。「魚影の群れ」を見た日は僕、なんにもできなかったですもん。映画がずっとカラダに残っていて。相米さんの映画ってなんかすごく雨がリアルなときと、リアルじゃないときとありますけれど、どちらにしても、雨がガッと降るときにすごく感情が昂《たかぶ》る。そういう意味では雨が降るシーンはどの相米さんの映画でも理屈じゃない気持ちになりますね。僕も「アイスと雨音」で降らせたんですけれど、リアルに雨降っちゃったんで。「君が君で君だ」でも実際に雨が降って。「くれなずめ」は予定にない雪が降ったんですけど、逆にそれを利用し雨から雪に変わる瞬間を映した。「私たちのハァハァ」も地方ロケで完全に台風とぶつかったのですが、台風が心情とシンクロしたので、そのまま撮りました。映画「バイプレイヤーズ　もしも100人の名脇役が映画を作ったら」は嵐が来るという話だったんで、滅茶苦茶やってしまいましたけど、あれはストーリー上に必要な雨で、心象風景という意味での雨ではない。相米さんの映画の雨は心象風景という意味でグッと来るんですよね。

――永瀬正敏さんも「相米映画では雨が降ると何かが起きる」と話されていますよね。ただ、それも主となる俳優の心が動いているシーンと天候がマッチングしているから響くわけで。松居監督は俳優の心を動かすのにどう演出していますか？

松居　「スイートプールサイド」という映画を作ったときに、これは押見修造さんのコミックの映画化で、体毛が薄い男子が、同じクラスの体毛の濃いことに悩む女子から相談を受け、毎週、帰り道で彼女の体毛を剃るという話だったんですが、その体毛の濃い女子学生役の刈谷友衣子さんのラストの場面が結構な長回しだったんだけど、なにかうまくいかない。あのときの僕はすごい相米モードで、刈谷さんのほうではなく、相手役である須賀健太くんのほうにガンガン、プレッシャーをかけて何回も何回もテイクを重ねていたら、そのプレッシャーを刈谷さんが背負っていくっていうのは、ちょっと（相米監督に）似ているのかもしれない。

――それは松居監督が須賀さんを厳しく指導することで、それを見ていた刈谷さんの演技が変容していったということですか？

松居　僕にどんどん追い込まれて、感情を失っていく須賀くんを、刈谷さんがなんとか引き上げようとしてどんどん良くなっていく。刈谷さんが良くなっていくし、重たくもなっていく。それが映画のバランスとしてはすごくよかったですね。

あと、相米さんってどの映画でも、主人公を走らせますよね。僕も走るシーンを撮るのが好きですけど、走っていると、演者は呼吸を整えることに集中するから、生理的に芝居ができなくなってきますよね？　ずっと走ってもらうと、役から本人そのものが現れ、生身の部分が出て来る感じだとか、スピード感とか、風とか、周りの状況とが、全て作られたものじゃなくなっていく。それが相米さんの映画の面白さ。自分も役が剥《は》がれていく瞬間に惹《ひ》きつけられるんですけど、ただ、人によっては自分の固めた芝居を剥がされるのが嫌な人もいる。いろんなタイプの役者さんがいるので、何度もリハーサルをやって、彼らの理論武装めいたものを剥がしていき、その人の方法論を否定するのではなく何かを諦めるまで粘って、諦めた瞬間にOKを出すっていう。また、そんなことをしなくても、「君が君で君だ」のときの向井理さんはそれまでの彼のイメージとは違うヤクザの役柄だったので、衣裳合わせのときに「向井さん、眉毛を剃れますか？」とお願いしたら、「CMの関係上、剃るのは難しいけど、金髪に染めますよ」と言ってくれて、次にその状態で現場に来たときにはもう役の人になっていた。向井さんには「この作品はこれこれしかじかで」と説明する前に、作品に入る時点でなにかひとつ梯子を外し、「この作品に入り込んでくれませんか？」というメッセージを送ると、理解してもらえたというか。

――伺っていると、やはり俳優から何か削ぎ落とすうえでのリハーサルは時間をかけ、大切にしているんですね。

松居　リハーサルは絶対にやりますけど、僕がやるのは、現場に入る前です。予算に余裕もないので、撮影現場で何度もリハーサルしていると現場が破綻する。でも、その前に俳優陣の雰囲気は作っておきたい。だから、クランクインの1週間とか2週間前に集まって稽古をひたすらしています。ただ、現場でもファーストシーンは何度も何度も繰り返します。

——その粘り腰は、相米監督と似ていますね？

松居　とくに「私たちのハァハァ」や「アイスと雨音」は演者がみんな若いし、経験も浅かったので、リハーサルを重ねるほど良くなった。こちらが、ヒントを出さなければ出さないほど、ちゃんと自分の頭で考えて、役が立体的になるというか。

——なるほど。逆に相米映画を見ていて、同じ演出家として、これはわからないと感じる点はどこですか？

松居　不思議だらけですよ。「雪の断章—情熱—」は最初の場面からどう撮っているのか、時間経過や場面転換も含めてなぜワンカットで撮ろうと決めたのかもわからない。インタビューを読んでも、そこから真実を読み取れない。「ションベン・ライダー」は見ていてわかるんですよ、ワンカットでやる意味が。でも、「雪の断章」は本当にわからない。でも、それがダメというのではなく、わからないから、逆に引き込まれる。わかんない事が多いから、僕は相米さんの呪いが解けないんです。わかってしまうことはない気がしていますが、見れば見るほど、前回見たときより、もっとわからない事が出てくる。そして「わかんないんだけれども、きっとこのチームの正義が通ってる、相米さんの正義が通ってるから、わかんないからどうでもいいや！」とはならない。ただただ、「何故、こうするんだろう？」と解けない謎が出てきて、そこをじっと見てしまう。登場人物の後ろで流れている音楽も、主人公が唐突に歌う歌も、一つの芸術としてタッグを組んでる状態で、なんでこんなことが成立したんだろうと思う。そこが、僕はいいなと思うし、自分が映画を作る上で意識的にやっている事でもあります。

だから、逆に良かったかなと思うのは、相米さんと自分が撮っている時期が重ならなかったこと。一緒の時代に撮っていたら、もっと相米さんに引き寄せられていたか、単純に辞めていたか。物理的に離れているからこそ、この人みたいな作品に憧れるけれど、一緒に居たらそれ以上に人間性が見えちゃって、この人ダメだな……みたいに思っちゃいそうだな。人物像を知らないので、客観的に作品を見ることができて良かった。

――冒頭の松居さんのツイートの話に戻りますが、「こんな映画を作りたい」という表現をしていましたが、「こんな映画」とは敢えて言葉にするとどのようなものですか?

松居　シンプルに言うと生き物というか人間みたいな映画。相米さんの作品は次の瞬間どうなるかがわからなくて、目が離せないんですよね。相米さんの映画は見ているときに、「え？　このカットどのくらいまで行くの？」とか思ってしまうし、次のカットに変わった時に、「この画《え》からどう展開していくの？」。人物を追いかけてカメラがパンしたら、「え？　カメラはどう動いているの⁉」という驚きがいろいろ起きて、それが最後まで続いていく。そういう映画監督ってなかなかいない。他の映画を見たときは別に、「基本的にこの画《え》の次、どうなるの？」と意識しない。なぜなら、そこにストーリーがあるから。「この人物がどうなるんだろう」という話とか、人物の起こすアクションとか人生とかがあるから。もちろん、相米さんの映画でも物語や人物を描いているんだけど、でも、それ以上に画面の奥の奥にあるものに目が釘付けになる。いわば、スクリーン全部が気になるんですよ。次の瞬間カメラは何を映しているのか、いきなり雨が降ってくるんじゃないか、いきなり歌が流れてくるんじゃないか。一秒先が読めない。そういう予測不能なものが、画角にずっと存在している。それを映画と言っていいものなのかどうなのかわかりませんが、それが相米愼二というものなんでしょう。僕にとって、そういう人は他に居ない。だから、こういう映画を作りたい。面白いストーリーを作る人とか、役者にいい演出をする人はいますけど、この画角の一秒先を読めないような人はいない。だから頭からこびりついて離れないし、何度も見るし、そのたびに出てくる不思議に打ちのめされる。相米さんの映画は、その作品自体が生きている感じがすごくします。

——今日、お話を聞いて、松居監督、頼もしいと思いました。若い世代の監督たちと相米監督について話をしているとき、役者への演出の粘り方や、撮影所システムを知るスタッフ陣などを含め、「もう、あのような映画は作れない」というどこか諦めというか、白旗を挙げて、あれはもう、自分たちとは別物の対象というニュアンスを受けるときがしばしばあるのですが、松居監督は全然そう思っていないことを知り、安堵しました。

松居　僕、相米さんのような映画、先程言ったように、生き物のような映画ということですけど、それがもう作れないなんて全然思っていない。相米さんを超える超えないの話じゃなく、相米さんの映画を見て受けた心の動きのようなものを、自分もスクリーンで与えたいって思います。諦められるほどの絶望を、未熟さ故に気づけてないだけかもしれませんが。いや、全然いけるでしょう。

雪の断章――情熱――

©1985 TOHO CO.,LTD.

広瀬雄一は、7歳の少女・伊織と出会う。みなし児だった伊織は、那波家にひきとられ、ひどいこき使われ方をされていた。人間不信に陥っていた伊織を、雄一はひきとろうと考えた。親友、津島大介の励ましもあって、雄一は伊織を育てる決心をする。十年の歳月がたった。伊織は17歳になっていた。伊織の住む雄一のアパートに、那波家の長女、裕子が引っ越して来る。歓迎会がアパートの住人たちによって開かれ、見事な舞踊をみせた彼女は、自室へ引きあげた。伊織がコーヒーを運び、再び部屋を訪れた時、裕子は……。

佐々木丸美の「孤児4部作」の1作目を映画化。斉藤由貴の映画デビュー作。12分におよぶ冒頭の18シーン・ワンカットはあまりにも有名。また、ミステリー映画なのに謎解きをやらなかったことも当時、論議を呼んだ。本作が公開された1985年は「ラブホテル」「台風クラブ」が公開されており、東宝お正月映画（同時上映「姉妹坂」）で年を締めくくるという相米イヤーであった。映画の中でピエロが出てくるのが印象に残るが、これを演じているのは木之元亮。「ションベン・ライダー」などに出演する相米組の役者だ。

［証言］

雪の断章―情熱―

●スタッフ　製作＝伊地智啓／富山省吾　原作＝佐々木丸美　脚本＝田中陽造　撮影＝五十畑幸勇　照明＝熊谷秀夫　美術＝小川富美夫　録音＝斉藤禎一　音楽＝ライトハウス・プロジェクト　衣裳コーディネイト＝小川久美子　編集＝池田美千子　ヘアメイク＝篠崎圭子　記録＝今村治子　助監督＝米田興弘　●出演　斉藤由貴／榎木孝明／岡本舞／世良公則　1985年12月21日公開　100分　製作＝東宝　配給＝東宝　企画協力＝キティ・フィルム　製作協力＝全日空

小川富美夫（美術）

長回しの裏側と熊谷秀夫のこと

小川富美夫

「雪の断章―情熱―」
「光る女」
「東京上空いらっしゃいませ」
「あ、春」
「風花」

ファーストシーンの長回し。脚本でいうと、15ページ分くらいあるのかな。「ワンカットで撮りたい」というわけ。でも、監督にプランは何もないんですよ。それで、僕が絵を描くんです。トップシーンのイメージから。橋があって、立派な家があって、下宿のふたりの家があって。描いているんじゃない、描かされているんです。絵を描いてくれなんて監督、そんなに言わないですよ。それで、これは違うとかあれは違うとか。いろいろと言い出す。で、図面にしてみて。大きなステージにどうやって入れようかって。入り口があって、ここに雪を積もらせて、ここからステージに入っていこうっていったら、東宝のプロデューサーにそれだけはやめてくれって言われて（笑）。それは、ステージに本当に穴をあけて、入れるようにしようとしたから。次はカメラの動きを考える。クレーンでこう行って、次のクレーンでこう行って、で、カメラがこっちに来るなら、監督が「この家を回さないといけない」という話になって、僕が「じゃあ、回そうか」って。さらに洞窟があって彼女が電話して……って、時間軸も飛び越えちゃって。朝とか昼とか夜とか時間も変わるしね。そんな感じで考えていったんですよ。では、結局クレーンが5台要るね、とか、6台要るね、となって。で、ついに撮影となるわけです。

熊谷秀夫さんの照明、上からレフ板がばーっと降りてきてライトがパーンと当たって、朝になる。で、途中、夜は雪が降ってるから、雪を降らす人も必要。もちろん、音声もいるわけだよね。ワイヤレスもあるだろうけど、生音が録《と》りたい。上にはもう、人が50〜60人以上いたのかな。で、クレーンが6台ぐらいあったから、1台につき4人か5人はいるから、もう150人ぐらいの人がここに入って撮影している。考えられないですよね。

それで、真ん中に川があるんだけれど、そんな、川を作ったって水は流れないじゃない。スタジオの中だから。でも、消火栓5本ぐらい入れてね、上から流してはみた。まあ、凄い現場だったよね。CGとかない時代だからね。今だったら合成でやっちゃうでしょう。みんなが一斉に動いて凄い緊張感があった。だから、できたんだろうね。それが、相米が一番やりたかったことなんじゃないかな。スタジオ育ちだから。東宝のスタジオでやるという思いはすごく強かったと思いますよ。

あと、印象に残っているのはやはり熊谷さんかな。大介の下宿の廊下をずっといくと（斉藤）由貴ちゃんの顔にカメラが寄っていく。そうすると由貴ちゃんの後ろの壁に……桜か何かが散っているんでよ。それは

美術担当。根岸吉太郎監督「雪に願うこと」、森田芳光監督「椿三十郎」、滝田洋二郎監督「おくりびと」など作品多数。

熊谷さんが考えた。天井の板を外せって助手に言って、外させて。そこから降らせた。あとで天井に穴を開けたってえらい怒られていたけどね。そういうのをスタッフみんなで考えるんだよね。人間を撮るのが……芝居を撮るのが一番面白いんだけど、そうじゃない周りのことも。そうすると心象が浮かび上がるじゃない。やっぱり熊谷さんは相米のよき理解者だからそういうことができる。熊谷さんの良さはやっぱり芝居をしっかりと見ているってことかな。芝居を見て、それからライティングをする。それは一番大事なこと。ここはしっかり見せていこう。ここは伏せてもいいとか、いろいろなことがあるじゃないですか。熊谷さんって全て上にライトを吊っていて、だから天井にカメラは向けられない。けれども、どう動いてもいいように考えたんじゃないかな。基本的なライティングは全て上から当てていたから。カメラマンはどう撮ってもいいようにある程度作ってあげる。

謎解きをしない理由

榎戸耕史（助監督）

有名な最初の18シーンワンカット。1年後に相米さんになんであんなムチャなことしたのかを聞いたら、「斉藤由貴の正月映画だろ。観客は斉藤由貴を見に来るんだ。とにかく一番早く由貴の顔を見られるのはあの方法なんだ」って。よく考えてみるとそうなんです。あのシークエンス、一つ一つのシーンを撮っていたら、これまでの相米さんだったら、冒頭だけでもう1時間近くになっていたはずなんです。だけど大セットの中でワンカットで撮るから13分で済んでいる。あのシークエンスで説明されていることっていうのは、あの物語の全部の基になっているんですよ。伊織にとって大介（世良公則）さんとの出会いがあり、那波家との因縁の問題、雄一には東京の恋人がいて、許嫁《いいなずけ》との嫉妬《しっと》の問題、育て親となる雄一のお手伝いのカネ（河内桃子）さんとの関係などなど……全部があのシークエンスに詰まっている。なので、ワンシーンも切れないし、あの方法って言われると、納得せざるを得ない。それで10年後のバイクの初登場の斉藤由貴のシーンに繋がっている。

謎解きも当然、原作ではちゃんとしています。しかし、映画ではしていない。最後に、いろいろあったところで、自殺した大介の遺書の内容を刑事のレオナルド熊さんが説明にきて、状況を話すじゃないですか。あそこも途中で音を切っちゃっているんです。あれ編集で由貴ちゃんのほうのカットで切れちゃっている。わざとだと思うんです。意図的なことですね。ある意味ミステリーの原点であるところの、「刑事コロンボ」でいったら事件解決の謎解きのところを敢えて説明セリフを切っている。普通はそれはないだろうって思うんですよね。けれども相米さんにとっては、あの映画の話はそっちに視点を持って行かれたくなかったんだと思う。やっぱり一つ屋根の下で暮らした、拾われた女の子と拾った男の人の話として持っていきたかったんでしょう。大介の過去の因縁とかはどうでもいい。切っている部分は、全部その部分です。ミステリーは全くあの映画の中では排除されている。だから敢えて脚本の中でもそういうものは少し薄味にしているところはあったと思います。それよりも彼ら3人の関係の中で、由貴ちゃんがやっぱり榎木（孝明＝雄一）さんのところに戻るというか。いわゆる伊織と雄一が辿り着いた二人の恋愛の問題という、メロドラマとして残したいっていう思いが、相米さんの中では大きかったんじゃないかなと思います。

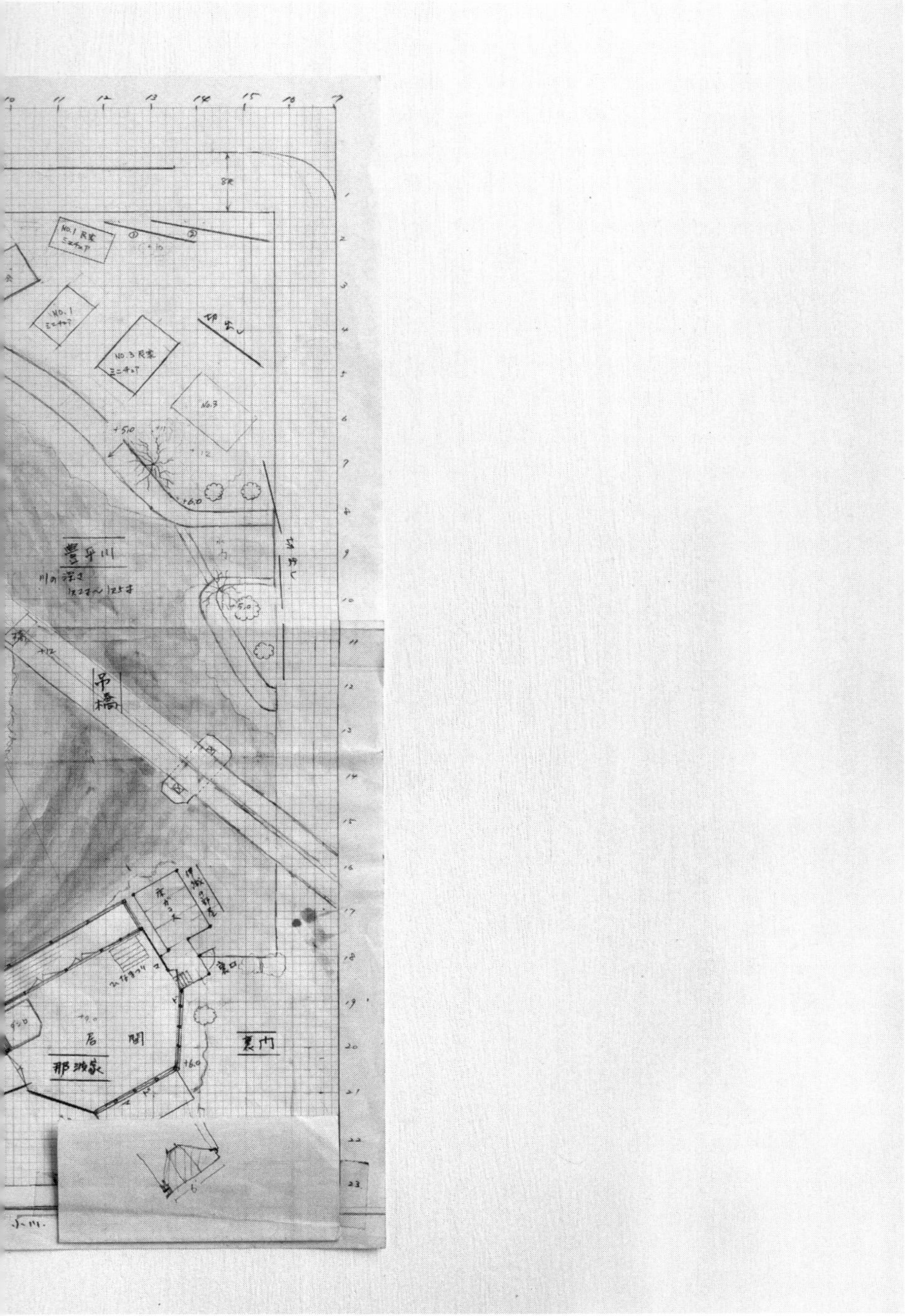

豊平川
川の深さ
吊橋
居間
那須家
裏門

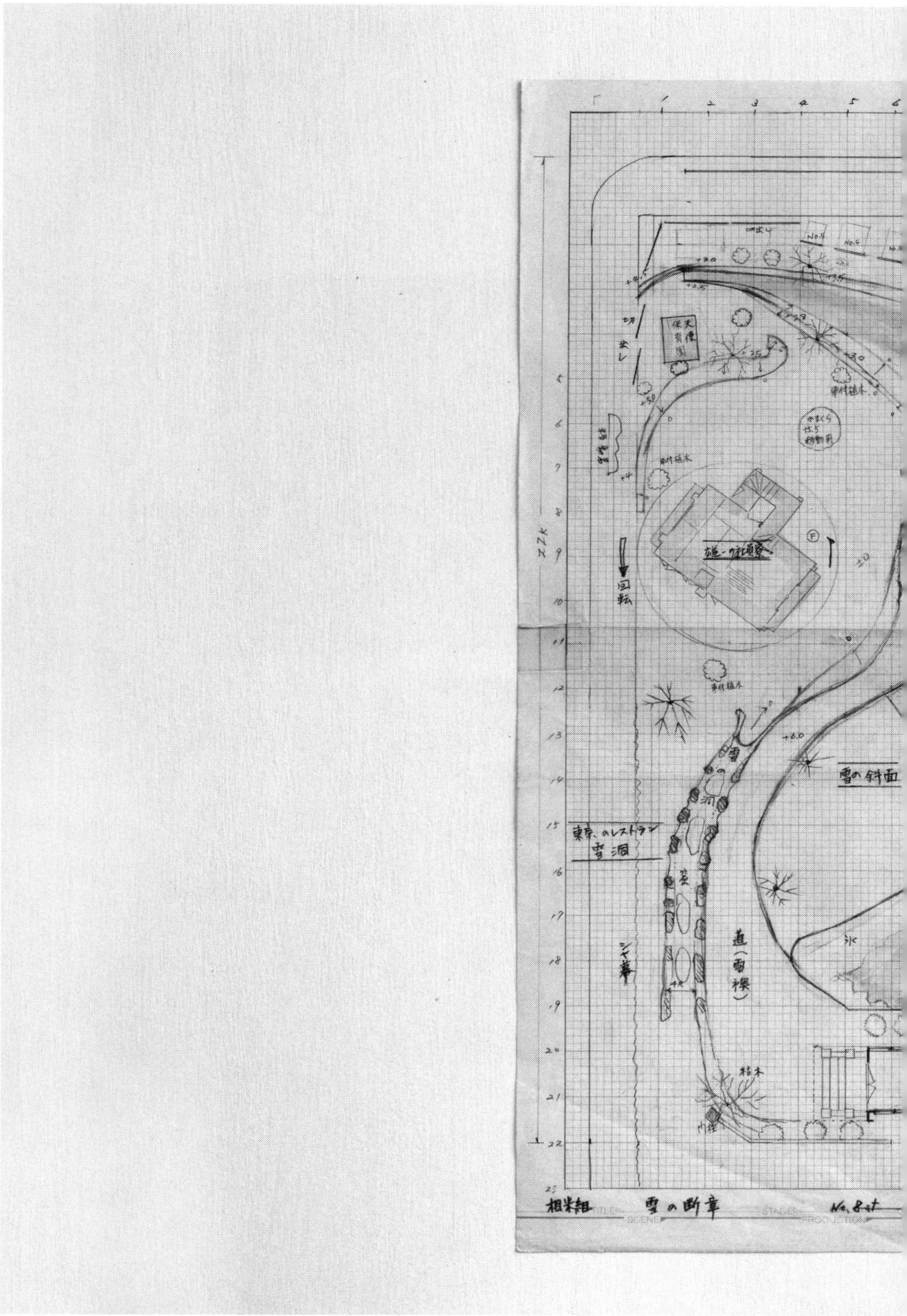

ファーストシーンのセットプラン図

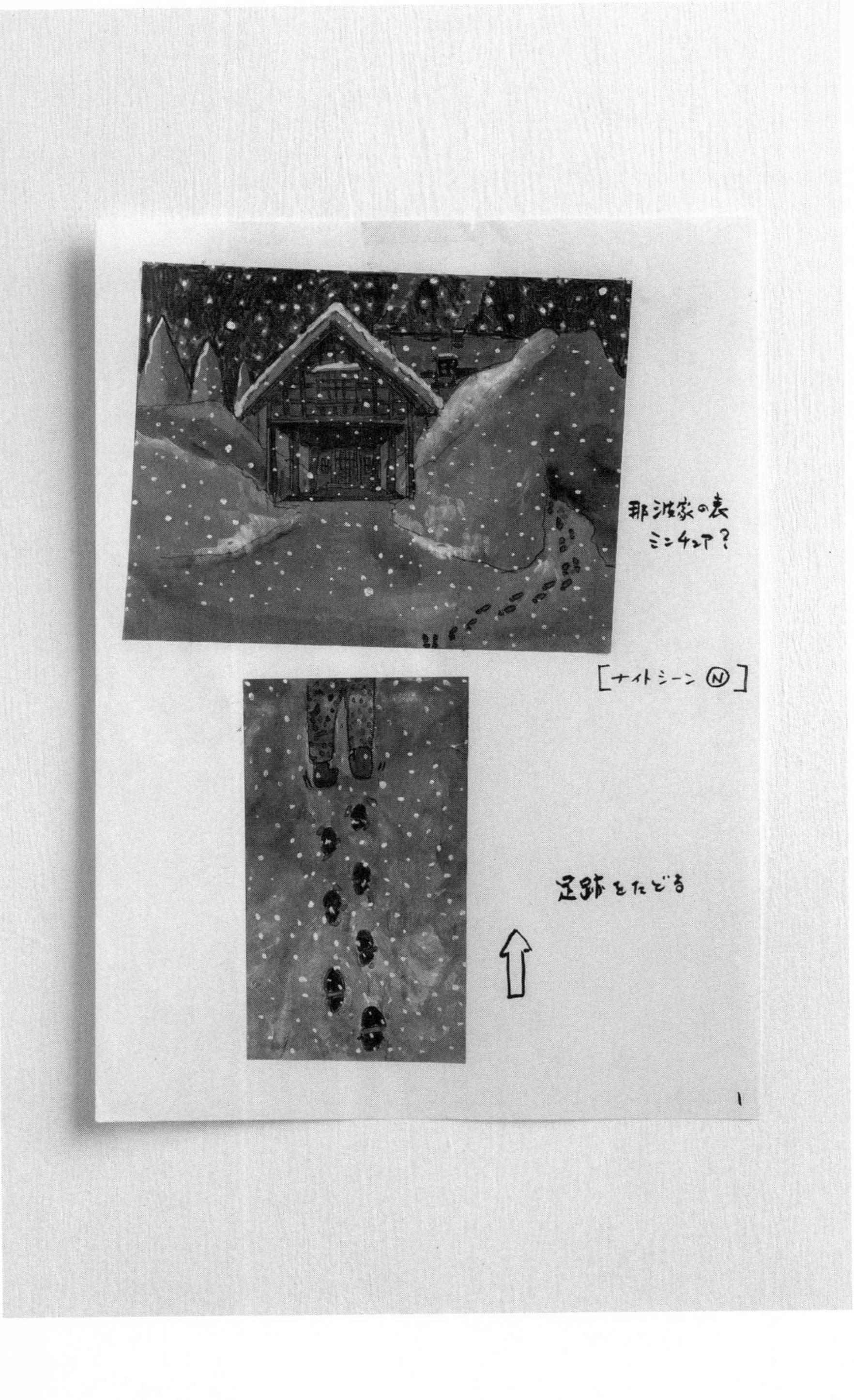
那波家の表
ミニチュア？
［ナイトシーン Ⓝ］
足跡をたどる
1

豊平川にかかる 吊橋（ガス管か？）
松井須磨子の歌「さすらひの唄」（北原白秋作詞）
行こか・戻ろか、北極光（オーロラ）の下を
露西亜（ロシア）は 北国 はてしらず
西は夕焼 東は夜明け
鐘が鳴ります 中空に
相米監督に渡されたカセットテープ
この「さすらひの唄」と中山ラビ「ノスタルジー」
この2曲が、セットプランの原動力となった
雪おちる
夜
4

美術・小川富美夫の絵コンテとメモ

上から降りるレフ板
那波家

ファーストシーンのセット写真

回想

斉藤由貴

雪の断章―情熱―

あ、春

本物が見えるまで決して妥協しなかった。

１９８４年、「少年マガジン」（講談社）の第3回ミスマガジンでグランプリに選ばれる。同年、明星食品「青春という名のラーメン・胸騒ぎチャーシュー」のＣＭが話題となる。１９８５年、「卒業」で歌手デビュー。「スケバン刑事」で連続ドラマ初主演。「雪の断章―情熱―」で映画初主演。各映画賞の新人賞を受賞した。１９８６年連続テレビ小説「はね駒」のヒロインを演じ、１９８７年「レ・ミゼラブル」で初舞台を踏む。以降女優、歌手として幅広く活躍。２００６年、宮藤官九郎脚本のドラマ「吾輩は主婦である」（ＴＢＳ系）の主演が評判を呼び、改めて注目される事となる。２０１７年に公開した是枝裕和監督映画「三度目の殺人」での演技が評価されブルーリボン賞助演女優賞を受賞した。２０２１年８月、「雪の断章―情熱―」がはじめてＤＶＤ化された。

構成＝金原由佳

——1994年の「月刊カドカワ」で相米慎二特集をする際、相米監督から「この雑誌は（斉藤）由貴と永瀬（正敏）が連載しているから、俺もちゃんと話すよ」と言われました。斉藤由貴さんや永瀬正敏さんは、相米さんにとって特別な意味を持つんだなと感じた記憶があります。

斉藤由貴　嘘、嘘。たしかキネマ旬報だったと思うんですけれども、明言してましたよ。『雪の断章——情熱——』は失敗作だった」って。当時、それを読んで「まじか?」って思いましたけれども。

——前出の「月刊カドカワ」では「主人公の持つ落ち着きや豊かさを描かないで、みなしごに悩む姿をあたふたと描きすぎている」「成長した由貴さんを描く段になると、由貴さんを走らせたり、川を泳がせたり。呼吸の仕方を間違えたんじゃないかな。もっと彼女をじっくり見せるべきでした」。

斉藤　なるほど。

——「雪の断章」の伊織（斉藤）は孤児で、養女として引き取られた那波家で虐《しいた》げられているのを見かねて、広瀬雄一（榎木孝明）に救われるわけですが、成長した伊織は、父と娘の関係になった以上はもうその枠からは絶対に出ないという、思春期ならではの潔癖さや頑固さを持ちます。1985年当時、溌溂《はつらつ》として、いい意味でラジカルな言動をしていた斉藤さんに、なぜ古式ゆかしい少女を演じさせるんだろうと不思議でならなかったのですが、ご本人はどう感じていましたか?

斉藤　企画の意図として、原作者の佐々木丸美さんの世界というか、登場人物像を重視したものだったんじゃないかと。当時の私はいわゆる頭でっかちだったんだと思うんです。今、ラジカルっておっしゃったけど、わりと理論武装じゃないですけど、あれこれ構築して、頭の中のいろんな言葉を駆使して、組み合わせて、詰め込んで、ひとつの文章を作るみたいな。相米監督にしてみれば、小生意気でいけ好かなかったんだと思うんです。だから私の贅肉というか、殻みたいなものを壊したくて、無謀にガンガンと、いろんな形でやらせたっていう事もあるのかも。なかなか本性を見せないこいつをどうにかして打開しなければいけない、ぶち壊してやらなくちゃいけないみたいな気持ちが、今、読んでくださった相米監督の文章から感じます。いうならば、先走った結果の失敗作というか。伊織の暗い部分とか、私を追い込んで、突き詰められていく過程を描こうと。そこに主眼を置いたのかもしれない。

――個人的に「雪の断章」を見て胸がざわめくのは、18歳の少女が、二人の男性から長年にわたってまとわりつくような眼差しでその成長を見つめられていること。まだ青春も始まっていない年齢なのに、一生を共にする対象として、常軌を逸した狂おしさで。

斉藤　伊織と育ての親の広瀬と、その親友の津島大介（世良公則）の3人の関係性って結構生々しかったですよね。その生々しさこそを相米さんは描きたかったのかもしれない。でも、私は、とにかく追い詰められて、現場に入るだけで胃が痛くなるくらいだったから、榎木さんや世良さんと恋愛をする感じだとか、彼らから女として見られているということよりも、相米さんからどんな風に見られるか、そこだけに集中してしまったんです。本来なら共演のお二人がそこに居て、彼らとの関係性を探る物語なのに、あの映画は「対世良さん」、「対榎木さん」じゃなく、完全に、私にとっては「相米さんと私」という二人の世界になっていたと思います。それが「雪の断章」はひとつの失敗作って、相米さんに言わしめる所以《ゆえん》なのかも。私も「相米さん、相米さん」って視野が狭くなっていたし。相米さんはクールに全体像を俯瞰していらしたかも知れないですけれど、私があまりにも相米さんが敵なのかなんなのか、いつも存在を気にしていたから、そういう怨念みたいなので相米さんもへとへとに疲れたんじゃないですか。撮影中は気が休まったり、気を緩めたり、自分をこう開いて見せたりっていうのが出来なかったから。相米さんも「コイツ、小難しいな、めんどくせぇな、苦手だなぁ」「もっと心開けよ」って思っていたんじゃないかと。

——撮影中のお話を伺いたいのですが、相米さんは、リハーサルは延々と長いけれど、いざフィルムを回すとなると短かったと聞いているのですが。

斉藤 え？ 誰から聞きました？ それ。

——河合美智子さんと永瀬正敏さんは「ションベン・ライダー」ではそうだったと。

斉藤 なんの作品ですか？ それは（笑）。ちょっと聞きたいなぁ。

——そうか「雪の断章」では、がんがんフィルムを回していたんですね。

斉藤 回してましたよ！ リハーサルをあれだけして、「それでも本番をまだこんな回すんだ!?」みたいな。照明技師の熊谷秀夫さんやカメラの五十畑幸勇さんとか、なんならもう寝ちゃうくらいリハを待たされて（笑）。朝から死ぬほどリハをやって、「じゃあ、16時スタート」と言って、「よし！ これで進むなぁ」と思ったら、相米監督から「もう1回」「もう1回」。五十畑さんから「まだ撮るの？」って言われて、そのうち「はい、フィルムチェンジ」って言うのが定番で。いやぁ、すごかったです。「ションベン・ライダー」の話を聞くと、やっぱり相当、私はダメだったんですね？

——逆に言うと、それくらい潤沢にフィルムを回せる現場だったんだなといま、伺って思いました。さすが、東宝ですね。

斉藤　そうですね。お正月映画だったし。当時はいわゆるバブル経済期でしたから。

――だから相米さん、すごい楽しかったんだろうなと今、お話を聞いて思いました。

斉藤　そうだったのかも。自分で言うと、本当に馬鹿みたいですけど、当時の私はバーンと売り出し中で、「映画初出演で、初主演、これは成功させなきゃいかん！」って東宝も頑張ったんじゃないでしょうか。いざ蓋《ふた》を開けてみると、同時上映の大林宣彦監督の「姉妹坂」で紺野美沙子さん、浅野温子さん、沢口靖子さん、富田靖子さんの4姉妹が煌《きら》びやかな振袖を着て、片や「雪の断章」の私は髪の毛がボサボサで、ほぼノーメイクで、深刻な顔して。落差に「はぁ！」って感じでした。

――ここに「月刊シナリオ」1986年1月号があるのですが、特集は「姉妹坂」「雪の断章――情熱――」、川島透監督作、薬師丸ひろ子さん主演の「野蛮人のように」。この中で「雪の断章」のヒロインはとびぬけて異形の少女像だと思うのですが、相米監督が粘られる中で、これがOKなのかと悟った瞬間は？

斉藤　気持ちのいいOKが出た事ってあんまりない。「いいや。これでやめとくよ！　お前はこれしか出来ねぇんだろう？」みたいな。だからいつも胸の中がモヤモヤして……。ただ、岡本舞さん演じる那波裕子のダンスパフォーマンスを伊織が見て感動を伝えたら、ぴしゃりとはねつけられる場面があるのですが、その後の場面で、伊織が雄一さんや大介さんやそこにいた男の人たちに、「那波裕子さんを蹴落としてでも北大に行ってみせますから」と宣言するんです。そこでいつものごとく「勝手に動いてみろ」と言われ、あちこち動きながら芝居をするわけですけど、「もう1回」と言われ続け、100回くらいリハーサルをすると、あれだけ完璧に覚えていたセリフも頭が混乱して、完全に忘れてしまう。それくらい追い詰められて、セットにある吹き抜けの中2階によじ登って、「北大に行きます」と宣言した後、美術部が天井から飾りでぶら下げていた空中ブランコの取っ手にえいやってぶら下がったんです。セリフを言いながらぶらぶらと揺れて、もう、ケガしてもいいやくらいの勢いで飛び降りました。スタッフは見ていてヒヤッとしたと思いますけど、「カット」の声がかかったとき、頭が極度の緊張状態になっていて泣いちゃったわけです。そしたら相米監督が私を見て「お前、そういう事でいいんだよ」って。「芝居しようとか、カッコつけようとか、そういう事じゃなくって、そういうものを全部追い出すくらい集中してみろよ。だから今みたいな事でいいんだ」って言ったんです。もしかしたら、これは誉められたのかもしれないんですけど、そのときの私は心の中では「もう、ふざけんな。馬鹿野郎！」みたいな。

——まさに対決ですね。あの場面は何かが起きるという予感を察知したのか、五十畑さんのカメラが中2階の斉藤さんにジワジワと寄っていく。斉藤さんは深呼吸をして、「私の問題ですから」と取っ手にぶら下がり、勢いをつけて2回ほど大きく揺れる。観客もひやっとする場面で、やはりそれは「よくやったな」という相米監督の独特の誉め言葉だと思います。

斉藤　ことほど左様に、私っていうのは殻を破って、自分の素の部分を見せて芝居をする、本心で芝居をするっていうのが、なかなかできなかったんです。多分、分厚い何かを纏《まと》っている人なんじゃないのかなぁって思います。

——その分厚い殻を軽く脱ぎ捨てさせ、軽妙洒脱《けいみょうしゃだつ》な少女像を写し取ったのはその後の大森一樹監督ということでよいですか？

斉藤　大森監督との3部作（「恋する女たち」「トットチャンネル」「『さよなら』の女たち」）は全くアプローチが違っていて、相米監督の「お前の裸の心の、内側の一番奥の奥を見せてみろ！」というのではなく、勢いで楽しくワクワクウキウキして、「ホントに笑っちゃう」「楽しい！」と私の心が飛び跳ねた瞬間の煌めきを「よし、いただき！」と素早くとらえる方で、瞬発力がスゴい。面白い瞬間をフッとつかみとるのが大森監督のメソッドというか、アプローチですね。

――「雪の断章」後、相米監督の演出について思い返す事はありましたか？

斉藤　私の、演技をする人間としての核になっている事は間違いないと思います。その核っていうのは、力強い核心としての核というより、チクッと痛みを伴うもの。不安とか嫌な思いを内包した核で、演技するときに「いま、自分の中に溜め込んだ膨大な人間のその感情表現みたいな引き出しのデータから、適当に引っ張って来ていないか」って突き付けてくるもの。もちろん、蓄えた引き出しから、これはどうでしょうと差し出す局面も必要だし、そういう緩急があって本当の自分を見せられる。その匙《さじ》加減が俳優の仕事だと思うんですが、けれども、「自分の感情表現やエネルギーの表現みたいなものを手抜きしていないか？」って自問自答するとき、必ずそこに相米さんのあの悲しそうな、諦めたような目があるんです。いつもそうなの。

――なるほど。今も相米さんが斉藤さんをじっと見ているんですね。

斉藤　札幌ロケで、豊平川の橋を雨でビショビショになりながら榎木さんと話しながら渡るっていうシーンがあって、季節は10月だから寒いわけですよ。雨降らしだから、リアルよりもどしゃどしゃとした大雨で、凍えて大変だったんですけど、ふと見たら、相米さん、下駄脱いで裸足になってるんです。ビショビショの雨の中、でっかい五十畑さんの下で小っちゃくなりながら、私たちの芝居を見ていて、「そっか、本当にムカつくし、頭来るし、嫌なヤツで、好きになれない！　って思ったけど、こうやって自分も痛みを引き受けてるんだなぁ」って。その時の相米さんの真っ赤になった足のことはよく覚えています。

――13年後、「あ、春」の脚本が届いたときは、「ついに来たか！」と思われましたか？

斉藤　来るっていうことはわかってたんです。「雪の断章」のクランクアップの日、世良さんが死ぬテトラポットのシーンが再撮になり、熱海で撮影したんです。その時に、「お前はホントにダメというか、どうしようもない余分なものをいっぱいくっつけたヤツだけど、女優としてはすごくいいと思うから10年後か20年後、また声を掛けるから。まぁ、一緒にやろうな」みたいなことを言われたんです。だから、「あぁこれだな」と。来たからには断るわけにはいかないですよね。やりますよ。びっくりしたのは歳を取ったのか、リハーサルがすごく減っていました。

――「あ、春」は今、見ると、山﨑努さんの役と相米監督のキャラクターにいろいろと共通点がありますよね。

斉藤　ダメなオヤジっていうね（笑）。

――当時インタビューで、今一番考えているのは、自分が死んだときに誰が送ってくれるのかと。予行演習を「あ、春」でやって、葬式を任せたのが佐藤浩市さんと斉藤由貴さんというのが面白いと、その言葉を聞いた記憶があります。

斉藤　佐藤さんも「魚影の群れ」のとき、本当に大変で、「なのにまたやっちゃったよ」と言いながらも相米さんの事が好きで。相米さんは人間として本音の絆を持てる人を自分の周りに置くタイプの人だったような気がします。ただ私はどうだったか。「あ、春」でよく覚えているのは、最初の衣裳合わせのときに、ビデオを渡されて、それがジーナ・ローランズ主演の「こわれゆく女」だったんですよね。ジョン・カサヴェテスの。「お前の役はこれだから」と言われて見たんですけど、なるほどね、私は壊れていく女なんだって。山崎さんが死にゆく者っていう役割で、それを引き継ぐ者が浩市さんで、じゃあ私は？　と考えたとき、精神的に病んで、壊れた女であるにもかかわらず、危うい家の中で何かを引き受け支えている……たとえ、壊れてるような女でも……ある意味、強いし、守っている。「女は強い」という象徴だったのかな。壊れていても、いざとなったら、「よし！」と。根性とはまた違って、そういう事なのかなぁって。

――「お引越し」で桜田淳子さんが演じた離婚を決意する母親の漆場ナズナと、「あ、春」で斉藤さんが演じられた瑞穂は、それまでの相米監督のヒロインと違い、時代性を感じさせながら、いろいろとアップデートされた、リアリティある女性像ですよね。

斉藤　「あ、春」に出て来る女の人って、皆、一癖も二癖もあってカッコイイんですよね。藤村志保さんが演じる瑞穂の母もそうだし、富司純子さんが演じる浩市さんの母もそう。相米さんの好きな女性像みたいなものが表れている感じはしますね。

――「あ、春」の原作は村上政彦の「ナイスボール」という短い小説で、中島丈博さんの脚本とはかなり内容が違います。佐藤浩市さん演じるサラリーマンの原型は倒産寸前の山一證券が参考にされ、心ここにあらずの夫とは意思の疎通がうまくとれず、ときどき、過呼吸を起こすのが瑞穂です。夜中、惰眠をむさぶる夫の顔を見て、突如、彼の腹を噛《か》む場面がありますが、彼女の抱える空虚さや鬱積《うっせき》が現れ出る場面でした。あそこはどうやって出来上がった場面なのですか？

斉藤　相米さんから「腹噛め！」って言われて。

――珍しく具体的な演出があったんですね？

斉藤　自分からは出来ない！　佐藤浩市さんのお腹を噛むなんて。芸能界の中で佐藤浩市さんとラブシーンをした女優は数多くいると思いますけれど、腹を噛んだ女優は私だけじゃないかな。

――シナリオにはない描写ですよね？

斉藤　書いてない。いきなり言われて。そういうこと、結構あるんですよ。相米さん、悪戯《いたずら》っ子なとこ、ありましたから。困るのを見て面白がるところが。あそこはよく、あんなことを思いつきますよね？　相米さんは、嘘っぽい事をホントに嫌がる人だったから、衣裳に関しても華美で、豪華なないものじゃなくて、演じる人間の演技をぼんやりと浮き上がらせてくれるような一歩退いた感じの衣裳を大事にされていたと思います。だからと言って地味過ぎるっていう事でもなく、何かを表現して欲しいみたいな。相米さんの要求って、いつも雲を掴《つか》むようで、スタッフの人は苦しかったんじゃなかったかと思います。あの作品はＣＦ（コマーシャル）で組んでいたスタイリストの北村道子さんが初めて相米さんの映画に参加したものですけど、北村さんは確立されたトップスタイリストだったし、自分のやり方をはっきり主張して、「私はこれがいいと思うわ！」と言える人。今考えると、北村さんのスタイリングが的確で、物語を邪魔する事は一切ないのに、ちゃんとモードで、カッコイイんですよ。普通なら黒、茶色、紺みたいなベースのシックな色を組み合わせていくんだけど、北村さんは合わせづらい濃い色を組み合わせでスタイリングしたり、一歩間違えると野暮ったく思えるところもオシャレに感じられるようにしていて、衣裳って魔法だなぁって思いました。

——美術の小川富美夫さん、照明の熊谷秀夫さんとは「雪の断章」でも一緒でしたね。

斉藤　「あ、春」のときは、「雪の断章」より現場の雰囲気も和やかだった。「雪の断章」のときはなにしろ初出演初主演なので、周りを観察する余裕は一切なかったから、後付けの印象になっちゃうんですけれど、「あ、春」のときはこんなに我儘《わがまま》で意地悪な監督なのに、スタッフのみなさん、相米さんの事を好きで、「しょーがねぇなぁ！」って言いながら面倒見ていて。この人が言うんだから一肌脱いでやるか！　みたいな世界観で全体的に包まれていた。あれは相米さんのすごい所で、皆に愛されるんですよね。偉ぶったところは一切ないですけど、自分のやりたい事はものすごくはっきりとあって妥協しない。その譲らない姿勢に付いていってもいいという気持ちにさせるのは、相米さんだからこそ、なせる業《わざ》じゃないのかな。「あ、春」って、最初は違うタイトルだったのをご存じですか？

——はい。「ひよこ」ですよね。

斉藤　「ひよこ」というタイトルも好きだったから、最初に「あ、春」に変えたと聞いて、最初はエッと思いましたけど、「ひよこ」のイメージを継承しているかどうかは知らないんですけれど、何かポンと生まれ出《い》づるみたいなものを表現したかったのかしら。よくわからないけれど、そんな風に思いました。でも、よくまぁ、裏切る人なんです（笑）。

——もし、相米イズムというものがあるとしたら、これは消えて欲しくない、そして次世代へと引き継いで欲しいものは何ですか？

斉藤　なんだろう？　本物が見えるまで待つって事ですか。「まぁ、こんな感じじゃないか」じゃなくて、どんなに役者を追い詰めても、スタッフに迷惑かけても、絶対に譲らないただ一つの大切なものが相米さんの中では、はっきりとあって、その本物を見つけるまで待つということなんだと思うんです。前にどなたかが、「映画監督っていうのはなぁ、妥協との闘いなんや！」「妥協しなきゃいけないことは山ほどある！」と言っていて、「大変なんだな」と感じたことがあります。どんな監督であっても、思い描いていた世界が完璧に出来るわけじゃない。スタッフから何百という質問をされ、全部にイエス、ノーをその場で出して、決断しないといけない。きっと、たくさん妥協する事が出てくると思うんですけれど、相米さんに関しては、あっぱれなほどに妥協をしていなかった。本人が生きていたら、「嘘つけ、俺なんて妥協だらけだよ！」ってきっと言うと思うんですけれど、そこに描かれる人間の業とか、生き様みたいなものを表現する事に対して嘘は絶対につかなかったし、本物が見えるまで決して妥協しなかった。そういうことだと思います。

東京上空いらっしゃいませ

©1990「東京上空いらっしゃいませ」製作委員会

キャンペーンガールのユウは、スポンサーの専務・白雪恭一の魔の手から逃れようとして、一緒に乗っていた自動車からとび出した。ユウは後続の車にはねられ、死んでしまう。広告代理店の担当・雨宮文夫や白雪たちは、事故をひたすら隠してキャンペーンを続けることに。後始末に奔走する文夫。天国に昇ったユウは、白雪とウリふたつの死神コオロギをだまして地上に舞い戻った。戻った場所は、ユウの死でたいへんな状態の文夫のマンションだった。死んだユウが現れ、驚く文夫。この日からふたりの奇妙な生活が始まった。

牧瀬里穂の映画デビュー作品。井上陽水の「帰れない二人」がリフレインされて使われているが、それは相米自身のアイデアだったという。中井貴一と牧瀬里穂が「帰れない二人」を歌うシーンはシナリオでは3行もなかったと言われている。相米映画でも屈指の名シーンだ。セットも特徴的で、東京タワーの上部は「作ってしまった」と美術の小川富美夫は言う。「東京タワーのほうは、回転するようにして、斜めにもなるようにして、セットを組んだ」。現在は俳優としても大活躍の笑福亭鶴瓶の演技が最初に印象に残った一作。

［証言］

東京上空いらっしゃいませ

●スタッフ　企画＝宮坂進　プロデューサー＝海野義幸／安田匡裕　脚本＝榎祐平（榎望）　撮影＝稲垣涌三　照明＝熊谷秀夫　美術＝小川富美夫　録音＝野中英敏　音楽＝松本治／村田陽一／小笠原みゆき／高橋信之　音楽プロデューサー＝安室克也　衣裳デザイン＝小川久美子　装飾＝小池直実　編集＝北沢良雄　記録＝河辺美津子　助監督＝細野辰興　●出演　中井貴一／牧瀬里穂／笑福亭鶴瓶／毬谷友子　1990年6月9日公開　109分　製作＝ディレクターズ・カンパニー／松竹第一興行／バンダイ　配給＝松竹

ロボットを作ったのは私

小川久美子（衣裳デザイン）

最後の討ち入りで牧瀬さんがロボットみたいなのを着て出てくるじゃないですか。あれ、誰も作らないんですよ。美術の仕事かと思ったら小川（富美夫）さんも全然作らないんですよ。「えっ、衣裳だよ」って言われて、私が作ったんです。それで、しょうがないから、どうしようかなと思って、ダンボールを引っ付けて。私がもうずーっとあれを作っていました。徹夜でしたよ、もう大変でしたよ（笑）。脚本を読むと、彼女が手に入るもので、というふうに考えたら、ダンボールぐらいしかないなって思ったんです。リアルすぎてはダメでしょ。彼女が作ったという設定ですから。まあ、そこらへんは私が下手でちょうどよくて（笑）。「セー

小川久美子
「セーラー服と機関銃」
「台風クラブ」
「ラブホテル」
「雪の断章―情熱―」
「光る女」
「東京上空いらっしゃいませ」
「お引越し」

ラー服と機関銃」のラストと展開は似ているんですけれど、そこはファンタジーですよね。相米さんの世界になっていたと思います。この作品ではじめて「衣裳がわかるようになったな」と言われました。

「夏の庭 The Friends」「風花」
―
衣裳デザイン
「Wの悲劇」「血と骨」など多数。クエンティン・タランティーノ監督「キル・ビル」も担当。

相米慎二の変転と原点

榎戸耕史

相米さんの映画がどこで変わったか、という議論があるんですが、僕から見て一番変わろうとしていたのは「東京上空いらっしゃいませ」だったと思います。現場に行ってお金もなくてぼやいてばかりいたんだけど、「榎戸、映画の効率ってなんだと思う?」って、突然聞かれたんです。「なにを言っているの、今更効率だなんて」と。前作や前々作で予算オーバーをして反省していたと思います。「東京上空いらっしゃいませ」の現場はお金がなかったので、余計にね。「光る女」から「お引越し」に進む前に、これを撮らなければいけなかったって、自作を語った講演録に書いてあるんですけど。つまりクッションになる作品を一つ撮っておかないと、次にいけなかったと言っているんです。個人的に考える相米映画評では、今までは物語の軸が水平にあった。一つ屋根の下みたいなフレームの中で物語っていたのが、ちょっとだけ縦に垂直になった。ある映画評論家が「東京上空〜」と「ベルリン・天使の詩」を比較してるんです。つまり天上と地上との、垂直関係になった。それまではドラマも水平な地平での関係で語られていたのが、少し縦構造、垂直になったって言うんです。そう言われると、それまでは一つ屋根の下の男女の関係だったり、少女が突然ヤクザという組織の組長として立ち振る舞ったり、子供たち仲間うちの問題だったり、職業として相入れない男たちの葛藤だったり、学校という枠での子供たちの話だったり、中央と地方の問題だったり、みな水平軸で大きな傘の下の関係性の物語でした。

「東京上空いらっしゃいませ」は、天国と地上と。中井貴一さんと毬谷友子さんの部屋の関係も垂直でしょ。梯子を垂らしてね。ドラマのフレームが垂直になっているんです。その後は「お引越し」も、それから「夏の庭 The Friends」もみんなこういう縦の関係、親子だったり、世代の問題だったり、縦系列になっているんです。世相もバブルで昭和から平成に変わり、そういう意味で言うとすごく相米映画の中でも、「東京上空いらっしゃいませ」は新しいフレームの映画だって思っていたんです。

相米慎二の映画を根本に戻って考えてみると、「芝居がありきたりの芝居になり過ぎている。息遣いみたいなものが撮れなくなっている。やっぱり役者さんのそういうちゃんとした息遣いを映画に定着させたいと思って、ああなったんだ」と思います。結果的に、デジタルになってからいくらでも回せるようになると、世間からいろいろなところで言われた、「なんでもいいからワンシーン・ワンカットで回しちゃえばいいんだ、映画になっちゃうんだ」「簡単に映画が撮れちゃう」って、みんなが思ってしまったことは、功罪の罪の部分として自覚しなければならなかったと思うんです。

けれども、相米さんはテレビなどの寄りのサイズで、有り体な芝居をしていれば済んじゃうって、そのことに対する一つの反逆としてああいうふうに、できるだけ役者の息遣いみたいなものがフィルムに定着するような方法をとったんだと思うんですね。テレビがどんどん大きくなって。それに対して映画っていうものの本質的なものは何だろうって考えて、ああいう方法論なったと思う。それが結果的に変革になってしまった。「しまった」んですよ。相米さんが何かを自覚していたのか、というよりも画が少々歪んでも、役者の息遣いだけがちゃんとしっかり残っていれば、「良いじゃないか」と。多分映画として成立するんだっていうことを、どこかで証明したかったんだろう、と思うんです。

相米さんは絶対にそんなことは言わなかったですけど、映画に役者の息遣いみたいなものを定着させたいという思いは、相米さんがロマンポルノで育ったっていうのは大きいんじゃないかと、僕は思うんです。ロマンポルノって、やっぱり撮り方がどうのじゃないと思うんです。上手い下手じゃなくて、役者の息遣いみたいなものがやっぱりなんだかんだいって大切で。特に曽根中生さんとか神代辰巳さんの映画を見ていると、出てくるのは大体そういうものだったんじゃないかな。そういうものを相米さんは肌で、毎日映画作りをやっている中で感じたことが、自分の映画作りの中で自ずと文体として出ていった。迫りくるテレビの時代に、どこか自分の中で「映画を撮るんだったらこういう映画にしてみたい」っていう思いがあったんじゃないのかなと思っています。

「東京上空いらっしゃいませ」絵コンテから

回想

牧瀬里穂

東京上空いらっしゃいませ

公園に私、
ひとり置きざりにされたんです。

女優。１９９０年、「東京上空いらっしゃいませ」でデビュー。各賞を受賞。「つぐみ」「幕末純情伝」などに主演。１９９２年、坂元裕二脚本のドラマ「二十歳の約束」（フジテレビ系）に主演。１９９４年、ドラマ「西遊記」（日本テレビ系）に出演、三蔵法師を演じる。ほかの映画出演作に「美しい夏キリシマ」「ジャンプ」などがある。

構成＝賀来タクト

――出演が決まったときのことを覚えていますか。

牧瀬里穂　私が福岡から東京に出てきたのが1989年の春で、最初に「ハイシーL」（武田薬品工業）のCMをやって、その次に「東京上空いらっしゃいませ」の撮影を夏にやったんです。当時、高輪にあったエンジンフィルムさんへ行ったら知らないオジサンたちがいっぱいいて（笑）、「君はいくつなの?」とか「学校はどうなの?」とか、他愛もない世間話をして、よくわからないまま帰ったという記憶があります。いちばん奥の和室でヒゲのオジサンがあぐらをかいていたな、とか。あとで考えれば、あれがオーディションだったんですね、みたいな。正式に出演が決まったのは1カ月くらい後だった気がします。あまり実感がなかったですね。監督の「セーラー服と機関銃」は知っていましたけど、私はこれが初めての映画でしたし、厳しい監督だって聞かされてもなぁ、と。（撮影に）行けばいろいろ教えてくれるでしょ、みたいな（笑）。最初はそんな軽いノリでした。

――実際に撮影現場に行ったら?

牧瀬　無茶苦茶なことを言う監督だなって（笑）。（映画出演が）初めての人間に「さあ、やれ」って言うだけで。撮影は8月くらいだったと思います。決まってから（撮影まで）2カ月くらいあったのかな。特にリハーサルもやりませんでしたし、いきなり現場でみなさんと顔を合わせて脚本読みという感じで。当時のマネージャーさんも放任主義というか（笑）、特別に何かをするわけでもなく。ただ、最後にジャズを歌うシーンがあるというので、一応歌のレッスンと、あとジャズ喫茶とかジャズバーみたいなところへはいろいろ連れて行かれました。たぶん、ジャズの雰囲気に馴れておけということだったと思うんですけど、若かったですね、ただただ眠くて（笑）。

エンジンフィルム
1987年、安田匡裕がTVコマーシャルの制作を中心とするプロダクションとして設立。安田は、相米慎二監督の「東京上空いらっしゃいませ」で初の企画、プロデュースを果たす。以降、相米監督作品「お引越し」、「夏の庭 The Friends」をプロデュース。1999年には是枝裕和監督作品「ワンダフルライフ」をプロデュースし、以降、是枝監督作品、西川美和監督作品の多くのプロデュースを手掛けた。

――台本を読まれた印象はどうでしたか。

牧瀬　最初は題名が違っていたんですよ（編集注：当初の題名は「看板娘とトロンボーン」）。途中で今の題名に変わったんですけど、「これも変じゃない？」って思ったりして（笑）。でも、台本を読んでみたら「かわいらしいお話」という印象でした。ある女の子が芸能界を夢見て入ってきたけど死んじゃって、でも（下界に）戻ってきて恋やいろんなことを経験して天国に帰るっていう。出演が決まったあと、昔の相米監督の映画を見たんですけど、どれも当時の私にはチンプンカンプンで（笑）、それに比べたら、お話がすごくわかりやすいじゃないですか。だから、台本を読んでいても不安や緊張はなかったんですよ。そのうちに衣裳合わせやカメラテストをやりながら相米監督のことも認識して、「面接のとき、奥の和室にいた人だよね」と（笑）。今思えば、事務所も自分ものんきでしたねぇ。

――衣裳合わせやカメラテストのときの相米監督の印象はどうですか。

牧瀬　無口な人なんだなって（笑）。何かボソボソ言っているんだけど、全然聞き取れないし、衣裳さんに「こっちの衣裳がいいな」って話す口調もぶっきらぼうな感じで。

――相米監督は俳優さんに衣裳を選ばせることも多かったとよく聞きます。

牧瀬　私も1、2点くらい「こっちのほうが好きです」って話したような記憶はありますね。全然、役のことを考えずに選んでいたんですけど(笑)。本当にのんきでしたね。相米さんの中では「あいつ、のんびりしているけど、あとで痛い目に遭うんだぞ」って思われていたかもしれません（笑）。

――撮影現場ではどうでしたか。

牧瀬　「何回もやるんだな」って（笑）。初日はどの作品でもそうだと思うんですが、そんな芝居どころでもない、ただ歩いているだけみたいなシーンから始まったんですね。中井貴一さんもいらしたので、ちょっとお芝居もあったかな。怒鳴られることもなく、「はい、もう1回」「じゃ、もう1回」って言われるだけで。九州ではCMのお仕事もやっていましたから、NGっていうのはタイミングとか光の加減とか技術の問題かなって勝手に思っていて、そういうことでもないの？　と（笑）。そのうちに周りのスタッフさんから「相米さんっていうのはね……」と教えてもらう感じでした。「何がダメなんですかね」ってスタッフさんに聞くと「そういうことを考えて（現場に）くるんだよ」って。「へえ、教えてくれないのか、なんだ、だまされた」って思ったりして。のんきでしたね。そうこうしているうちに相米さんがブチキレ出すんですけれど（笑）。結構、早い段階でブチキレられましたよ。

――そこから緊張の日々が始まったという感じでしょうか。

牧瀬　相米監督に対してはなかったですね。でも、お芝居にはありました。これで合っているのかなとか、どうしたらよりよく伝わる表現になるのかなとか。でも、何回もやっているうちにパニックになるんです。失敗したらどうしようかみたいな、恥とか恐怖とかも消えてなくなり、とりあえず体当たりでやる、みたいなふうになって。完全に追いつめられていましたね。相米さんはいいとも悪いとも言わないいし、とうとう怒り出すし。そうなると撮影も延びるし、スタッフのみなさんも疲れてくるし、「なんて効率の悪い現場なんだろう」って（笑）。でも、監督の機嫌と反比例するように、スタッフさんがどんどん優しくなるんです。それがほぼ唯一の救いでした（笑）。

――共演相手としては中井貴一さん、笑福亭鶴瓶さんが多かったと思いますが。

牧瀬　中井さんも鶴瓶師匠も優しい方でした。中井さんには「大変だと思うけど、一生懸命、役として生きてごらん」と声をかけていただいて嬉しかったです。本当は「どうやったら生きられるんですか?」って聞きたかったですけど、できなくて「わかりました」って言って終わっていましたけど(笑)。鶴瓶さんもこれが最初の映画だったんじゃないかな。初めてなのに相米さんとも面白く絡んでいて、何かと現場をなごませてくれましたね。そういう意味では助けていただきました。

――演じる神谷ユウについてはどう考えていましたか。

牧瀬　状況としては当時の私と似ているんですよね。家族から離れて芸能界で働き始めていて、「変に深く考えなくていいんじゃない?」っておっしゃるスタッフさんもいました。「役を作るんじゃなくて、あなたが精一杯、生きていればそれでいい」って。当時の私にはわかるようでわからなかったところもあったんですけれど、いちばんわからなかったのは死んでしまうということですね。17歳だった私に死を想像しろって言われても、本当にわからないんですよ。相米さんはずっとブリブリ怒っているし、何をやってみてもダメでした。ダメの理由は今もわかりません(笑)。

――天国から戻ってきたユウは生命力にあふれていますね。それゆえに涙も誘われる。

牧瀬　ユウと私はそんなに違わないと思うんですけど、私はあそこまで元気な人間ではないです。でも、スタッフさんに聞くと「芝居は元気なほうがいいんじゃない?」って言う。それを聞いて「死んでいる人を元気にやるっていうのは何だろう」と。私は、ユウは悲しみのほうが強いんじゃないかなって思っていたんです。でも、スタッフさんは「元気にやったほうが悲しく見えるから」って。それを聞いて「へえ、そうなんだ!」と。でも、なんで監督がそれを教えてくれないんだろうって(笑)。

――バイト先でハンバーガーを作るシーンも印象的ですね。

牧瀬　麹町にあったお店を丸一日、借り切って撮ったんですよ。１ページもないシーンなのに。信じられないですね。相米監督の現場って、本番までも長いですけど、本番のあとも長いじゃないですか。どんどんハンバーガーをダメにしていくので「もったいないな。ごめんなさい」という感じでした（笑）。ユウとしてはアルバイト経験をやってみたかったから楽しいんですけど、牧瀬里穂としては精一杯を超えて必死なわけです。そのふたつの感情の中でやっていましたね。逃げ出したいと思っても、相米さんにだけ迷惑がかかるならいいんですけど（笑）、これだけよくしてくださっているスタッフさんに迷惑をかけるのだけは嫌だなって。ずっと「逃げちゃいけない、逃げちゃいけない」って感じでした。映画に出てきたファストフード店は今、コンビニエンスストアになっているんですよね。お仕事でお店の前を通るたびに今でも胸がキュッとなります（笑）。

――このシーンの終わりはユウの笑顔で終わります。それがまた切ない。

牧瀬　１秒たりとも牧瀬本人に戻らせてくれないんですよね。いえ、戻らせてくれないわけでもないんですけど、「考えてその役でいろ」っていう圧を監督からは受けました。ハンバーガーのところは自分自身もバイト経験がなかったので、ちょっと憧れもあったんです。でも、実際は撮影で演じているだけだし、これはバイト経験になるの？　みたいな。やりながらそんなことも考えていましたね。

――公園で遊具につかまりながら「ひとり遊び」しているシーンも切ないです。

牧瀬　小さい頃から遊んでいた公園でユウが遊ぶシーンですね。もし死なずに生きていたら、自分の子どもを遊ばせていたかもしれない。その懐かしさと哀しさを表したシーンですよね。でも、あそこもメチャクチャ怒られて。あの公園、川越にあるんですけど、私ひとり置いていかれたんです。「今日は撮影、終わりだ！　引き上げるぞ！」って相米さんが言い出して、「お前はそこにいて考えろ！」と。相米さんは私にユウの孤独感みたいなものを感じさせたかったのかもしれません。でも、そのときの私は「あ、みんな本当に帰っちゃうんだ」と（笑）。私はどうやって帰ったらいいのって。でも、お芝居のことも考えようって。いろいろひとりで残って考えたんですけど、ユウの孤独よりも、公園でこんなことやっていると、きっと変な人に見られるだろうなっていう焦りのほうがだんだん強くなっていきましたね（笑）。相米さんにはいつも「お前は遅い」って言われていたんです。ポンと役に入れないからだと思うんですけど、それ以前にあのときは公園に置いていかれたことがショックでした。

——当時のマネージャーによると、牧瀬さんがぴょんと飛び跳ねるシーンで、相米さんが全然ＯＫを出さず、何度もやり直しをするうちに牧瀬さんが痛がりだした、と。それをかばってマネージャーさんが「もうやめてください！」って相米さんをさえぎったら、「じゃ、お前が飛べ」って言われて、牧瀬さんの代わりにやったとのことですが。

牧瀬　それ、最後の天国に行くシーンのことですね。ハーネスをつけて宙にぶらさがりながら、雲の上をぴょんぴょんと飛んでいるところで、着地の仕方が気に入らなかったみたいです。ハーネスって、つけていると骨盤とかが痛くなるじゃないですか。役者の代わりにマネージャーさんがやるのもどうなのって感じですけど、吊るされているマネージャーさんと「痛いよね？」「うん、痛い」って会話したのを覚えています（笑）。で、そんな話をしていたら、また余計に相米さんに怒られるっていう（笑）。

――クライマックスのジャズシーンはどうでしたか。
牧瀬　あれだけのエキストラを入れているのに、相米さんは何にも指示を出さないし、「好きにやれ」って言うんです。そんなに好き勝手に動いてワンカットで撮るなんて、素人でも難しさはわかるじゃないですか。そのうち芝居もカメラの動きも決まって、照明もOKになって、でも本番は回さない。またテストを何回もやっていたら、本番直前のテストで私の感情が爆発して、それがすごくよかったんです。「なぜ今のを回しておかないんだ！」ってプロデューサーや（現場応援に来ていた）榎戸耕史さんに怒られ、責められている相米さんがいました。あ、相米さんでも怒られることがあるんだと（笑）。そのあと、すぐ本番になったんですけど、やっぱりちょっと私の気持ちも下がっちゃっていて、その前のようにはできなかったんですよ。相米さん、ばつの悪そうな顔をされていましたね。本番も何回かやって大変でしたけど、楽しかった日でもありました。あのシーンで特に相米さんからお芝居の指示をされたってことはなかったですね。そんなこと、この映画で1回もないですから。「自分で考えてやれ。俺はそれに○か×を出すだけだから」って言うだけで、でも結局、何がいいのかわからないまま終わるっていう。
――ジャズシーンの直前の場面ではダンボール製のロボットの中に入っていました。
牧瀬　もうすっかり余裕がなくなっていましたから「あ、着るんですね、はいはい」っていう感じでやっていました（笑）。でも、あれ（ダンボールのスーツ）は（衣裳部の）小川久美子さんが作られたんですよね？　そうやってスタッフさんが見えないところで頑張って映画は作られるものなんだな、私も助けられているんだなって、つくづく思い知りました。あとでドラマとかやっているときも「あれはぜいたくな時間だったな」って。ほぼ台本の順番通りに撮っていましたし、カメラを回さない日もあって。信じられないですよ。でも、あの現場に戻りたいかって言われると「うーん」っていう（笑）。

――最後の方ではユウはずっと白のワンピースでしたね。ちょっと白装束を連想させます。

牧瀬　そういうことを表しているんでしょうね。あれは私のサイズに合わせて作っていただいたものです。最初の赤のワンピースもそうです。鶴瓶さんはずっと真っ白ですけど、ユウは赤からだんだん色がなくなっていく感じですね。そういう意味での最後の白なんだな、と。

――完成後、この映画を見直すことはありましたか。

牧瀬　もう何十年も見ていなかったんですけど、この取材のために久しぶりに見ました。いろんな思い出が蘇りましたね。この映画のあとに撮った「つぐみ」も何年か前にトークショーのために見直したんですけど、どちらも自分のお芝居が「青臭くてイヤだな」って思いつつ、それを通り越して「なんていい映画なんだろう」って。青臭さっていいなって。今では絶対にできません。本当にありがたい経験、すごい体験をさせてもらったんだなって思います。

――天国から戻ってきたユウはほとんどメイクをしていませんね。そんな素の魅力もあります。

牧瀬　マスカラを塗っていたかな？　っていう程度でしたね。面白いのは、私、小さい頃に病気で作った傷があるんですけど、相米さんはメイクさんに「その傷、埋めてくれ」と言っていたことです。傷が気に入らないのかなって思っていたら、あとからスタッフさんに相米さんが「デビュー作品だからきれいにしてあげたいんだ」と言っていたって聞かされて、「ホントー!?」と。それもありがたかったです。ただ、休み時間には四股を踏まされたり、キャッチボールをやらされたりしていたんですけどね（笑）。四股を踏まされたのは、やっぱり私が役者としてフワフワしていたからでしょうね。

――この映画のあとに相米さんと会ったことはありますか。

牧瀬　あります。「ポッキー四姉妹物語」がエンジンフィルムさんの制作で、あるとき相米さんが私の芝居を見るわけでもなく、現場をウロウロされていて。で、「お前、稼ぐようになったんだろ。おごれ」って言ってきて。「俺はイタリアンがいい」って言うので、一緒に行って払いました（笑）。撮影中は私、相米さんに「亀ちゃん」って呼ばれていたんですよ。ノロマだったから。でも、終わった途端、「牧瀬さん」って「さん」付けなんですよ！　何、この変わりようはって（笑）。ずっとあとで、とても繊細な人だったってわかりましたし、本当にいろんな人に好かれていたんですよね。きっと放っておけない感じがあるんでしょうね。今の言葉で言えば「人たらし」なんですよ。一度、榎戸さんにも伺ってみたいです。「なぜそんなに相米さんのことが好きなんですか？」って（笑）。

――訃報についてはどういう印象を持たれましたか。

牧瀬　今の自分が監督の年齢に近づいてきて、「ああ、すごく早く逝かれたんだな」って思います。もったいないことをしましたね、監督って。70歳の監督の作品も見たかったですし、撮影現場に差し入れにも行きたかった。そして、昔のグチも言いたかったなって。その意味でも「東京上空いらっしゃいませ」は忘れたくても忘れられない作品です。今でも鶴瓶さんは（劇中の白雪のように）会うと胸をさわろうとしてきますし（笑）、そういう撮影の名残も含めて、幸せな体験だったなと。相米さんに「だろ？」って言われそうで、あまり言いたくないんですけどね（笑）。

巡礼

東京上空いらっしゃいませ

2021年撮影
牧瀬里穂がバイトしていた
（ハンバーガーをつくった）店の跡地

写真＝星川洋助

B1
炭火串焼
テング酒場
B1↓
営業時間 月～金 11:30～14:00/16:00～23:30
土日祝 16:00～23:00
テング酒場
ヘアモード

邂逅

自分ではない誰かに
表現してもらうことは、
覚悟がいるんです。

土井裕泰

TBSに入社し、テレビドラマのディレクターとして数々の話題作を手がける。代表作に「愛していると言ってくれ」「青い鳥」「ビューティフルライフ」「逃げるは恥だが役に立つ」「カルテット」など。2004年には「いま、会いにゆきます」で映画監督業にも進出。映画作品に「涙そうそう」「ハナミズキ」「映画ビリギャル」「罪の声」「花束みたいな恋をした」などがある。

構成＝相田冬二

――相米慎二の名前を知ったのはいつでしたか。

土井裕泰　入り口は、薬師丸（ひろ子）さん。僕は薬師丸さんと同い歳なんです。「野性の証明」で衝撃的に出会い、角川書店の「バラエティ」（カルチャー月刊誌。角川映画の情報が盛り沢山で、薬師丸ひろ子を中心としたアイドル誌の趣もあった）を熟読している中学生であり高校生でした。薬師丸さんを追いかけていると、「翔んだカップル」の監督は相米慎二というのだということがわかった。相米慎二は、あの長谷川和彦監督の助監督をしていたのか。長谷川監督は広島出身。（広島の人間にとっては）気になる凄い「先輩」でした。ディープな映画ファンではありませんが、アイドル映画は好きで、山口百恵主演映画などはよく見ていました。しかし、「翔んだカップル」で、いままで見てきたアイドル映画の文脈と全く違うものを見せられて。それがとてもショッキングで、自分の中に残ってしまった。１９８０年代、つまり僕が10代の真ん中から20代にかけての時代には、相米さんがいて、森田芳光さんがいた。高校生ながらに、明らかにいままでの日本映画とは違うと思った。これは、新しい人たちの、新しい日本映画なのだと、その時点で刷り込まれたんです。将来自分がこのような仕事をするとは思いもしなかった頃に、本当に無防備な状態で享受してしまった。だから、いつまでも自分の中に残っているのだと思います。今回、何作か見直して、そのことを確認しました。

――何が、土井さんの中に残っていましたか。

土井　強烈に、ある場面の画《え》が残ってるんですね。「翔んだカップル」なら、薬師丸さんが坂道を自転車で走って、お店の段ボールに突っ込むところ。「セーラー服と機関銃」なら、屋上の渡瀬（恒彦）さんと薬師丸さんが、火を燃やしてるところをロングショットで捉え、顔を映さないあの画《え》。映画の文法も、カメラのこともまったくわかっていなかったけれど、とにかくあの映画を象徴するカットとして残っています。

――一枚の画が、その映画を象徴する。シーンが、映画そのものになる。相米映画の特徴だと思います。

土井　あと、相米さんの映画って「歌」が、不思議なくらい残りますよね。それは主題歌ではなくて。「セーラー服と機関銃」なら(藤圭子の)「カスバの女」。当時、17歳で「カスバの女」を口ずさんでいました。「東京上空いらっしゃいませ」は井上陽水以外にもいろんなバージョンで歌われる「帰れない二人」。「ションベン・ライダー」は(童謡の)「雨降りお月さん」。「台風クラブ」のバービー・ボーイズ(「暗闇でDANCE」)。歌って踊る。解放されていくものの象徴としての歌。「ラブホテル」の(もんた&ブラザーズの)「赤いアンブレラ」。歌が強烈に印象に残る。

――相米映画の象徴は「伝染」しますね。流行り病のように、出会うと、具体的に影響されてしまう。10代なら、もう如実な、決定的体験となります。

土井　あれはなんなんですかね。ものすごく純粋なものと、すごく大人のものが定義されないまま、歌として投げ出される。歌詞の意味とかによって定義されるのではない、もっと肉体的な何か。非常に無防備に見ていたので、「そのまんま」を受け取っていたと思います。

――定義されないもの。それは相米映画の本質かもしれませんね。わたしたちは、いまだ定義され得ないものを受け取っているような気もします。

土井　「翔んだカップル」にしても、「セーラー服と機関銃」にしても、相米さん、原作のあるものが多いじゃないですか。その原作との対峙の仕方。原作で表現しようとしているものとはあえて全く違う文脈で表現しようとしている。その、映画と原作との対峙の只中に私たちが放り込まれる感じ。相米さんの映画を見直して、自分が仕事をする上で常に向き合わざるを得ない根幹のテーマを、あらためて突きつけられるようなところがありました。フィルモグラフィを見ると、「夏の庭 The Friends」まではリアルタイムで劇場で見ていたんですが、それ以降は見ていないんです。僕がディレクターになったのが1993年なので、ちょうど自分がドラマの演出を始めるまでは見ていて、それ以降は離れている。これは象徴的だなと。

――なるほど。最前線に立たれた後は、ご覧にならなかったと。作り手とはそういうものなのかもしれませんね。

土井　去年、コロナ禍で時間ができたこともあって、90年代にディレクターとして撮った作品を見る機会がありました。

――土井さんがセカンドディレクターを務めた「愛していると言ってくれ」は2015年、20周年を迎え、再放送もされ、新しいファンも獲得しました。

土井　それで、他の作品も見直してみたんですよ。自分がディレクターになってからの最初の5、6年にやっていたことは実はすごく相米さんの影響を受けていたんだなと気づいたんです。

――たとえば、メインディレクターである「真昼の月」。あのドラマは、相米慎二を感じます。

土井　台本にはない、河原でずっと石を投げ続けるシーンとかありましたね（笑）。

――ええ。まさに。あそこは「相米」でした。

土井　脚本や役者に寄り添うのではなく、常に演出は対峙していなければいけない。俳優の身体性をもって表現しなければならない。テレビドラマはバストアップの表情を積み重ねるものだけど、どうにかしてそこから逃れようとあらがっている。文字として書かれていない台本の隙間で何を表現するか。そこに、ものすごくこだわっていたのは、相米映画の影響だったのだと気づかされました。

――私たちは、その演出の才気に熱狂しました。ドラマにも「監督」がいるんだ！　って。

土井　30代で作っていたものは、とてもやんちゃだったなと思います。当時は、若い演出家のわがままにも非常に寛容な時代でした。ただ、最近の作品では寄り添っていますよ（笑）。映画をやるようになってから、むしろ寄り添うようになりました。

――映画「花束みたいな恋をした」は、まさに寄り添うことの極致だと思います。

土井　ただ、映画をやる以上は、どこか自分の中で、逃げられない場面を作ってしまう。ワンシーン・ワンカットを撮るような。抑えのカットは撮らない。そのシーンはもう長くも短くもできない。そういう場所を、あえて作っています。それが、自分が映画と向き合うときの覚悟の仕方なのかもしれないですね。

――私たち観客は、長回しを見ると、つい画面の運動性に心を奪われますが、作り手にとっては、たとえばワンシーン・ワンカットは逃げられない覚悟ですね。きっと、相米さん自身も、逃げないためにそのような方法を選びとっていたのかもしれません。

土井　表情そのものをクローズアップで捉えなくても、そこで起きていくこと、そのひとに起きている感情の内面、そのすべてがわかる。それがベストなことではないのか。常にそう思っていますね。

ただ、一方で、そこにあまりこだわるのではなく、ここは顔を見たい、というときは自分の欲求に忠実ではいたいなと思ってもいます。なんというか……自分の中の相米さん的なものとの闘いなんですね。自分なりの欲求と、相米さんならではの身体性との間で、常に葛藤を続けている。きっと、これから先、何らかの結論が出るようなことではなく、その葛藤は続いていくんだと思います。相米さん、森田さん、そして市川準さんは、80年代、無防備に影響を受けたという意味では自分にとって大きい。みんなそうだと思うんですよ。10代の頃に読んだ本や見たものがベースになっていたりするじゃないですか。それが、僕にとっては、この3人だった。真似をするのではなく、自分だったら表現するときにどうするか。それを考える指針になる人たちですね。

――土井さんは、大学で演劇を始めました。俳優もされています。演劇を知ってから、相米映画の捉え方が変化したようなことはありましたか。

土井　直接的にはないですが、「台風クラブ」の有名なシーン。みんなで下着で踊っている、祝祭性のある解放のされ方。相米さんが何をやろうとしているのかはよくわかりましたね。当時の演劇って、まず、頭で考えられないくらい身体を動かした果てに何かを表出しろ、と叩き込まれるんですよ。それは相米映画に近いものだと思いますね。僕の大学時代と言えば、「雪の断章―情熱―」。斉藤由貴かどうかさえわからない空撮。たぶん、本人が演じてはいる。ほら、「バラエティ」でレポを読んでいるから（笑）、知っているんです。かなり衝撃を受けましたね。あれは、凄いことだなと。役者にこれだけ身体を張らせることには、いまは別な意味で、ほんとうにドキドキします。自分ではない誰かに表現してもらうことは、覚悟がいるんです。

――「雪の断章～」は、あのときの相米さんにしか撮れない、ある種、極まった作品だと思います。

土井　話を捨てていますよね。雄一と大介のふたりが伊織（斉藤）を引き取った動機も不明だし、なぜ裕子（岡本舞）を殺したのかも不明。ただただ、斉藤由貴というひとに起きたことを記録する。それだけが重要なテーマだと言ってもいい。僕は、竹内結子さん、長澤まさみちゃん、新垣結衣さん、有村架純さんたちと映画を作ってきました。アイドル映画というラベルでくくられることも多いのですが、僕自身はそのことをいつも肯定的に捉えているんです。その瞬間にしかない、そのひとの輝きを記録することが仕事だと思っています。「セーラー服と機関銃」の薬師丸さんは、あの17歳のあの瞬間が、ちゃんと記録されてることが、映画の素晴らしさ。あの薬師丸ひろ子は、なぜ強いのか。こちらが思う、彼女の可愛さをすべて捨てさせているからです。髪を切らせ、クレーンで宙吊りにし、十字架に張り付ける。剥《は》ぎ取られて、剥ぎ取られて、最後に残ったとても純度の高いものものが記録されている。僕も、同じやり方ではないけれど輝いているそのひとのいまの記録者でありたい。そのベースにあるのは「セーラー服と機関銃」の記憶なんです。

――「セーラー服と機関銃」は、記録という意味でも突出した映画です。

土井　薬師丸さんは、あそこまで過酷なことをされているのに、相米さんの膝の上にちょこんと座って笑っている写真があるんです。あれがすごく心に残っている。「翔んだカップル」を見直したら、鶴見辰吾がトップクレジットなんですね。薬師丸さんはヒロインでありながら、可愛く撮ろうとしている節があまり見当たらない。でも、その薬師丸さんを2作目ではちゃんと撮ってあげる。すべてを剥ぎ取るということが、相米さんにとっては、ちゃんと撮るということだった。

——相米さんにインタビューしたとき、「ひろ子が、監督としての俺を作ってくれた」と言っていて、すごく感動しました。2作目である「セーラー服と機関銃」は、監督デビュー作「翔んだカップル」とはまた気構えが違っていたのだと思います。

土井　あと、「東京上空いらっしゃいませ」は、牧瀬里穂がほんとうに魅力的ですよね。ただただまっすぐに排出するしかない状況の中で、まっすぐに排出されたものを、ただ受け止める時間。幸福感がありました。ファーストフード店でハンバーガーを作って、あんなにめちゃくちゃなのに、最後は笑顔なんだ！　と。ああいう瞬間を生み出すことが演出。芝居をしなくていいです、という演出もありますよね。生々しくドキュメンタリーのようにやるものも。でも、相米さんはそうじゃない。架空の人間の作られた話の中でちゃんと生きること。虚構と現実の中間を生きている。これはとても難しいことで、どうしたらいいのか僕も常に考えます。そういうときに、ふっとよぎるのが、あのシーンなんです。虚構の中にこそ生まれる生々しいリアル。

——虚構でも現実でもないものがあるんですね。

土井　そうそう。中間のすごく難しいものを常にやろうとしていますよね。

——相米作品は、よく演劇を引き合いに出して語られます。しかし、演劇性だけでも、映画性だけでも語り得ないものがあると感じます。そして、ドキュメンタリーとも、フィクションでもない「記録」というゾーンがあるのでは、とお話を聞いて思います。

土井　そうですね。今回も、いろいろな長回しのシーンを見ていて、役者が勝手に動いているようでいて、実はカメラの位置はちゃんと逆算されていることを感じました。そして画面の外側にいる無数のスタッフたちの熱というか興奮みたいなものも。

——捉える。それが出来ていなければ、記録はできませんものね。ところで、土井さんの映画第２作「涙そうそう」は美術、装飾が「雪の断章」の相米組のスタッフだったこともあり、相米映画を感じる瞬間がありました。長澤まさみと妻夫木聡が、かなり離れた場所で見つめ合う。相米さんは高低差のある場所に人を立たせて、向き合わせるということをよくしますが、それを想起させました。

土井　ときどき意図的にやるのですが、物理的に距離を離すことで、必然として芝居が身体性を帯びてくるのを見たいんです。「涙そうそう」のあの距離も台本にあったものではないですね。「ハナミズキ」のときも、新垣結衣と生田斗真が一度、別れるシーンを、船と陸、あえて距離を思いっきり離しました。そうすることで、ふたりとも全身で声を張り上げる。それでも、ギリギリ聞こえるかどうか。そこはリアルにやったんです。そうすることで生まれてくるものは確かにあると信じて。

——行定勲さんに相米映画について語ってもらったとき、相米さんは声を張らせるよね、と。声を張らせるために、空間を、場を広く使っている。人と人は、離れることによって、全身で相手に何かを伝えようとするのだと。

土井　距離感って、演出する上でのとても大きなファクターですよね。あえて作ってるというか。

——そうすることで、役者から力が生まれてくるわけですよね。フォースのような、何か違う力がやってくる。

土井　計算を超えた何かが俳優からどれくらい生まれたか。これがいちばん大事なことなんじゃないか。虚構の人間の、虚構の物語。それを表現しているのは、どうしようもなく生身の人間であるということ。虚構と、生身がオーバーラップする瞬間。それをどれだけ残せるか。若い女優さんと一緒にやるときは特に思っていることですね。これも、自分の中に残っている相米さんの影響なのだなと、今回、自覚しました。いままで、自覚しないまま、そうしていた。

――芝居の力を感じます。土井さんの映画にも、相米映画にも。それは演劇的ということではなく、もっと原初的な人間の表現力、ということで。

土井　届かなければ、何をしてでも、身体の全部を使ってでも「届かせる」ということが役者の仕事なのだと。相米さんはきっと、それを若い役者たちに突きつけていたのだろうなと思います。

――女優を記録する。相米さんの時代と、土井さんの時代で、違うことはありますか。

土井　80年代はいまとかなり違う。女優さんは私たちの日常にはいない、特別で手の届かない存在でした。でも現代は、私たちと同じ地平に立っていて、同じ時間を共有していることを求められますから。相米さんが当時やろうとしていたことは、10代の女の子の中から、女性性みたいなものを剥ぎ取ることだったように思います。ボディーコンシャスが流行っていた、そんな時代に、あえて女性性を剥ぎ取る。剥ぎ取ることによって、むしろ性を際立たせることをしていたと思います。「ションベン・ライダー」の河合美智子さんもまさにそうですよね。

――単に中性的なだけではないですよね。

土井　映画の前半は顔がわかるシーンがほぼないですよね。そうなると、見る側は、こっちから受け取りにいくようなことにもなる。観客の能動性を刺激すること。それこそが相米映画の揺るがない本質なんだと思います。

翔んだカップル

田代勇介は弁護士になることを夢見て、九州から東京の名門校、北条学園高校に入学する。勇介は海外に行っている叔父の留守宅に住むことに。一人で住むには家が広すぎるため、「男に限る」という条件で不動産屋に間借り人を頼む。しかし、そこにやってきたのは、クラスメートの山葉圭だった。不動産屋の手違いでやってきた圭。次の仕送りが来るまでということで、彼女は勇介と住むことになった。勇介の入部したボクシング部のキャプテン・織田やクラスの秀才・中山も圭に想いを寄せていた。二人の同居生活は始まるが……。

柳沢きみおの同名コミックを映画化。相米慎二監督デビュー作品。「野性の証明」で鮮烈なデビューを飾った薬師丸ひろ子の待望の新作となった。長回しに関するさまざまな伝説は、ここから始まった。学園祭での〝もぐら叩き〟など数々の名シーンが印象に残る。挿入曲「ローレライ」（H_2O）やエンディングテーマの「BOYS」（ルイス）は、後の相米映画音楽の印象とも異なるが、瑞々しく今も響く。現在、上映、DVD化されているのは〈オリジナル版〉（122分）。初公開版に未公開シーンが加えられたバージョンとなっている。

セーラー服と機関銃

目高組の親分が「跡目は血縁者に」との遺言を残して死んだ。その頃、女子高生の星泉は、死んだ父・貴志と火葬場で最後の別れをしていた。泉が帰りかけたとき、中年の男が父の遺骨に線香をあげていた。ある日、黒いスーツを着こんだ大勢の男たちが学校の前に並んでいる。泉は友人の静止を無視して、彼らのいる校門に向かう。火葬場にいたあの男が歩み出て「星泉さんですね」と言った。佐久間というその男に事務所へと連れていかれた泉は、そこで、「目高組四代目組長を襲名してほしい」と頼まれてしまう。

相米慎二映画史上最大のヒット作。主題歌も大ヒットし、興行収入は47億円に達し、その年の日本映画ナンバーワン作品となった。主演の薬師丸ひろ子をクレーンで吊るすわ、礫にするわとアイドル映画の範疇を超えた超絶演出の数々。バイクで新宿通りを延々と走る長回しはいまも語り継がれる名シーンだ。照明・熊谷秀夫、美術・横尾嘉良などがスタッフに加わり、いわゆる〝相米組〟がスタートした作品ともいえよう。未公開シーンを加えた131分の「セーラー服と機関銃　完璧版」も後に公開されている。

［証言］

翔んだカップル

●スタッフ　製作＝多賀英典　プロデューサー＝伊地智啓／金田晴夫　原作＝柳沢きみお　脚本＝丸山昇一　撮影＝水野尾信正　照明＝野口素胖　録音＝酒匂芳郎　音楽＝小林泉美　美術＝徳田博　スタイリスト＝中山寛子　編集＝井上治　記録＝今村治子　助監督＝渡辺寿　●出演　鶴見辰吾／薬師丸ひろ子／尾美としのり／石原真理子／円広志　1980年7月26日公開105分　製作＝キティ・フィルム　配給＝東宝

成長していく過程のドキュメントをやろう

今村治子（記録）

デイリーラッシュを最初に見たときに、プロデューサーの伊地智啓さんに呼ばれて相米監督が「お前、あんな画《え》を撮りたかったのか、力がないぞ、撮り直していいんだぞ」って言われたんです。カットは割っていた、はじめのうちは。「どうしようか」となって、ふたりで話したんです。黒澤明さんの映画、たまにメイキングとかがテレビに映っているのを見ると、あれだけの大人の俳優たちにガチガチにテストをさせて、何回も何十回もやって、それができてはじめてコンテになっている。その話をしながら、子供だから「はい、カット1」「カット2」と撮りに行っても何も生まれてこない。子供が成熟していく……成長していく過程のドキュメントをやろうと。そして、この物語は出会ってから別れるまでの高校時代の男と女になっていくドキュメントだと。物語も大きくはドキュメントで、とにかく大胆に。映画的に大胆に取り組む……姑息な芝居なんて、なくていいっていうような話を監督とふたりでしたんです。そして1日ぐらい休みがありましたね。現場に行ったら、もう監督と子供二人（鶴見辰吾と薬師丸ひろ子）の3人でローラースケートを履いて、撮影所の中をゴロゴロゴロゴロ……ライティングも含めて現場の支度ができるまでゴロゴロ遊んでいるんです。そうしたらそのまま、部屋の中に入ってきて、二人で部屋の中をゴロゴロゴロゴロまわって……という芝居になったんです。ああ、こういうことになったかと。それが相米映画のはじめての長回しだったと思います。

「翔んだカップル」の頃は自分が一生懸命だったから、そこまでいってないと思うけど、「セーラー服と機関銃」では、ひろ子を映画好きにさせる。俺はお芝居を教えるわけにいかないし、細かいことを教えるわけにいかない」と言っていました。「セーラー服〜」も「翔んだカップル」のようにドキュメントで。何回かやっているうちに熟してくるというか、成長してくるというか、それを待っている。だからテストが長いのはそういうことなのですけど、それを待って、俳優さん個人の肉体が醸し出すドキュメントを撮るようになっていったんです。薬師丸ひろ子に、見る映画だけじゃなくて、映画自体を好きになってもらう。演じること、現場にいること、何でも好きになる。それは最初、薬師丸に言ったけれど、その後、ほかの俳優さんにも浸透していったし、スタッフにもそういうふうになっていった。照明も熊谷秀夫さんみたいに大御所の凄い方がいらっしゃるけど、その下には17、18歳の入って来たばかりの青年もいたし、撮影部だって3人体制で若い子もいる。現場のスタッフには若い子だからと言って、相米監督には区別、差別がない。「お前、どう思う?」「どうなんだ?」とみんなに聞く。こうしてキャスト、スタッフ全員が参加する現場ができていきました。

伝説のはじまり・カメラが回らない

伊藤進一（録音助手）

覚えているのは、石原真理子さんがセーターを脱ぐシーンがあるんです。鶴見（辰吾）さんもいて。あのシークエンスでカメラが部屋を行ったり来たりする。普通カットが割れると思っていたんです。部屋がそれだけあるんだからどうやって撮るのかなって。ここ撮って、次の部屋を撮ってみたいなことを思っていたら、ワンカットでいくってなった。最初の部屋で芝居が始まります、動きながら次の部屋に行くわけじゃないですか、カメラも移動します。僕がまず最初の部屋を上からマイクで音を録る。そうしたら次の部屋にチーフに上に登ってもらって、3つ目の部屋も行くのかと。その日はサード助手がいなくて、もうどうしたらいいか。僕は1つ目の芝居が終わったらセットの上を渡っていって。下で芝居をやっているんですよ。で、上を渡って行って3つ目の部屋の準備をして。そういうふうにしてやって、テストをやるじゃないですか。しかしその日は、技術パートはステージから出てくれということになった。夕方になっても呼びに来なくて、結局その日、撮影はない。回らなかった。じゃあ明日何時開始って、スケジュールが来る。また明くる日になって準備に行ったんですよ。いろいろセッティングしているうちに、「申し訳ないけど今日もお昼までちょっと、待機」って。これどうなんのかなって思って。さすがに2日目の夕方になったら技師さんたちも「どうなんだよ?」となっちゃって。2日目も回らなかったんです。日活撮影所だったんですけど、2日回さないって、巨匠でもそんな人いないんで、撮影所がちょっとザワついてた。

監督と時々話していると「監督、すげー良かった、今のカット。なんでNGだったの?」って聞いたら、「だって役者がカメラに近づかねえだろう」って言うんですよ。監督が指示すればいいじゃないですかって、普通は思いますよね。違うんです。俳優さんの芝居を追い込んでいくんです、「段取りしているだけじゃないんだから、そのときの感情でこっち側にだって動いたりするだろう」と。それを待っているんですね、来るまで待っているっていう感じなんです。

それは伝説の始まりかもしれないし、大変だったけど、1本終わって、こうして全部見ていると超越していた人なんですね。その端緒には出合えた。全員絶対俺の映画を好きになるっていうようなのが、ひょっとしたら根本にあるのかもしれない。だって、「人間を撮っているから」。何を言おうとしているかわからないの、いっぱいあるじゃないですか。でも、そこがいいよね。そういうメッセージを持った映画監督ってカッコイイ。相米監督達が飛び出した時代は本当に凄い。相米組には1本しか付いていないのですが、参加できて良かったです。

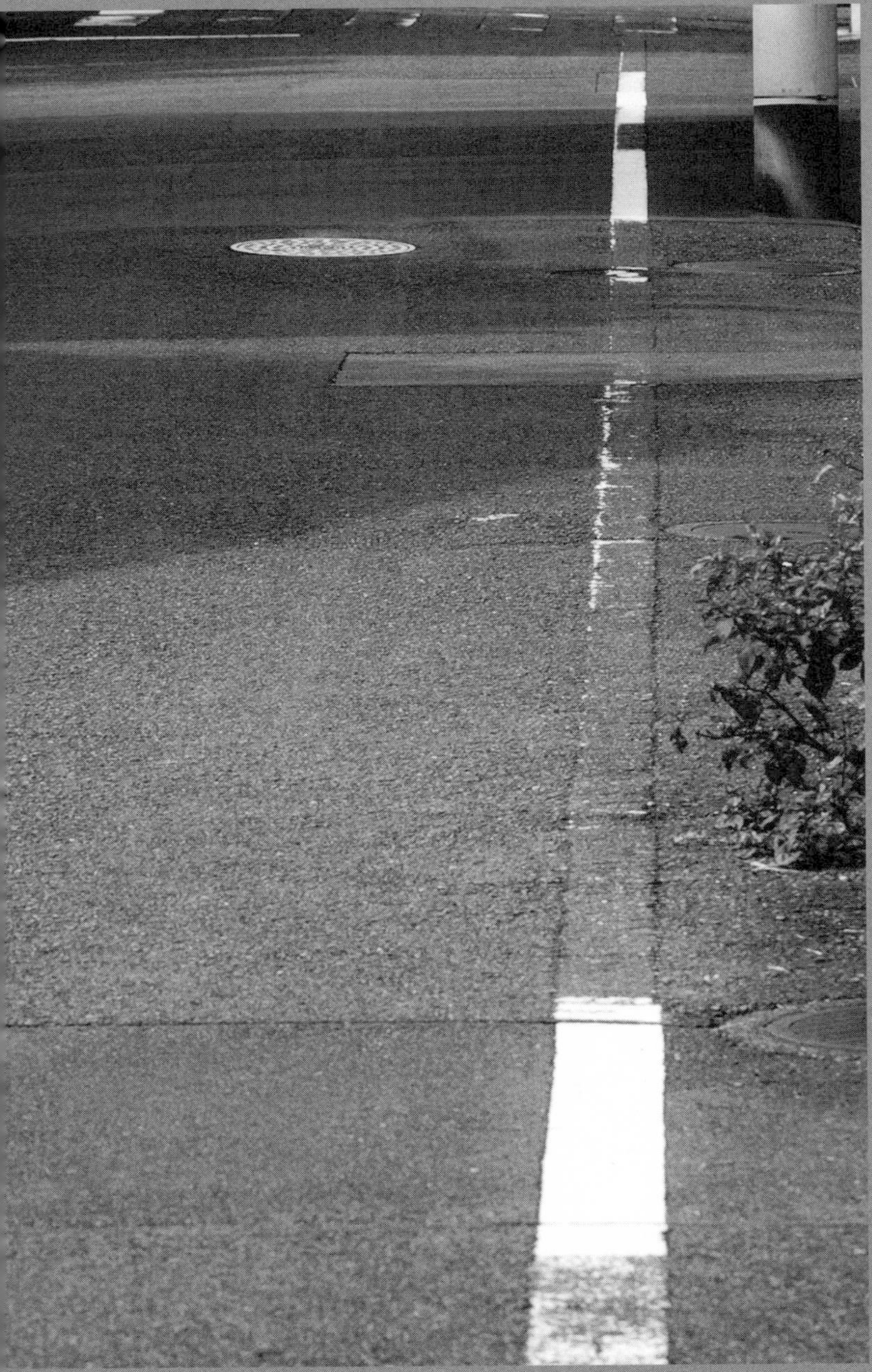

巡礼——翔んだカップル

2021年撮影
薬師丸ひろ子が自転車で走った坂

写真＝星川洋助

［証言］　セーラー服と機関銃

●スタッフ　製作＝角川春樹／多賀英典　プロデューサー＝伊地智啓　原作＝赤川次郎　脚本＝田中陽造　撮影＝仙元誠三　照明＝熊谷秀夫　録音＝紅谷愃一／信岡実　音楽＝星勝　美術＝横尾嘉良　スタイリスト＝小川久美子　編集＝鈴木晄　記録＝今村治子　助監督＝森安建雄／榎戸耕史／黒沢清　●出演　薬師丸ひろ子／渡瀬恒彦／風祭ゆき／三國連太郎　1981年12月19日公開　112分　製作＝角川春樹事務所／キティ・フィルム　配給＝東映

相米組の誕生と、角川春樹の感想

榎戸耕史（助監督）

僕は、デビュー作の「翔んだカップル」で助監督の誘いを別の仕事があって断ってしまったから、もうないと思っていましたが、「セーラー服と機関銃」につけと相米さんに言われました。撮影の仙元（誠三）さんに関しては伊地智啓さんが指名したんだと思います。相米さんにアクション映画を撮らせたかったと言っていました。仙元さんと最初の打ち合わせの時に、仙元さんは飲んでもあまり酔ってなかったけど、相米さんはグイグイ酒を飲んでいて、ベロベロに酔っ払ってしまい、「俺はズームが嫌いだ」って延々と連呼して潰れちゃったんです。あれは戦略だったのかは分かりません。それを側で聞いていて、なるほどなあと僕は思いました。おそらく、松田優作さんとの「遊戯シリーズ」三部作があって、ズームの使い方とかは仙元さんの特徴ですし、長玉レンズの使い方も上手ですから。ただ当時の相米さんにとっては、わりとフィックスした画が好きでしたから、多分手持ちカメラでブン回したり、ズームでサイズを変えたりとか、あんまりいいと思わなかったんでしょうね。それでジャブを打っておいた。しかし結果としては、「セーラー服と機関銃」で当然ズームはたくさん使っているんですけど（笑）。

相米さんの映画作りの核ができたのが「セーラー服と機関銃」だと思います。仙元さんはリーダーシップのある人で、本当によく現場を仕切ってくれるし、映画が大好きで、スタッフワークをとても大事にしてくれる人でした。そこが相米組の原点のようになりました。「ワンシーン・ワンカットで監督が撮りたいっていうなら、みんな頑張ろうぜ、みんなで考えようぜ」って、率先してやってくれた人です。照明の熊谷秀夫さんと美術の横尾嘉良さんも「セーラー服と機関銃」からです。二人に関しては、技術はもちろんちゃんと認めていて、横尾さんは美術デザイナーとして、すごい人だっていうのを相米さんは知っている。熊谷さんは、好き勝手やるはずだから言わなくていいんだ。説明しなくても好きなようにやらせればって、考えていたと思います。ふたりはそのあとの作品も続いていきますから、この作品でベースができた。あとは、毎回カメラマンだけを代えて、自分を更新していくという形ができていったんです。

作品が仕上がったときに、最初に見てもらったのが、製作の角川春樹さんだったんです。角川さん、相米さん、僕、あともうひとり誰だったかなあ、4人で見ました。直接、角川さんが見るって怖いじゃないですか。相米さん、ひとりで行くのが嫌だから僕を連れて行ったんですね。ビビっていて。とにかく終わったら何を言うんだろうなって不安だったようで。六本木にあった日活の試写室で見たんですけど。見終わって、角川さんがひと言「うん。仙元が仙元らしくなくていい！」。それを聞いたときに、ああよかったって思いました。

それ以前に、角川映画としては、仙元さんのカメラで、村川透監督の「蘇える金狼」や「野獣死すべし」などがあった。相米さんがどんな映画を撮るのか角川さんは知らないで見ていたと思うんです。ちょっとハチャメチャだけど、仙元のカメラが、いわゆる仙元らしさがない。というのが角川さんの印象だったんだろうと思うんです。それは、僕らにとっては最大の誉め言葉だった。角川春樹事務所から預かった薬師丸ひろ子の話をするでもなく。カメラマン仙元誠三をうまく使いこなしたという意味に僕らは取ったんです。相米さんもちょっと安心したみたいな顔をしていて。ただその後、映画があんなにヒットするとは、このとき思ってもいませんでしたけどね。

小川久美子（スタイリスト）　あ、刺さった

当時、雑誌の「バラエティ」、ひろ子ちゃんの写真集「フォトメモワール」、広告・ＣＭなど、彼女のスタイリストをやっていたから、「セーラー服と機関銃」に呼ばれたんだと思います。映画はやっていなかったけど、舞台美術の勉強もやっていたので、相米さんの世界には入りやすかったかもしれないですね。画面全体から考えていく方法なので。そのころはまだスタイリストが映画はやっていない時代でしたね。相米さんは新しいものが好きなんで、私を呼んだということもあったのかもしれません。

印象的だったのは、最後の殴り込みのシーンで、ビンの破片が飛んで、ひろ子ちゃんの顔をちょっと切っちゃった。計算外ですからね。まずいけど、実際には当てたくて当てたわけじゃないので。私はすぐ近くで

見ていたんですよ。心の中で「あ、刺さった」「わーっ」となって。飛び出しそうなのをぐっと押さえました。もう血が出ているのが見えているんですよ。でも、相米監督のカットがかからない。カットがかからない限り、出られません。そこらへんは親のような気持ちになって心配したんだけれど、ぐーっとこう、出ちゃいけないと我慢する。待って待って、それで「カット」と。ひろ子ちゃんは、やり切っていて凄かったなと思いましたね。それであの伝説的なシーンが生まれた。

この作品でもうひとつ憶えているのは、三國連太郎さんが演じる太っちょの衣裳かな。あれはもう私の趣味ですね。相米さんの映画だったらこういうことしてもいいんじゃないかって、私が勝手に思っただけです。何も、ただ面白そうだったというのをやっただけで。私もどのくらいやっていいのかってわからなかったんですけど、太っちょに関しては、監督が「明治みたいな恰好でもいいんだよ」とひとこと言ったんですよ。で、「そんなのおかしいじゃない」って私が言い返して。「面白いかどうかで判断してよ」って。「面白きゃいい」と。それからですね、私も「面白けりゃいいんだ」って考えるようになっちゃったんで、相米さんに近くなったのかもしれないですね。でも意識はしていないんですよ、私としては。だから相米さんに言わないで、好き勝手にやってるだけで。何か衣裳に関して言われるってことはそもそもなかったんで。ただ、それでいいのか、とかいうときもありましたけど、それはどっちかって言ったら、衣裳というより人物像のほうですよね。その衣裳で、そういう人なのか、っていう。人物像と衣裳が合っているのか。そこは大事。でも、面白ければいいんです（笑）。

巡礼――セーラー服と機関銃

2021年撮影
薬師丸ひろ子がマリリン・モンロー
になった地下鉄の通気口

写真＝星川洋助

邂逅

「セーラー服と機関銃」の、
冒頭で、泣いた。

村上淳

モデル活動を経て、1993年に橋本以蔵監督の「ぷるぷる 天使的休日」で映画デビュー。中江裕司監督「ナビィの恋」、阪本順治監督「新・仁義なき戦い。」、廣木隆一監督「不貞の季節」の3作品で第22回（2000年）ヨコハマ映画祭の助演男優賞を受賞。2021年公開作に「鳩の撃退法」「昨日より赤く明日より青く-CINEMA FIGHTERS project-」「うみべの女の子」がある。

構成＝相田冬二

――相米慎二監督作品は、村上さんにとってどのようなものでしょうか。

村上淳　これは持論ですが、映画を商《あきな》いにしている、比較的時間に余裕のある方は、仕事と同じ緊張感で見に行ったほうがいいですね。たとえば、マネージャーに劇場まで車で送迎してもらうくらいのこと。事務所にも仕事として認識してもらったほうがいいと思います。もちろん相米さんだけではなく、溝口健二さんもまさにそういう監督ですが。

本来、僕ら役者には「映画を見ておかなきゃいけない」という義務はないんです。たとえば、全然映画を見ていない子役が絶品の演技をすることはありますから。ただ、映画は「見る」のではなく「浴びる」体験に意味があるのでは、と個人的には思っています。劇場で映画を見る意味は、サウンドシステムやスクリーンのでかさ、暗闇で他者と一緒に見るという体験などがピックアップされがちですが、それよりも「浴びる」ことに意味があると思っています。

――映画は光ですから、文字通り「浴びる」ものですね。村上さんは映画を浴びるように見ていた時期に、相米映画と出合ったそうですね。

村上　2000年代ですね。その頃は名画座で相米さんが上映される機会が多かった。真っ昼間の神保町シアターで「セーラー服と機関銃」を見たのが最初。数年後の2011年、東京フィルメックス映画祭でレトロスペクティヴが行われ、全作品を見ることができました。「セーラー服と機関銃」は始まってすぐ、冒頭の踏み切りのロングショットで泣きました。それってもう理由はないんですよ。理屈ではないことで泣いていましたね。

――映画を見て泣くときって、事故に遭うようなもので、確かに理由がないことも多いです。

村上　当時僕は35歳を超えていましたが、出合うのは何歳でもいいと思うんです。もし僕が40歳過ぎの映画監督だとしても、あの踏み切りのシーンは泣いていたと思う。「セーラー服と機関銃」が本公開されたとき、僕は小学生でした。当時の薬師丸ひろ子さんの人気は、いまのアイドルとは比べ物にならない。絶対的な国民性、圧倒的な国民性のある彼女をクレーンで吊るし、コンクリートにジャブジャブ漬けるなんて、とにかく凄い。しかも、ラストシーンは新宿でゲリラ撮影。

――薬師丸ひろ子がポツンと大都会の真ん中にいる。伝説的な幕切れでした。

村上　相米さんは、撮影所システムが崩壊して以降の突出した存在。僕は出演したことはありませんが、20代の頃から、柄本明さん、佐藤浩市さん、永瀬正敏くん、小泉今日子さん、そしてスタッフ……周りにいる人たちから、相米組の武勇伝を聞いてきました。誰もが相米さんの話をしたがる。その上の世代の方々は、黒澤明さんの話をする。ただ、黒澤さんまでいってしまうと、僕くらいの世代にはもう現実味がない。役者にとって撮影現場は「待ち」の時間が大半を占めます。雑談が相米さんの話になる確率が高い。みんな、そんなに相米さんのことが好きなのかと。ほんと、愛されてますよね。

――亡くなる前から、伝説化している存在でもありました。

村上　僕にとってリアルタイムの映画体験は「風花」だけ。あれは浅野（忠信）くんも出ているし。小泉さんから（撮影の）途中経過も聞いていました。出来上がったから、銀座のシネスイッチに見に行って。すぐ浅野くんに電話しました。素晴らしかった！　だから、僕の場合、周りに刷り込まれているんですよ。僕がこれから話すことは、僕の言葉ではなかったりもすると思います。お会いしたこともないわけですが、無頼派の監督とか、いろいろ言われていますよね。ただ、ある人が言った「演出家」という表現がしっくりきます。このような「演出家」も、その後、現れていないように思います。もちろん演出家を生業《なりわい》としている人はいるし、僕も大好きな監督がたくさんいます。でも、相米さんのような「演出家」はいない気がします。これは俳優だけに限りませんが、いまの自分を打破したい、殻を破りたい、そういう思いが誰しもある。相米さんは、関わったほぼすべての人を変えている。だから、あそこまで愛されているのかなと思います。

――ある時代の「終わり」を締めくくる監督という印象もあります。

村上　そう言えば、〝シャシン〟と言いたくなりますね。相米さんの映画は。映画のことをシャシンとはなかなか言えない。高倉健さんはシャシンと言うじゃないですか。佐藤浩市さんも言う。（撮影監督の）たむらまさきさんもシャシンと言う。僕もいつかシャシンと言いたいけど、いつになったら使えるのか。60過ぎたら使えるのかな。僕には一生使えない気もしますけど（笑）。

――映画の歴史。映画体験の歴史も相米作品は考えさせます。

村上　遡ることになりますよね。僕の初めての映画体験はジャッキー・チェン。テレビの吹き替えです。その次はガンダム。特殊な小学生ではなかったですから（笑）。あとは「ビー・バップ（・ハイスクール）」。「スケバン刑事Ⅱ」で南野陽子さんを好きになって、「はいからさんが通る」とかも見に行きました。でも内容を憶えているのはやっぱり「ビー・バップ」。あの当時の2本立てでやっていたプログラム・ピクチャーの素晴らしさ。

――プログラム・ピクチャーの時代の産物として、相米映画を捉えると面白いですね。

プログラム・ピクチャー
かつて日本映画の全盛期と言われた時代に、特定の映画会社が製作・配給・興行を担い、年間の上映日程が映画会社のスケジュールに沿って上映されるその形態、並びにそのようにして上映される映画をさす。使用の仕方により意味が異なるが、多くは「2本立て興行」の「商業映画」を表していた。

村上　相米さんの映画で好きな作品を挙げろと言われたら、やっぱり「セーラー服と機関銃」なんです。

——最もプログラム・ピクチャー的な成立をしている作品ですが、同時にプログラムピクチャーの枠組みが崩壊している作品でもあります。

村上　モンスターすぎますよ。だって、アイドル映画ですよ。僕、アイドル好きなんです。いまの現役のアイドルも好き。だからこそ、アイドル映画が、こんなとんでもない映画になっていることに衝撃を受けるんです。相米ベスト1は「魚影の群れ」と言いたい自分もいるんですけどね。

——村上さんと「魚影の群れ」は、なんだかイメージ的にフィットします。

村上　夏目雅子さんが坂道からフレームインしてくるあの感じ！　そこの土地の人じゃん！　って。でもね、やっぱり「セーラー服と機関銃」なんです。一世を風靡した「カイカン」のキャッチフレーズ。あそこまでの社会現象って、いま、ありますかね？　小学生としては、いけないものを見ているようでしたよ。

——耳年増ですね。

村上　ただ、30歳超えたあたりで嫌な予感がしたんですよ。20代は10代の蛇足でなんとか生きられる。でも、その後はインプットが必要だなと。だから、このあたりの年齢で大学に行く人もいるじゃないですか。僕も実は映画学校の願書を取りに行きました。映画の作られ方を学ぼうと思って。ロジックや基礎を知りたかった。でも、自分には映画学校ではないなと気づいて。名画座に通うようになったんです。年代関係なく、あらゆる映画を見ました。新しい基礎ができました。映画の見方っていろいろで、内容やセリフの美しさ、光と影。でも結局、監督の徴《しるし》がついてるかどうかが、自分にとっては大切でした。監督の「顔」が見えるかどうか。トータルで何が言いたいか。それがある日、ポーンと「聞こえてきた」。

――映画を掴めた感じですね。

村上 そう。それ以降ですね。僕、邦画の良さって、B級の良さだと思ってるんです。「セーラー服と機関銃」も三國連太郎さんのくだりが凄い。何をしてB級と言うのか、人によって違いますが、小学生の頃に見た「グーニーズ」も「E.T.」もB級だと思うんですよ。最初の「スター・ウォーズ」も。

――確かに「セーラー服と機関銃」は、B級テイストがあるから、異形の傑作になっているのだと思います。

村上 実は神保町シアターで、自分がなんで泣いたかはわかってるんです。シンプルなことなんですよ。こんなに命がけで映画を作っていたんだ。そう思ったら、もう泣けて泣けてしょうがなかった。

――なるほど。

村上 相米さんの感じに近いのは、僕らにとっては廣木隆一監督なんですよ。あの人、無頼だし。女優にモテるし。長回しも多いし。ここで長回し？ってところで長回しするし。もう慣れましたけど(笑)。キャストにもスタッフにも愛されているし。何も言わないで何回もやらせると言えば李相日監督なんだけど、トータルだと廣木さんじゃないですかね。ほとんど何も言わないんだけど、ボソッと何か言う。そのボソッとで役者が変わる。

――廣木さんも、本当に役者さんに愛されてますよね。

村上　相米さんの映画に対してずーっと思ってるのは、わくわくするということ。でも、必ず裏切られる。次、どんなカットを見せてくれるのかな？　すると、え？　それ？　ということとなる。柄本さんもよくおっしゃっていますが、相米慎二という人間が掴めないいんですよ。たとえば、俳優を惑わせるのも、演出ですよね。永瀬くんは、ほんと子供のように嬉しそうに相米さんの話をするし、小泉さんは「風花」以降、やはり突き抜けた感じがする。それはなんなんだろう。

——わかるようでわからないからこそ、語られるし、愛されるのかもしれないですね。

村上　相米さんって、オスとメスを描いていたような気もする。「セーラー服と機関銃」の薬師丸ひろ子さんは、アイドルとは思えないメス性がありました。

——確かに、生々しいですね。

村上　そう！　生々しいですよね。芝居は結構カラッとしてるんだけど、映画が仕掛けてくるものは、つまり薬師丸さんが越えなきゃいけないハードルには全部メス性があって。男女の裸体はスクリーンでよく見るけど、オス性やメス性を見ることはないなと。人生に絡みつくような演出がそこにあるんですよね。「あ、春」の佐藤浩市さんは一見、コミカルに見せているけど、オス性が漏れ出ていますよ。あと、普通に生きていて、でも辛いこともある人間に対する肯定感がすごくありますよね。なにはともあれ、結局、相米慎二という人は、好かれた。それは才能云々を超えたところにあったんじゃないかなと思います。

——相米映画には、役者にしかわからない臨場感があるのではないか。これ、ずーっと思っていることなんです。

村上　ありますよ。ヤバい、このテイクの緊張感、ヤバいっていうのが。そこは一般のお客さんもある程度感じることではあると思いますが、やっぱり、僕なんかは俳優のひとりとして、「セーラー服と機関銃」の三國連太郎さんの圧のかけ方はヤバい、と思ってしまう。三國さんも圧をかけることで、自分を高めているんですよね。とにかく、半端ない緊張感です。

——あの映画の裏側では、相米慎二vs三國連太郎の熾烈な闘いが繰り広げられていたそうです。

村上　安定してないんですよ。不安定なんです。それがフィルムにも映ってるから。ただごとじゃない。えげつないまでの緊張感。でも、それを呑み込んで、さらに上にいった薬師丸ひろ子さんがいちばんのモンスターですね。とんでもないですよ。

——20歳のとき、映画ってカッコいいと思ったそうですね。なぜですか？

村上　ファッションとスケボーしか知らなくて、映画もほとんど見ていなかった人間が、この仕事は一生やれると思った。映画がカッコいいと思った。いまだに、その炎は消えてないです。大の大人たちが、こんなにも一生懸命になっているの見たことなかったんです。それがカッコよかった。一生懸命ってかっこいいじゃないですか。どんなことであっても、みんな手を抜かない。それがやっぱり好き。いまの若い子たちの現場に行っても、そこは継がれてますよ。みんな一生懸命やっている。映画には、映画という呼吸、リズム、間があって。それを伝えるために誠実に作っている。ここは変わらない。

だから、相米さん、安心してください。みんな、相米さんのこと、継承しようと思ってますから。

光る女

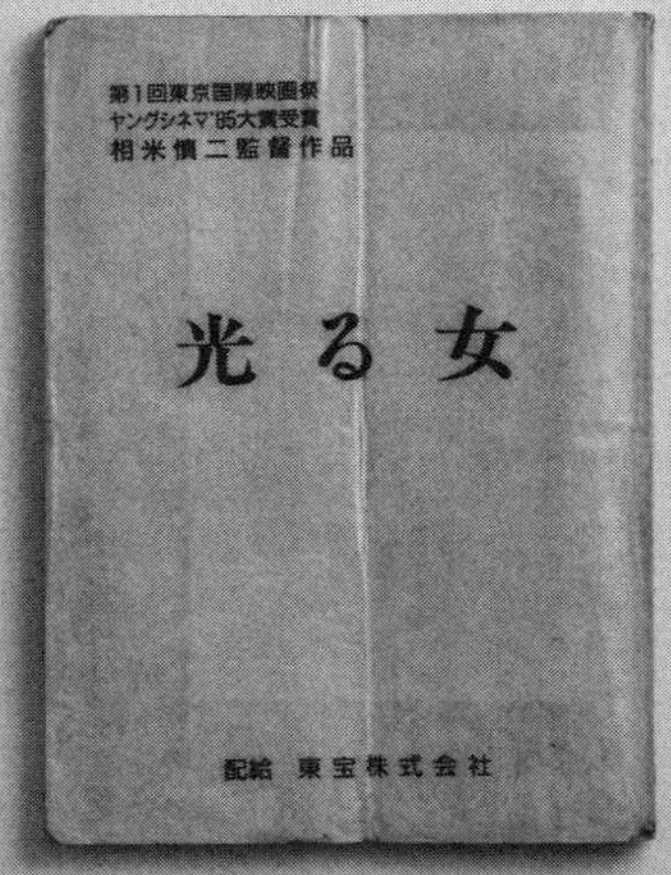

仙作は北海道滝ノ上の山奥から東京へやって来た。上京の目的は東京へ出たまま戻らない許嫁の栗子を探すため。東京のどこへ行ったらいいのかわからない仙作は荒涼とした埋立地へと来てしまう。そのゴミの山のてっぺんで、小山芳乃が立って歌を歌っていた。そのかたわらには尻内という男が。彼女は歌を歌えなくなったオペラ歌手、尻内は秘密クラブのオーナーであった。栗子を知っているという尻内の言葉に誘われ、仙作は「クラブ・ジョコンダ」に向かう。そのリングの上では大男が殺し合いをしていて、客たちが面白そうに見物していた。

「台風クラブ」の東京国際映画祭（ヤングシネマ）グランプリ受賞で製作資金を得た相米慎二が仕掛けたのが本作。87年の東京国際映画祭でお披露目された。インタビューで「オペラ監督になりたい」と語り、後にオペラ「千の記憶の物語」を演出することになる相米。そのスタート点となった。上京時に主人公の仙作が来ているジャケットは本物の熊を使用したものだと衣裳の小川久美子は語っている。秘密クラブ「ジョコンダ」などのセット、ロケセットの印象が鮮烈。廃盤になっているがDVD「光る女」デラックス版は47分に及ぶ未公開シーンを収録。

ラブホテル

経営していた小さな出版社が倒産し、取り立てのヤクザに目の前で妻の良子を犯された村木。人生に絶望した村木は、金で女を買い、凌辱した後、自殺しようと考える。ホテトルから名美という女がやってきた。村木は彼女に魅せられる。2年後、村木はタクシーの運転手をしていた。借金の取り立てが妻に及ばないように離婚していたが、良子は仕事帰りの村木を待つようになっていた。ある日、2年前に出会った名美を村木は、客として乗せる。海に行きたいという名美は、浜辺に着くと、海の中に入っていこうとする……。

数々のにっかつロマンポルノの助監督を務めた相米慎二が、ロマンポルノに挑戦した一作。しかも脚本は石井隆だ。相米の起用は、石井の指名だったという。村木と名美といえば石井隆の「天使のはらわた」シリーズだが、相米は「翔んだカップル」の撮影に名作「天使のはらわた・赤い教室」の水野尾信正を起用している。山口百恵「夜へ…」、もんた&ブラザーズ「赤いアンブレラ」など、まさに相米慎二という音楽の使い方に唸る。後の岩井俊二監督作品の撮影で知られる篠田昇の〝デビュー作品〟でもあった。

［証言］

光る女

●スタッフ　製作＝羽佐間重彰／大川功／矢内廣／山本洋／入江雄三／宮坂進　企画＝宮坂進／佐藤正大　プロデューサー＝伊地智啓／山本勉　原作＝小檜山博　脚本＝田中陽造　撮影＝長沼六男　照明＝熊谷秀夫　美術＝小川富美夫　録音＝中野俊夫　音楽＝三枝成彰　スタイリングデザイナー＝小川久美子　編集＝鈴木晄　装飾＝小池直実　記録＝今村治子　●出演　武藤敬司／安田成美／秋吉満ちる／出門英／すまけい　1987年10月24日公開　118分　製作＝ヤングシネマ85共同事業体／大映／ディレクターズ・カンパニー　配給＝東宝

小川富美夫（美術）　ジョコンダとラストの話

まず、何もないところからセットを相米監督とふたりで考えるんですよ。東京湾のどこかにあるという設定にしようって話をして。台船ってあるじゃないですか。鉄の舟。土を盛って運んだりする。最初は、あれにお客を乗せて、その上にセット作って、それで入って行くという設定にしたんですね。でもそれは結局お金がなくてできなくなっちゃったんです。それで、島に波止場があって、それで劇場があるという設定にしようと。やっぱり島だったら水を引き込んで、セットの中に水があったほうが面白いよね。で、劇場には土俵があってと考えていったんです。日活のステージだったんでそんなに大きくないから、その中で最大限できることを考えようと。それで地面を掘ったんだ（笑）。1メートル50センチぐらい掘ってもらったのかな。ステージが小さいので高さを出すにはそれしかなかった。隣のステージと両方使って、ステージの壁に穴をあけて両方行ったり来たりしたほうがいいんじゃないのっていう話を監督として。そしたらやっぱり日活側から「それは困る」って（笑）。とにかく掘って、そこに鉄のプールを作って。時間はすごくかかりましたね。お金も凄くかかっていたはず。それで水を入れた。スタジオに水を入れるのは難しいんですよ。危険ですからね、感電とか。でも、監督も僕も、水が大好きだから（笑）。照明の熊谷（秀夫）さんだって、水があればめらめらと反射させたりできるじゃないですか。そうしてできたのが、ジョコンダです。

ラスト、ヒロインの秋吉満ちるがでかい木の切り株の上で歌っていますよね。あそこの周りに動物が30匹くらいいる。脚本にそんなのないからね。僕はヘビ係なの。あとはネコ係、犬係……スタッフ全員それぞれが担当して。手袋して、テストのときヘビを離して、また捕まえて、一人一匹（笑）。装飾の小池（直実）さんがもってきたタヌキやキツネは動かない。はく製だから（笑）。あのラストの撮影は面白かったなあ、楽しかった。

今村治子（記録）　フェリーニやろうよ

誰かが「フェリーニやろうよ」って言って。「光る女」のクラブのジョコンダの空間。フェリーニをやろうじゃなくて、フェリーニみたいになればいいねっていう志。マネしようとかじゃなくて。あの空間には、武藤敬司をはじめ何人かプロがいるけれど、まわり100人ちかくエキストラが囲んでいて、それに全て助監督が役割を付けて、アクションを作ってやるんですよ。照明も、あれだけのライティングをするのは熊谷一家で、水だの火だのというのは美術の仕事で。そうなると、美術は美術でインカムもって、「付けた！　消せ！　流せ！」、照明部も「付けた！　消せ！　流せ！　動かせ！」ってやっているわけじゃないですか。「雪の断章―情熱―」の最初の長回しもそうだけど、みんなそうやって必死に段取りをして、スタッフは思いついたことをいって、それがOKになったら、それがどうできるか今度は自分で必死に段取りを組まなくちゃいけない。全部、「お前がやれ」となる。だけど、やっぱりそれで全員に映画を好きにさせるっていうね。それはいい手を使っていたなあと思います。誰かが何かを言って、それを監督が受け取って広げたり、却下したりしながら。そういう発想もあるのかと、監督も気づく。あれは、そういう象徴的な場だったと思います。

小池直実（装飾）

本物の家の壁を……

印象に残っているのは、北海道の滝ノ上の仙作の家のシーンですかね。相米さんがね、「風の見た目」とか、またわけわかんないことを言うんですよ。あれは本当に大変だったなあ。割れたガラスからキャメラが入ってくる。そのままクレーンで、部屋の中を回って、また外に出ていくというね。映画を見た人ならわかると思うんですけど、どうやって撮ったんだろうというシーンなんです。どうしたかというと、キャメラの出入りの度に壁をスライドさせていたという。どういうことかわかりますか。家をパカっと割っちゃったようなものです。建っている家を1軒、壁側は全部はずして、下にレールをひいて、それでガーッとカメラが行くと。セットじゃないからね。建っている家ですから。本物の家の壁を外しちゃっている。(家の持ち主と)揉めたかどうかですか。揉めても我関せず(笑)。

ジョコンダのシーンはまず、小川(富美夫)さんのセットがあって。小川さんといろいろ話しました。プールがあって、銅像がある。水の中になんかないかなということで、仁王像を入れちゃった。それだけだと何かつまらないから、火を出さなきゃダメだと思って。それで、火が時々、ボウッと出てくるようにしたんです。そうやってどんどん足していくんです。火は、よかったなあ。

脚本と山口百恵

榎戸耕史

「光る女」の脚本は、事務所にお願いして三浦友和さんに渡してもらいました。そして三浦さん経由で「山口百恵さんに読んでほしい」と。もちろん、相米さんの意向です。脚本に百恵さん自身がいろいろ書きこんでくれて、戻ってきた本を、相米さんは大切にしていました。芳乃に関する感想が、いろいろ書き込まれていたのを、僕も読みました。相米さんが現場に持ち込んでいた脚本とは別のものです。歌い手の話なので、同じ歌い手として、意見が聞きたかったということだと思います。その意向に百恵さんは真摯に答えてくれていて、直筆の書き込みがびっしりありました。相米さんが、本当に大事にもっていたのが、あまりに普通の人っぽくてちょっと不思議でした。

馬……居内
牛
羊
ヤギ……榎戸
エゾシカ
ウサギ
犬
ネコ……仙太郎
キタキツネ
タヌキ……伊地智
リス
ニワトリ
ヒヨコ
アヒル
ブタ……森安
野ネズミ
ヘビ
カエル
モグラ……田中
トンビ
キジ
山バト
カラス
スズメ
ウグイス
クマゲラ
カシカ
モンシロチョウ
アゲハチョウ
ミツバチ
アシナガバチ
イモムシ
アリ
ミミズ……相米
セミ
カブトムシ
トカゲ
コオロギ
スズムシ
マツムシ
バッタ
カタツムリ
テントウムシ

ラストシーンのイメージ絵コンテ

GIOCONDA.

ジョコンダのイメージ絵コンテ

ジョコンダのセット写真

残照

千の記憶の物語

キーワードは〝シュヴァルの理想宮〟だった

「光る女」公開時、「オペラ監督になりたい」と語っていた相米慎二は、1991年、オペラ「千の記憶の物語」を演出。1993年、再演もされた。美術を手掛けた小川富美夫は、語る。

＊

相米は、音楽への造詣も深くて、ふたりでオペラもよく見に行っていたよ。券が高いから、三枝（成彰）さんに買ってもらったりね。で、三枝さんのプロジェクトで「オペラやろう」となって。初演も面白かったよね。凄い狭い空間でやったけど。再演はオーチャードホールで。あれも、大変だった。オペラを始めるときにね、相米が「シュヴァル」って言い出したんです。それを下敷きのイメージにして、メインのセットを作ろうとなった。シュヴァルというのはね、フランスの建築家で、郵便配達夫だったんだけど、43歳から建築をはじめて33年かけて「シュヴァルの理想宮」というのを作り上げた人なんです。完成したときには76歳になっていた。

相米って、上下移動もやるし、奥行きもやるし、水平もやる。だから、セットをそこまで作らなきゃいけないんで、たいへんなんだよね。上の部分では映写したりしてね。映像は篠田昇が撮っていたと思う。相米が「水の画（映像）がほしい」とかいうわけよ。そうすると撮りに行くわ（笑）。映画と一緒だね。

構成＝小林淳一

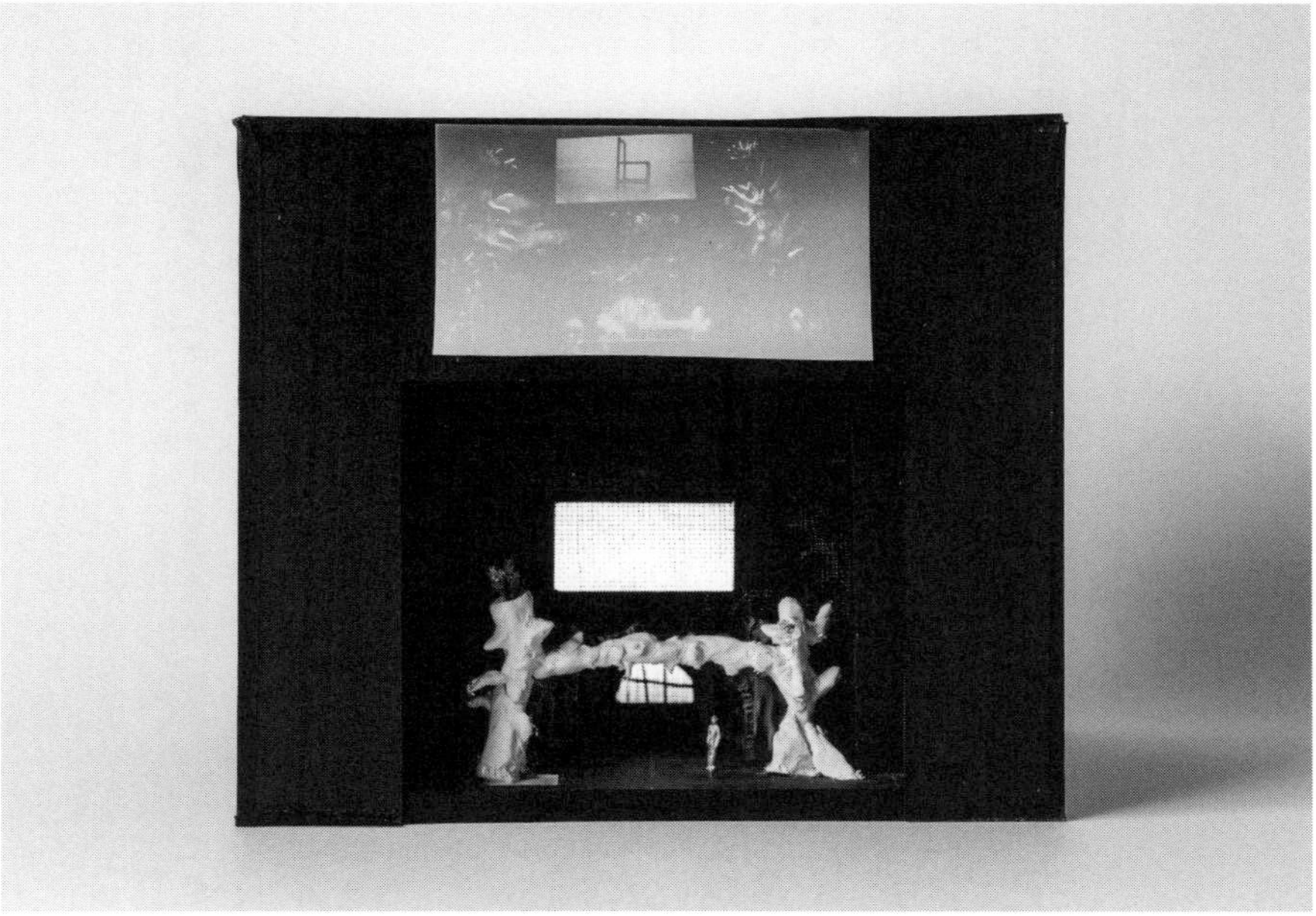

「千の記憶の物語」再演のセット　模型　（小川富美夫・所蔵）

［証言］　ラブホテル

●スタッフ　企画＝成田尚哉／進藤貴美男　プロデューサー＝海野義幸　脚本＝石井隆　撮影＝篠田昇　照明＝熊谷秀夫　録音＝八木隆幸　選曲＝林大輔　美術＝寒竹恒雄　衣裳＝小川久美子　編集＝冨田功　助監督＝榎戸耕史
●出演　速水典子／寺田農／中川梨絵／志水季里子　1985年8月3日公開　88分　製作＝ディレクターズ・カンパニー　配給＝にっかつ

伝説の11日間と、撮影・篠田昇

榎戸耕史（助監督）

最初、監督は村木の役は違う俳優をイメージしていたんです。いつものように寺田農さんに「やりたい役があったら言ってください」と脚本をもっていった時に、寺田さん本人が「石井隆（の脚本）！　俺、村木がやりたい」と言われ、びっくりしました。相米さんに、「寺田さんが村木やりたいって言っているんですけど、どうしますか？」と聞いたら、「いいんじゃないか」って即答で。結果として、「天使のはらわた 赤い教室」の蟹江（敬三）さんとはちょっと違うんですけど、寺田さんのいいところが出ているんじゃないかと僕は思います。相米さんは、ロマンポルノをやろうというような意思はなかったと思います。ちょうど「台風クラブ」が終わって赤字が出てしまい、自主製作的にやってきたので経済的に少し困っていて、何か次の企画をやらなきゃいけないって思っていたときだった。そこにNCP（ニュー・センチュリー・プロデューサーズ）にいた成田（尚哉）さんから話があって、石井隆さんが「相米さんと映画を撮りたい」と言っていると。それで相米のために脚本を書いているから、撮ってくれないかっていうようなことがあって。おそらく石井隆さんから日活系を動かして、日活のプロデューサーたちが企画にのって、相米さんを口説いた。相米さんは、やらざるを得ないと思っていたんだと思うんです。ただ、日活のロマンポルノっていうのは、お金がないのは分かっていたから、苦労するのは目に見えていた。「台風クラブ」で赤字を出してしまい、ディレクターズ・カンパニー（以下、ディレカン）のメンツも含めてまずいと思っていて受けざるを得なかったんです。

とにかく（ヒロインの）名美をやれる奴を探せってことで、役者を口説くのがまず先かとキャスティングを始めました。当時、毎日ディレカンに行って女優探しのためにタレント名鑑の一番上から順番に電話をかけていったんです。ことごとく断られました。みんな一回は聞いてくれるんですよ。でも、モノは石井隆の脚本で日活作品なんですけどって言うと「え？　日活？」ってみんなビビるんです。ロマンポルノって言ったら「いや、すみません」って。それが連日、約1カ月半から2ヵ月くらい続いたかな。そして名美も速水典子さんにやっと決まった。寺田さんもやってくれるというのも分かって、脚本作りもある程度進み、初稿が上がって、ざっくりスケジュールを書いて、予算もある程度立ててみたんです。そして、相米さんに見せた。「何が面白くてこんなスケジュール書くんだよ」って言われて（苦笑）。だってこうしかなんないでしょ、この予算じゃと内心思って。「お前、これ楽しいと思うのかよ」って言われて、本当に何を言っているんだこの人は。3千万だとこんなスケジュールにしかならないよって思って。ムッとしたんですけど、しょうがないので何とか調整しました。それでやっと準備ができた。それでも撮影は10日間。最初の日だけがなんとなく遅延もなく終わったんです、夜の10時半過ぎかな終了が。翌日からずっと徹夜でした。9連続。さすがにみんなヘロヘロで。1日だけ休み。なので11日間。初めて4シーンくらい切りました。相米さんが切っていいって言ったのは初めてでした。毎日終わるのが朝6時か8時とか。それで集合は昼なので、しょうがないからみんなロケバスで寝ていました。いまだったら絶対にできないです。相米さんの映画でもいちばんハードスケジュールでした。照明の熊谷（秀夫）さんには本当に怒られました。「俺は40年映画やっているけど、こんなひどいスケジュールは初めてだ」って。すみませんって謝るしかなかった。

頭と最後のラブホテルのシーンは、実際のラブホテルに入って撮ったんですけど、芝居を作っている間も、（篠田）昇はずっと付き合ってくれました。基本的には芝居を作っているときは照明部には寝てもらっていました。仮眠をとってもらって、交代制もあって、応援も呼びました。そんなことまでやりましたけど、相米さんはリテイクしたいって言い出すし、まったく大変な撮影でした。篠田昇はこれがカメラマンとしては1本目です。本当にハードワークに強かったです。愚痴も言わず嬉しそうにやるんです。偉いなと思いました。彼は「台風クラブ」の撮影の伊藤（昭裕）の親友で、日大の同期なんです。「台風〜」のときにも現場に2週間ぐらい来てくれて、ずっと伊藤のアシスタントとか、手となり足となり、撮影部を手伝ったりしてくれて。相米組にはよく来てくれていたんです。だからディレカンでもよく会っていて、相米さんが「ラブホテル」で声をかけたんです。初めて自分からキャメラマンに声をかけた。篠田のカメラは素晴らしいよね。すごいと思う。最初であんなに撮れるのは珍しいです。でも昇もある意味、相米の芝居のつけ方というのかな。「台風」でずっと見ていたりしていたので、移動の使い方とかクレーンの使い方とか、ある程度はちゃんと見ていて、よく分かっていたんだろうと思います。逆に言うと「台風〜」で大変さも知っていたから、相米さんがそういうふうにやるんだということを分かっていたんでしょう。最初から何の違和感もなく、こうしたいああしたいって言ってくれたんで、あのハードな現場では助かりました。まさかあんなに早く亡くなるとは思いもしなかったですが、本当に残念です。（篠田昇は「夏の庭 The Friends」の撮影も担当、２００９年、肺不全のため死去）

小川久美子（衣裳）

衣裳の哲学

「ラブホテル」は、寝られないっていうか。スタッフは半分ずつ寝ていましたよ、廊下で（笑）。相米さんと榎戸さんだけずっと起きている。映画衣裳を考える時、ロケハンに行ってここにこういう人を置きたい、と思ったら逆算するんですね。そこに絵として何色と何色の人を置きたいと思ったら、もちろんキャラクターに合わなきゃいけないんですけど、逆算してそこに持ってくようにして。脚本を読むと、どうしても見せたい場面というのがいくつかあるんです。するとそこには合わせるというか、そこを一番よく見せるために逆算していきます。全部の世界観を構築していくとひとつになっていく。演出っていうのか、そもそも映画の衣裳ってそういうものだと思っているんです。もう一つ思うのは、絶対いくつかの場面を印象に残したい。「あの映画っていったらこういう場面を思い出す」というのがいいですね。もうストーリーは忘れたし、すべて忘れているんだけど、そこだけ画が浮かぶ、っていうふうにしたい、というのはいつもありますね。そういうのが、「ラブホテル」なら、埠頭のシーンとか、ラストの坂のシーンとかになっているのかもしれない。

巡礼 —— ラブホテル

2021年撮影
ラスト、速水典子と
志水季里子がすれ違う坂

写真＝星川洋助

やなかじどう

邂逅

「ラブホテル」、
生というものの生きづらさ。

唐田えりか

1997年、千葉県生まれ。2014年、アルバイト先のマザー牧場でスカウトされ芸能界入り。15年に大手企業CMに抜擢され、注目されると、16年にはback number「ハッピーエンド」のMVに出演し、圧倒的な透明感で話題になる。テレビドラマでは「こえ恋」「トドメの接吻」などに出演。18年、第71回カンヌ映画祭コンペティション部門に出品された「寝ても覚めても」でヒロインを務め、さらに注目を集めた。その他、韓国での活動にも力を入れており、スタジオドラゴン制作「アスダル年代記」(Netflix)にもレギュラー出演している。

構成＝相田冬二

――最初に見た相米作品は「セーラー服と機関銃」だったそうですね。

唐田えりか　19歳のとき、毎日、映画を1本観ることにしていました。当初は、同時代の見やすい作品を見ていましたが、古い作品に全く触れておらず、たとえば高倉健さんは名優と言われているけれど、どんな作品に出ていたのだろう？　と思うようになりました。「セーラー服と機関銃」もその流れで出合いました。

――薬師丸ひろ子さんのことは認識していましたか？

唐田　認識はしていましたが、よくわかってはいませんでした。10代で見た「セーラー服と機関銃」はちょっと眠くなってしまったのが正直なところです。（「寝ても覚めても」の）濱口（竜介監督）さんやプロデューサーさんから、相米さんの名前を聞くことは多かったんです。その濱口さんが以前、「昔の映画、たとえば『東京物語』を見ると眠くなる。唐田さん、眠くなる映画っていい映画なんだよ」とおっしゃっていたことを思い出しました。そうか、いい映画なんだなと。眠くなる映画って、普段見過ごしてしまっていることを丁寧に緻密に描いているからなのだと思います。だからこそ、見なければいけない。すごくゆっくりに流れているけど、無駄なシーンはひとつもないと感じました。

――眠くなるのは、たぶん違う感覚になるからだと思います。わたしたちが生きている日常とは違うものが映っているからだと思います。

唐田　私、着眼点がいい方ではないのですが、「セーラー服と機関銃」ではお芝居を中心に見ていました。役者さんの在り方を。衝撃的だったのは「雪の断章―情熱―」の斉藤由貴さん。自由さが凄すぎて。他の作品で、こんな動きが許されるのかな？　って。感情がうわーっとなったとき、ほんとうに身軽で。余計なものがない状態。自分とその世界だけに集中しているからこその動きを、斉藤由貴さんはしていて。それは取り入れたいことだし、できれば盗みたいことだなって。

――自分と、その世界しかない。純粋な状態ですね。

唐田　私はその経験が多いほうではないんですけど、どこかでその世界しかなくなるんです。カメラが見えなくなる。一瞬浮くというか。うまく言葉にできないんですけど、違う世界に行くという感覚があります。そういう経験をしたいと思うし、私はそういう作品が好きなんだなと改めて思いました。

――「雪の断章」の斉藤由貴さんは、撮影現場できっと大変な思いをしたのだと思いますが、唐田さんは女優として羨《うらや》ましく感じたりしますか。

唐田　羨ましいですね。相米さんは厳しいことで有名ですよね。リハーサルだけやって結局、撮らなかった日もあるとか。絶対大変だろうとは思うんですけど、いくらその期間がキツくても終わった後、完成した作品を見ると全部吹っ飛ぶんじゃないかな。きっと忘れてしまうと思う。羨ましいな。なんなら、コテンパンにやられてみたいなと（笑）。

――コテンパンにされそうですか。

唐田　されそうです！（笑）。もし相米組に入れるとなったら、コテンパンにやられるという意識で迎えそう。すごくいろんなこと言われて、自分の中に相米さんが入ってくるくらいの感じになってみたいですね。

――「雪の断章」は映画としてはどうでしたか。

唐田　結果的に「わからなかった」って感じで終わっちゃうんですけど。でも、よくわからないから、逆にわかろうとしなくて面白い。共感できる映画も自分の中に残るんですけど、たぶんよくわからない映画のほうが好き。理解できない。でも、「わかる」んですよ。そういうことが相米さんの作品は多くて。「雪の断章」もよくわからないんですけど、それを超えてくる強さ。長回しで、引きから撮られているものが多いけれど、あの画角だから自分が一瞬その空間に居て、はらはらしてしまう。一緒に居る感覚なんです。

――なるほど。内側に居る感じ。独特の臨場感ですよね。

唐田　長回しなのに、長回しであることを感じさせない。それも凄いなって。

――ワンカットであることを忘れる瞬間があります。その時間が終わらない感じもあって、長いも短いもなくなる。

唐田　役者さん、みんな生きてるんです。無駄な力がない。でも、いい緊張感はみんな持っていて……。役者さん、みなさん素敵だなって思います。

――自由と緊張が演じ手を素敵にするんですね。

唐田　相米さんって、どこかでその役者さんのことを信じているからこそ、厳しいことも言うんであって、役者さんも信じてもらえているから出せる力があるんだと思います。どんなに厳しいこと言われても、落ちていかない。この人は、自分のために言っている。それがわかるから。愛がある。お互いの信頼関係が作品の力になっていく。そこも羨ましいですね。

――一緒に作っている。

唐田　相米さんの現場が終わったら、みなさん、どうなっちゃうんだろう？　抜け殻みたいになっちゃうんじゃないかなと思います。他の現場に行ったら、物足りなさも感じちゃうんじゃないかな。こういう現場を経験したら、また経験したくなるだろうし、「これから」の励みになる。映画の力を信じてやっていけそうですね。

――他の作品はいかがでしたか。

唐田　私、「ラブホテル」が好きで。不倫相手との電話で、もう切れているのに電話に思いを吐露していたところは、かなりグッときました。女性の裸体が出てくる作品は苦手だったんです。どこかでちょっと気分が悪くなってしまうことが多くて、最後まで見れないことも。でも、「ラブホテル」は女性の身体を動物みたいに撮っている。エロい視点ではない。獣のような力強さ。人間の強さ。生命の強さ。自分はこれでいいのか？　圧倒されちゃうような強さ。裸である意味があった。勝手ながら、最近、裸というものがあまり尊重されていないし、意味がなくなりつつある印象を持っていたんです。ただ裸になっただけというか。相米さんの映画は、裸にちゃんと意味があった。だから力強い。

――エロティックではないですよね。生き物として肯定されている。

唐田　だから、ずっと見ていられる。人間って凄いんだなって。ただ単に生きている。本当にひとりひとりの力強さがそこにある。ひとりひとりが特別なんだなって。人間が尊敬されている。見たことのない映画が見られたと思っています。

――女性の裸が画面に映し出されるとき、ほとんどは男性の目線で捉えられている。でも、これは違う。相米さんは男性の目線で撮っていなかった。

唐田　なんの目線で撮ってたんだろう？　男性なのに、なんで？　とは思います。

——物語は、男性の妄想の色彩もかなり濃い。なのに女性の像が、妄想の枠に落とし込められてはいない。

唐田　相米さんは女性を尊重しているからこそ、新しい視点がある。愛があるから全部成立している。ただ自分の中でまだ、相米監督はこうだという確信には辿り着けてはいないんですけどね。

——相米さんにインタビューしたとき、印象的だったのが「子供は宇宙人なんだ」という言葉でした。

唐田　確かに！　周りによくいるような子供なのに、宇宙人みたいですよね。そう言われて、すごく腑に落ちました。子供って自分も経験したし、近くにもいるし、映画にもよく出てくるし、見てはいるんですが、相米さんの映画に出てくる子供は宇宙人みたい。突拍子もないことをしますよね。そこまで想像はしていなかったということを勝手にしている。だけど、見てる側がキツくはない。子供だからこそできること。だから、あの時代の儚《はかな》さが痛々しく伝わってくる。あの頃にはもう戻れない。ちゃんと悲しくなる。

——共通の余韻がありますね。

唐田　基本、映画の勢いは凄いのに。そこも含めて、ほんと、びっくりするくらい自由。出ている人たち、みんな、リアルに喋ってますよね。いわゆるお芝居をしていないからこそ出てくる言葉の吐き方。考える前に感情が出てくる。身体の流れ。だからこその、いま、そのとき。勉強になりました。このセリフなら、もっと大きい声で言いそうなところも、ポツリ。でも、その人の立場になって考えたら、そうだよなって。集中して、相手を見て、いい緊張感だからできたこと。どうやったら、ああいうふうになれるんだろ……。

――その場を感じることが、相手を感じることになるんですね。きっと。

唐田　それで、全部面白くなっていると思います。感覚が違う。昔は、こういうことが許されていたんだと思います。残っている映画ってやっぱり凄いし、価値があるし、見るべきものなんだと思います。

――13本、すべてを見て、相米さんって、どんな感じですか。

唐田　なんか残る、って感じなんです。わかってないことも多いですが、心に残る。たぶん、ずっと残り続けていく。忘れないなと思います。黒沢清監督の「CURE」を見たときの大興奮。本当にヤバいものに出合った。その後もすごく残る。あの感じ。自分の一部になった感覚ですかね。自分の身体に何かが入ってきた。グサグサしてます。

――今回（2021年6月）、横浜シネマリンでの特集上映にも駆けつけて、全作品を体験したんですよね。

唐田　私、見た映画の感想をノートに書いていて。それをちょっと見てみますね。「光る女。これに関しては、ずっとわからん」と書いていますね（笑）。「台風クラブ。始まりからワクワクする」。小学生みたいな感想ですけど（笑）。「思春期の高まり。少女とプールと踊り」。自分の中に残ったシーンですね。「普通の風景。普通の姿。普通の顔。自由さ。身体の軽さ。ちゃんと人間性、関係性が出来ている。隙間。あいだが埋まっている。女の子たちの身体を女の子からの視点のように捉えている」。ああ、確かに。

――でましたね！　これが相米慎二の視点なのでは‼

唐田　「台風クラブ」は女の子たちが結構、肌を出しているのを、すごい引きから撮っていて。すごく新鮮。でもシーンが部屋に移ると、それまでよりは寄りで撮ってるんです。それが、友達から見える女の子としての身体なんです。女の子が女の子の身体を見る。どこにも邪気はない。自分で自分を見ているような感覚。女の子同士。その感じがありますね。ノートは、こう続いています。「みんなが段々自由になり、ひとりの人間として確立していく強さがある。無双状態」。

――まさに無双！

唐田　もう、敵《かな》わないなっていうか。この人たちには勝てない。「たぶん、僕がいちばん早く雨を見た」というセリフもすごく好きですね。あ、いま、すごくいいこと言ったなって。

――あれも無双です。人間には【無双期】があるんですよね。

唐田　その瞬間を緻密に描いてる。「セーラー服と機関銃。十字架。足。なぜ」。「お袋の匂いがする」と言われて、抱きしめてあげるところも素敵だなと思いました。受け入れている。

――セクシュアルじゃないんですよね。

唐田　そうですね。純粋。自分にとって新鮮なことが描かれていましたね。こういう関係性、感情って成立するんだなって。「ラブホテル。生というものの生きづらさ。悲しさ。痛さ。痛快さ。偶然というものの必然。先にふたりが出会っていたら、どうなっていたか」。あの映画のタイミングについては考えましたね。

――タイミングの物語です。

唐田　タイミングがいいのか、悪いのか。

――どうなんですかね。バッドタイミングだったのかな。

唐田　経験で学ぶしかないですよね。人生のタイミングって。たとえ悪いことも、いいように変えていくしかないんじゃないか。結果、いいものにできたら。ぼんやり、そんなことを思ったりしますね。本当に、人が人を変えてしまうんだなって。人との出会いは大事なんだなと。「雪の断章。ピエロの意味。なんだったんだ。役と本人が混合している顔。動作。ソファに倒れながらのセリフ」。

――役と本人の混合！

唐田　このことも、みなさん通じ合ってることで。私なら、唐田えりかというだけの顔で映ったらダメ。役があって、その人があって。共存してるものが、みなさんあって。自分があるからこそ、自分を通して、役を通して出てくる。このふたつの在り方を通して、映る顔。この人は、ほんとに生きてるんだって思える。

――両方あったほうがいいんでしょうね。

唐田　ほんとうに力強くなるっていうか。両方あったほうが強い。役だけだと、その一瞬にはなれるけど、共存してると、この人＝役はこれからもどこかで生きてるんだなぁって思えます。

――改めて、全作品見てくださって、ほんとうに良かったです。ありがとうございます。

唐田　見ない作品を自分の中に残したくありませんでした。それが私にとっての相米さん。もし、一本選ぶとしたら、「ラブホテル」。やっぱり、好きです。

お引越し

小学6年生のレンコは、両親が離婚を前提にしての別居に入り、父のケンイチが家を出たため、母のナズナとの二人暮らしがはじまった。新生活を始めようと契約書を作るナズナや、ケンイチとの間に挟まれ、レンコの心はざわめきだす。同じように両親が離婚している転校生のサリーの肩を持ってレンコは級友たちと大喧嘩。自分の存在を両親に考えさせるための篭城作戦までも実行してみる。行き場のなさを感じたレンコは、昨年行った琵琶湖畔への家族旅行のことを想う。それを復活させようと、自分で勝手に電車の切符もホテルも予約してしまう。

ひこ・田中の同名児童文学を映画化。脚本はこれがデビューとなる奥寺佐渡子で、小比木聡が脚色化。讀賣テレビが製作した本作はスポット枠を通して協賛スポンサーを募るという当時としては独自のものだった。舞台は京都。撮影監督には、アラン・ルドルフら世界の名匠に起用された栗田豊通が抜擢された。相米慎二映画の集大成的な一作で、その評価を決定づけた1本である。森に入っていくシーンはシナリオにはなかったという。芸術選奨文部大臣賞を受賞。第46回カンヌ映画祭「ある視点」部門に出品された。

夏の庭 The Friends

サッカー仲間、木山、河辺、山下の3人は、人の死について興味を抱いた。彼らは、近所に住む変わり者の老人・傳法（でんぽう）喜八がどんな死に方をするか見張ることにした。観察する3人に気づいた喜八は最初怒り出すが、やがてごく自然に4人の交流が始まる。老人の指示通り、子供たちは庭の草むしりや家のペンキ塗り、庭にはコスモスの種を巻いた。子供たちは喜八から、古香弥生という名の女性と結婚していたが別れたという話を聞く。3人は喜八の別れた妻を探し出すことにし、やがてそれらしき人を探し当て、老人ホームを訪ねた。

湯本香樹実の原作はもともと相米が執筆を勧めて書かれたもの。「お引越し」と同じく讀賣テレビ放送作品で、神戸が舞台になっている。相米の関西2部作の1本ともいえよう。カメラマンを代えることが多い相米だが、撮影は「ラブホテル」の篠田昇で、相米慎二映画の新たな進化を感じさせる一作となっている。家の縁側、庭、空の三要素の構図をいかすために1:1・66のヨーロッパ・ビスタ・サイズが採用された。「セーラー服と機関銃」以来となる三國連太郎はもちろんだが、淡島千景の存在感もまた圧倒的だ。

［証言］

お引越し

●スタッフ　製作＝伊地智啓／安田匡裕　企画＝岡野普一／吉野俊太郎／堀井博次／大木達哉　プロデューサー＝椋樹弘尚／藤門浩之　原作＝ひこ・田中　脚本＝奥寺佐渡子／小比木聡　撮影監督＝栗田豊通　照明＝黒田紀彦　録音＝野中英敏　音楽＝三枝成彰　美術監督＝下石坂成典　美術デザイナー＝山崎秀満　衣裳デザイナー＝小川久美子　編集＝奥原好幸　記録＝河辺美津子　助監督＝橋本匡弘／原正弘／成島出／阿部雄一／曽根邦子　●出演　中井貴一／桜田淳子／田畑智子／笑福亭鶴瓶　1993年3月20日公開　124分　製作＝讀賣テレビ放送　配給＝ヘラルド・エース／日本ヘラルド映画／アルゴプロジェクト

清水啓太郎（製作進行）

京都の街を自分のものにする

相米さんとはじめて出会って、最初の仕事は、ロケハンですね。それで、いつもべったり一緒にいるようになっちゃいました。京都です。相米さんがホテルはすごくいやだっていうらしいので、北白川の古い教会にずっと泊まっていたんですよ。訪れるスタッフもたまに泊まらされて。そのころ、サードの助監督だった成島出さんとか。よく、成島さん、料理つくっていましたね（笑）。教会って、まわりに木が生い茂っていたり、そういう考えるための環境みたいなものを監督は大事にしていた。「夏の庭　The Friends」では助監督をやりましたけれど、「お引越し」は相米さんのほぼ運転手ですね。でも、その運転手に「お前だったらどう撮るんだ」

清水啓太郎
「お引越し」
「夏の庭 The Friends」
―
プロデューサー
「ミスター・ルーキー」「種まく旅人　みのりの茶」「焼肉ドラゴン」「天国はまだ遠く」「天使の卵」「な

くもんか」など

って聞いてきますからね（笑）。一緒に街を回って、一緒に京都の芯を探そうぜと。そういう感じでした。1カ所1カ所回って、これはなんの音だとか。ひとつひとつ確かめるみたいに。西陣とか、北山とか、生活環境の場を散々歩きましたけど、子供がザリガニをとっているところとか真剣に見ているんですよ。散歩することで街を捕まえる。ぷらぷらしてて、これ、なにがとれるんだ、あ、ザリガニがとれるんだって。延々と散歩していることがきっと映画に生きている。無駄な時間のようで、街を自分のものにする作業なんだと思うんですよね。風鈴とか鳴っていると喜んでいましたね。

ロケハンしていてメインの家が見つからなくて。レンコ（田畑智子）の家です。それを探していたんですよね。レンタルハウスは絶対に使わない人だから、ちょっと庭は手入れされている空き家を探そうと思ってたんです。そうしたら人が住んでるように見せかけて実はここは空き家だなっていう、出入りしていないなっていうところがあって。そこが北山の鴨川沿いでロケーションがもの凄く良かったんです。「ここいいじゃないか」ってなりまして。家があって隣は駐車場なんですけど、そこは庭がないんですよ。相米さんが「この車全部どかして、ここフェンスをつぶして、ここに庭を作る」と言い出して、「だから全部どかせろ」とか言う。「えー」と思いましたが、これはないだろっていうか自分の頭の中が真っ白になってしまった。逆に、もうやるしかないってどんどんどんどん、突っ走ってやっていったんですよね。それこそ全部どかして庭とか作っちゃって（笑）。

当時、準備しているときにFAXなどが来るじゃないですか。見たら船のデザイン画が来ているんですよ。相米さんが「誰にも言うなよ」って。僕もわかったんですよ。これ、脚本にないところだって。船もないんです、脚本には。森の中に入っていくシーンはそもそもなかった。瀬田の橋の上で花火の老人と会うところで終わりだったから。経緯はわからないけれど、それに関するＦＡＸが目の前に流れてきたわけです。よく憶えていることがあって。印象に残っているのは、（田畑）智子に監督が言っていたんですけど「お前は足の親指に力を入れてしっかり立ちなさい」と。ご存知の通り、タコタコ言ってましたけど、だけどそこは、丁寧に言ってましたよね。決して子供のようには扱っていなかった。対等な言葉でちゃんと話していた気がします。

僕は毎日、レンコを見ていたんで、ある日突然、変わった日を知っているんですけど。なんかやっぱりぴゅっと降りてきたっていうか。ある日、降りてきた。スタッフも演出部も子役の子が変わるということはわかるから、その瞬間まではじっと待っているんです。それまで周囲の大人は全く智子を甘やかさないし、監督としか向き合わさせない。初期の初期、何日目かな。明らかに、ここでは降りてない、まだだめだとラッシュを見ているとわかるので。それで降りてきて、それ以降は安定して、ぐんぐんと伸びていく。理屈じゃなく、役者って体感なんだなと思いましたね。

怒鳴ってしまいました

榎戸耕史

「お引越し」も随分と手伝うことになってしまいました。最後の琵琶湖のシーンは大変でした。相米さんと現場で怒鳴りあってしまいました。相米さんは「こんな湖の岸で、なんで船の位置が自由にならないんだ！」と、「俺たち、『魚影の群れ』では上手くやれただろう、なんでできないんだ」って怒るんですよ。

カメラから見た船の位置が思うような位置に行かないということに、相米さんはイライラしていたんです。「いいかげんにしてくれ！」って、僕は怒鳴ってしまいました。船なんか自由にならないですよ。だけど相米さんにとっては、「魚影の群れ」の時に津軽の海の上である程度のことはできたのに、こんな湖でできないことないだろうと思っている。でも、そうもいかないんですよ。琵琶湖が湖だといってもやはり波はあるし、あれだけの大きさの船は自由に位置を修正できない。僕らは数人で移動しながら後ろで隠れて船を押していたんですけど、先は見えないし、声は出せない。もちろんカメラに映ってはいけないわけで、そうそう自在に船を操れるわけではないんです。でも、いくら喧嘩しても相米さんは妥協する人ではない。ちゃんと撮りたいものは撮っているんです。ただ「昔はできただろってことは言うな」ってことだったんです。僕がいたからといって甘えるな、と。それで、怒鳴ってしまったんですけど。そんな思い出があります。

［証言］

夏の庭　The Friends

●スタッフ　製作＝伊地智啓／安田匡裕　企画＝吉野俊太郎／大木達哉　プロデューサー＝加藤悦弘／藤門浩之　原作＝湯本香樹実　脚本＝田中陽造　撮影＝篠田昇　照明＝熊谷秀夫／上田なりゆき　録音＝野中英敏　音楽＝セルジオ・アサド　美術＝部谷京子　衣裳＝小川久美子　編集＝奥原好幸　記録＝河辺みつ子　助監督＝宮城仙雅
●出演　三國連太郎／坂田直樹／王泰貴／牧野憲一／戸田菜穂／淡島千景　1994年4月9日公開　113分
製作＝読売テレビ放送　配給＝ヘラルド・エース／日本ヘラルド映画

雑草との闘いの日々と相米監督の睡眠

清水啓太郎（助監督）

「夏の庭　The Friends」は助監督をやりました。あの時はフォース、4番目でしたね。あれ、映画では晴れていますけど、ずっと雨だったんですよ、毎日雨で。毎日、朝の4時とかに起きて、雑草をとってきて、植えて、美術チームと一緒に。それでフォースの仕事として、カチンコを打たなくてはいけない。昼の合間に雑草がシオシオになるから、また昼になると植え直して、また毎日雨でしょ。この繰り返しで、毎日雑草と戯《たわむ》れてへとへとでした。カメラは篠田昇さんでした。どうだったんだろうな。やっぱり、こうしたいと、監督がはっきり言わないから、結構、「うーん」って考えていましたね。カットを割ってという日もありましたよ。

相米さんが、脚本を見て、絵コンテを割り出して、あ、この人、割れるんだと思ったから。でも、結局、割っている割には、脚本では割っているんだけど、ワンシーン・ワンカットで撮るし、ここはこう撮りたいというのはおそらく明確にあるんだけど、それを篠田さんに言うかというと、「どうするんだ、どうしたいんだ、え?」って。そういう関係でしたね。

主人公の男の子3人組が、本当にまだ小学5年生でどうしようもない。話を聞かない。監督が「お前、こうなんじゃないか」といっても、後ろで、ワーワーってやっていて、聞くまでに達していないというね。「ションベン・ライダー」なら中学生じゃないですか。まだ理解があるけど、こっちの現場は子供過ぎて、てこずっていたと思います。あんまり細かくも言わないし、永遠にやらせているし。じゃ、イライラして、ここであぁして、こうして、と言うかと思うんですけれど、それは絶対言わないし、じっと、待っている。太っちょの、あの男の子が、ニコって笑うカットなんていくつやったのかな。確か50とか60とか、永遠に回したんじゃないですかね。いや、それちょっと盛っているかもしれませんけど、ものすごい数をやりました。「もう1回」って。永遠とやるんですよ。「もう1回、もう1回、もう1回」。ずっと。男の子っていうのもあるし、3人だし、注意も分散されちゃって、難しかったですね。お互いに茶化したりね、集中が散っちゃうし。助監督セカンドの吉村(達矢)さんとサードの阿部(雄一)さんなんかは子供たちと一軒家を借りて住んでいたので、大変だったと思いますよ。3LDKのマンションのリビングがスタッフルームで毎日他の部のスタッフがやってきて延々と酒盛りをするので、寝られないんです。「お前、こっちこいとか、ビール買ってこい」とか。そうしたら、早朝は「実景を撮りにいくぞ」と撮影部がやってくるからそこも寝られなくて、もう準備の段階から全然寝られていなくて、だいたいぼーっとしていましたね。ほとんど寝てなくて、毎日雑草と向き合っていたから。それも、相米映画の現場ですよね。ちなみに、相米さんは飲み屋と仲良くなって、神戸の山手のマンションが空いているからと転がり込んで、設《しつら》えのいい環境の部屋だったんです。上質な部屋だったのを覚えているんですけど、そこで寝ていて、現場からちょっと歩いて近くだったのかな、そこで寝泊まりしていましたね。朝、起こしに行ったりしていました。あの人、起きないんですよ。でも逆に「あ、この人でも寝るんだ」って、寝姿をずっと見ていたこともありましたけど（笑）。

相米さんの現場って、そこにいくだけでビリビリするというか、周りも息をのんで、ライブを、芝居を見ているという。舞台のかぶりつきで見ているようなものだから。ここでこうしてください、振り返ってください、ということじゃないことをやっていた。頭の中にはあるのに、そうじゃないものを求め、全体の空気が緊張していくのをずっと待っている。それは映画やクリエイティブをめざす21世紀の若者たちも学べることだと思います。

色がある。水彩画のイメージ

小川久美子（衣裳）

相米監督の映画って、色があるんです。「夏の庭 The Friends」なら、水彩画というイメージだったなあ。台本に書いてあるわけでも、監督と打ち合わせするでもなく、あくまで私のイメージですけどね。そこから衣裳の方向性が生まれてくる。実際に、淡い緑の映画でしたよね。これが「光る女」なら、油彩の絵という感じなんです、油絵。強い色、濃い色。「お引越し」はそのちょうど中間でパステル画かな。レンコの白い服というイメージが最初にできあがりましたね。「夏の庭 The Friends」のころは、「もう俺の時代じゃないんだ、俺が好き勝手にやってもダメなんだ」みたいなことはよく言っていました。で、ときどき「誰がやってもいいじゃん」て言ってましたけれどね（笑）。でも、そういいながら、新しい方向性を模索していたし、それがいい方向にいき出していたんじゃないかとは感じます。

（相米慎二の魂を受け継ぐとしたら……という質問に）

そんな、大層な（笑）。ただ、ここまで映画が好きだったらこうなるんだろうな、という感じですよね。その好きさの度合いじゃないですかね。もちろんみんなも映画が好きで、ほんとに好きなんだけど。なんだろう、相米さんは自分の生活すべてなくていい人なんで、たとえば家庭をもちたいとか、そういうことはもう一切ない。結婚する気とかもなかったと思います。では、映画にすべてを捧げようとか、そんなに高尚なことでもないと思います。映画が好きでわがままだから……はっきり言って、わがままに育てられてそのまま好きなことしかできない、というタイプだろうと思います。今の人たちがきっと教育されすぎてしまった。バランスがいいじゃないですか、みなさん。ちゃんと映画の学校行って勉強して、ちゃんと家庭もあって、映画も撮って、みたいな。でも、相米監督は、ふつうのことができない。映画のこと以外考えられないという感じでした。それをいまの人にめざせとは言いませんけど。ただ、そういう人でしたね。

残照

相米慎二のCM

CM界も影響された

村本大志

CFディレクター、映画監督、小説家

「ポッキー坂恋物語　かわいいひと」（相米慎二・総監督）の「EPISODE 1」を監督。2004年、「MASK DE 41」を監督。2020年、「透明な耳」で作家としてデビュー。

相米慎二が監督したものは映画だけではない。CM。相米のCMを一緒につくってきた村本大志に聞いた。

＊

東北新社時代の話をまず、しましょう。1994年（〜97年）から日産自動車の「セフィーロ」のCMを一緒にやっていました。これは、博報堂の仕事ですね。調べてみると、年間10本も撮ったりしている。車のCMってすごく労力がいるんです。走る場所を決めるだけでもたいへんなので。10本というと、毎月、相米さんと1本つくっていたような感じです。その大掛かりなプロジェクトの流れの中で、相米さんは、そこに「いる」んですね。すると周囲が自然と動かされていくんです。何もしないかというと、別にそういうわけでもなくて、なんか監督がいるだけで自然にできちゃうというか。じゃあ、その中でどこに相米さんの刻印が押されているのかというと、結局、監督は決めたことは決めた通りにやらないから。撮影現場ですべて変わっていくというか。コンテがあっても、コンテ通りには撮らない。役者とスタッフとのジャムセッションみたいな感じなのかな、CMなのに。それが監督だと許されるんですよね。僕らはそれに必死についていく。毎回、全力でした。よく言われることですけど、監督って、映画でも脚本を一切、いじらなかったって話、聞きますよね。セリフを変えたりはしないとか。それはCMでも一緒でしたよ。そうじゃないところに、相米慎二がいる。例えば、みんなが静かに言うだろうなっていうセリフは絶対静かに言わせないとか。何事も定石を疑ってみるんですね。そして徹底的に考えさせる。

その後、僕は東北新社を辞めてフリーになりました。１９９６年（～97年）、相米さんがグリコの看板商品・ポッキーのＣＭシリーズを撮ることになったので、運よくまた付かせてもらえました。こちらは電通関西とエンジンフィルムの仕事です。スタッフには、東北新社からカメラで旧知の町田博さんに来てもらって。それが、僕も監督のひとりに加えてもらえた「ポッキー坂恋物語　かわいいひと」や遺作の「風花」のカメラにもつながっていく。いい出会いになったなと思いますね。広告は仕事によって周りの環境は大きく変わります。でも、相米さんは変わらないです。監督にとってはあくまで、誰と何をやるか。平等な人なんです。

1本のＣＭで、キャストや事務所の人、スタッフや代理店の人、クライアントの人も含めて、毎回１００人以上の人が相米さんに関わるんですよ。時にはもっと多いかもしれない。それを10本やれば延べ人数千人を超える。他のＣＭを入れたら、延べ何千人規模の人が相米さんと関わっていたことになる。その人たちがみんな相米さんの思い出を持っているんです。それは何を撮ったかとか、何があったかっていうことじゃなくて、相米さんっていう人の、人間の思い出なんですね。それがすごいなと。あの時期影響を受けた人数って、数でいったら映画界よりもＣＭ界のほうが多いかもしれない。普段の仕事より、ちょっと10センチぐらい浮き上がった感じというのですかね、多分それは、相米さんに関わった映画の人たちも同じなんじゃないかと思っていて。普段、自分たちがやっている仕事は勿論一生懸命にこなしている。でも、監督との仕事では、それが違うものになっていく。ただの仕事じゃなくなる。その人の中で相米さんと出会うことで何かが変わってしまっている。ＣＭという短い時間の中でも、存在を残す。それは本当にすごいことだと思います。

構成＝小林淳一

魚影の群れ

小浜房次郎は、娘のトキ子が結婚したいという、町で喫茶店をやっている青年・依田俊一に会う。俊一は養子に来て漁師になっても良いと言う。店をたたみ大間に引っ越してきた俊一。毎朝、房次郎の持ち船の前で待ち、マグロ漁を教えて欲しいと頼む。十日以上も俊一を無視し続けた房次郎が、一緒に船に乗り込むのを許す。数日間不漁の日が続き、連日船酔いと戦っていた俊一がそれに打ち勝ったある日、遂にマグロの群れにぶつかる。マグロが食いつき、ものの凄い勢いで引っ張られる釣糸が俊一の頭に巻きついてしまった。

吉村昭の同名小説を映画化。大間で待機したがなかなかマグロが捕れず撮影できなかった〝マグロ待ち〟ももはや伝説。「翔んだカップル」「セーラー服と機関銃」「ションベン・ライダー」と本人曰く小児科映画3部作を撮った相米慎二が〝大人の映画〟に挑戦した一作。もちろん、マグロとの格闘シーンは有名。ほかにも十朱幸代を旅館周りで見つけるシーンのクレーンを使った長回しも有名で、装飾の小池直実は「レールが足りないので、通過したと同時にそのレールをまた先に繋ぐということをみんなで繰り返しやった」と述懐している。

あ、春

「あ、春」の当初のタイトルは「ひよこ」でした

一流大学を出て証券会社に入社、良家のお嬢様・瑞穂と逆玉結婚をしてひとり息子にも恵まれた韮崎紘。彼は、自分は「幼い時に父親と死に別れた」という母親の言葉を信じて生きてきた。ところがある日、紘の前に父親だと名乗る男が現れる。その男・笹一を、父親だと信じられない紘。だが、笹一が喋る話は、何かと紘の記憶と重なっていた。実家の母親に相談すると、笹一はどうしようもない男で、自分は彼を死んだものと思うようにしていたと言う。笹一が実の父親だと知った紘は、追い出すわけにもいかず、笹一を家に置くことにした。

村上政彦の「ナイスボール」を中島丈博が脚本化。１９９９年度キネマ旬報第1位を獲得。第49回ベルリン国際映画祭で国際映画批評家連盟賞を受賞。大映出身の藤村志保、東映で一時代を築いた富司純子の起用は相米にとっても待望のものだったようだ。さらに山﨑努、余貴美子、三林京子も揃い、強力なアンサンブルに。そこに、相米組の佐藤浩市、斉藤由貴、三浦友和が。斉藤は久々の相米組復帰。相米の注文に見合う家がなかなか見つからず、クランクインの1週間前、相米の散歩道にある築70年の石瓦の洋館を借りることができたという。

［証言］

魚影の群れ

●スタッフ　製作＝織田明／中川完治／宮島秀司　原作＝吉村昭　脚本＝田中陽造　撮影＝長沼六男　照明＝熊谷秀夫　美術＝横尾嘉良　録音＝信岡実　音楽＝三枝成彰　編集＝山地早智子　装飾＝小池直実　メイク＝太田とも子　記録＝中山博行　助監督＝榎戸耕史　●出演　緒形拳／夏目雅子／十朱幸代／佐藤浩市　1983年10月29日公開　135分　製作＝松竹　配給＝松竹富士

榎戸耕史（助監督）

北海道でマグロを探せ

マグロを追っかけて大間（青森県）の海に1カ月も出ていて、何も撮れないんですからね。撮ったのは、模型でちょっとした魚影のようなものを、しょうがないから撮るかという感じで撮っただけでした。1カ月以上、マグロ待ちですからね、それは松竹も怒ります。8月のお盆に入ると漁ができないし、町自体が3日間お休みになる。その前に、相米さんが「この海にはもうマグロが来ないから、北海道で探せ。榎戸、とにかく北海道に行け、ちょっとマグロのことを調べて来い」と。マグロは回遊魚で夏を境に津軽海峡を通って北海道の東側を北上し、また戻ってきます。さらに主演の緒形さんがテレビの仕事で海外に行かなくてはいけないので、8月下旬はスケジュールがなかった。緒形さんの事務所からは、「9月に2週間あげるから、いつからいつまでと言ってくれないか」と。そう言われたのが8月の上旬でした。お盆の3日間の間に、北海道のどこを拠点にして、いつからいつまでスケジュールを押さえるか決めてくれと。そんな重大な決定を、相米さんに「お前が行って調べて来て、それで決めろ」と言われて。とにかく3日間ずっと松前から羽幌って港町まで、ちょうど天売・焼尻島の向かいの港町まで、北海道の東側の漁港を延々と3日間も車で走って、だいたい三十数箇所の港を調べました。漁港に行って、そして漁業協同組合へ行って、過去数年の水揚げされたマグロの数や日にちを調べたんです。しかし、どこの港に行っても、近年のマグロ漁のデータはほぼ同じだったんです。ただ、積丹半島だけは古平という定置網の港町があったので、定置網の人たちや一本釣りの人たちの拠点があり、話を聞いてもらえそうだった。そこにしようかと。「榎戸が決めろ」というから、「積丹の古平です」って。いつだって言うから「9月の15日から前後一週間です」と言ったんです。決めてからが大変で、本隊解散後にすぐ古平に行き、定置網の網元に話をつけ、一本釣りの漁師に段取りをしていきました。スタッフは一度解散していたので、もう1回再結集してもらって、本隊は9月7日から向こうに行きました。結果は、なんとマグロがとれたのが9月13、14、15日だったんです！　まるで嘘のようでした。脚本上のマグロ漁のシーンは3回残っていました。13日はフジテレビのクルーの船で、釣り上げた漁師から無線が入り、それを船上で言い値で買って撮りました。翌日も一本釣りの漁師から無線が入って撮影できました。15日はなんと、緒形さん本人が釣っちゃったんです！　その3日間なんです、見事に！

積丹の古平に決めてから、大間のことを思い出したんです。大間は最初から仕組んでいたから、大間の一本釣りの人たちにとにかく釣り上がったら無線を入れて下さいと。とにかく言い値で買いますっていうのは、ある程度周知して撮影に臨んでいたんです。でも、ひと夏1カ月それをやっていても全然ダメだった。僕たちが声をかけていない人がたった3本だけ釣ったそうです。あの夏に、大間で漁師さんに3本だけ上がって。それは僕らに一本も入らなかった。なので、とにかく積丹半島の古平に行ったときに、撮影まで約1週間〜10日ぐらいあったんですけど、その古平という漁港に集まってくる一本釣りの漁師さんたち、夕方ぐらいにみんな漁から帰ってくるんです。とにかく毎夕一升瓶を持って港にお願いに行きました。酒飲んでちょっといい具合になった頃合いに、我々はこんなことやっているんで、とにかくマグロが釣れたら無線を入れて下さいって。港の全部の船に段取りしていったんです。2度の撮影の成功はその成果なんです。

3本のマグロとも実物が使われています。おかしいのは、3度目は緒形さん自身が本物を釣ってしまったときです。房次郎がマグロを釣ったんだけど、残ったシーンは、房次郎が釣ったマグロにテグスを切られて逃げられてしまうシーンでした。釣れたー！　って、みんなびっくりしたんですが、今度は緒形さん、「俺は切らねえ！」「俺が釣ったんだから切らねえ」って！　相米さん呆れて「なんだよあいつは、ただの漁師かよ」って言って怒っていたんですけど、しょうがないから、もう一本芝居用の切られるテグスをつけて、元の1本は切らないようにして。大騒ぎでした（笑）。

小池直実（装飾）　緒形拳さんと暮らしていた

カットされたんですけど、「魚影の群れ」には雪のシーンがありました。それこそ雪を塩で作るんですけど、現地の漁業の塩を全部買い占めちゃって。それでも足りなくて、隣村まで行って、またそこの塩を。それで何度も何度もやるじゃないですか。塩を集めているヤツがいると噂になるくらい。

緒形さんの家がありましたよね。あれは全部砂浜に建てたんですよ。で、とにかくトイレと電話がないぐらいで、あとはガス・水道を全部本工事で通して。美術監督は横尾嘉良さんだったんですけど。僕、住んでいたんですよ。建てて誰もいないとね、砂がすごいんですよ、中に入っちゃって。当時、大間と言っても、いまのようなブランドもなかった。だから旅館も2軒ぐらいしかなかったんですよ。みんな大部屋みたいなところにいて。それも嫌だったし、じゃあ僕が住むよって言って。ひとりでストーブ焚《た》いてその家に住んでいたら、3日目か4日目ぐらいに緒形さんが荷物持ってやって来て。それで「俺も一緒に住む」って。それで1カ月半ぐらいずっと緒形さんと二人で。緒形さんにしてみれば、役の上でのことだけれど、自分の家だから。役作りでもあるんでしょうね。嬉しかったですけどね。けっこう色々なことをやらされて。「魚焼け」とか、「味噌汁作れ」とかね（笑）。夫婦みたいでしょ。楽しかったですよ。近所がみんな漁師の人ばかりで、ちゃんと朝飯とか差し入れしてくれるんですよ。ほとんど晩飯は漁師の家に行って食べたり。ところがね、酒がすごいんですよ、漁師って。焼酎を割らないでガンガン飲んじゃって。まわりの人とどんどん友達になっていく。それが仕事にも生きていく。地元の人ぐるみで映画を作る。「魚影の群れ」は相米組のそのはじまりかもしれない。地元の人と仲良くなるのも、相米さんからも学んだようなものですけどね。

船で（佐藤）浩市が頭をテグスで巻かれちゃうところ。あれもワンカットでいくんです。仕掛けを作って、何度かテストして、一発ＯＫだったんですよ。ところがキャメラが振り回しているときにロングに島が入っちゃって、陸地が。で、もう1回やって、血だらけになって。仕掛けの血ですけどね。あのシーンは2回やった。実際にけっこういるみたいですよ。テグスが絡まって、指がちぎれたとか。

［証言］

あ、春

●スタッフ　製作＝中川滋弘　プロデューサー＝榎望／矢島孝　プロデューサー補＝田辺順子　原作＝村上政彦　脚本＝中島丈博　撮影＝長沼六男　照明＝熊谷秀夫　美術＝小川富美夫　録音＝野中英敏　音楽＝大友良英　音楽プロデューサー＝佐々木次彦　衣裳＝北村道子　編集＝奥原好幸　メイク＝永倉雅之　記録＝今村治子　助監督＝宮城仙雅　●出演　佐藤浩市／斉藤由貴／余貴美子／原知佐子／河合美智子／富司純子／三浦友和／藤村志保／山﨑努　1998年12月19日公開　100分　製作＝トラム／松竹／衛星劇場　配給＝松竹

猫で予算オーバー

榎望（プロデューサー）

榎望

「東京上空いらっしゃいませ」（榎祐平名義　脚本）

「あ、春」（プロデューサー）

「風花」（森らいみ名義　脚本）

中島丈博脚本で映画を作ろうというところから始まっていたんですよね。丈博さんと話して、原作は「ナイスボール」っていうんですけど、丈博さんがプロットを書いた。そのあとに相米さんと会ったときに「こんなのもあるんですけど、『お引越し』の直後だからまた家族の話になっちゃうけれどどうですかね」と言ったら、「それは話次第なんで」って。結局のってくれたという流れでしたね。最後また丈博さんにホテルにこもってもらって直していって、5稿目かな。丈博さんってわりと直してくれるんですよね。脚本が上がって、そのホテルの1階で打ち合わせするときに丈博さん、もうこれ以上直さないぞって雰囲気で（笑）。「あ、春」

は縮めるというか、もともと130ページぐらいあるんですよ、丈博さんの脚本は。それを相米さんが撮ると2時間半になっちゃう。「あ、春」の決定稿というのは、70ページぐらい。カットを割りすぎとよく言われるんですが、そういうふうに見えるだけで実は100分で98カットなんです。1カットは長いですよ。ただ、それまでの相米映画のようには見えない。OKは早かったですね。俳優も名優ばかりで撮影もスムーズでした。だいたい夕方で終わっていましたね。製作費は1億円だったかな。なので、「3週間で撮ってください」という話をしたんですよね。それはバッチリ守ってくれましたね。それが守られていれば、荻窪から出ない設定なので、予算は余るかなと思っていました。ただ、相米さんは製作費のことを知らないから役者のパートを撮り上げたらあとはお金かからないだろうと思って、猫の撮影に3日かけて。結局その分オーバーしちゃった（笑）。猫は言うこと聞かないし。作り方が変わってきたのは、ディレクターズ・カンパニーが倒産したのがショックだったと思うんですよ。だから製作費は守るようにしようと思っていたはず。「お引越し」もちょっと予算オーバーしたとき、ショックを受けていましたからね。そういう流れの中で、いい意味で相米監督の新しい映画が生まれていったんだと思います。

松竹映画部門プロデューサーとして、是枝裕和監督「花よりもなほ」、山田洋次監督「母と暮らせば」などを手掛ける。2018年、独立。

大友良英（音楽）

作った曲の8〜9割は捨てている

相米さんと仕事する以前は中国や香港の映画音楽がほとんどで、「ここにこういう音楽をつけたい」と指定してくる監督ばかりでした。だから最初はびっくりしましたよ、相米監督のはっきりしなさに（笑）。なんか

大友良英

「あ、春」

聞いても「お前はどう思うんだ」ばっかりで、どっち向いていいのかさっぱりわからない。結局、いろんな曲を作って出していくことになるんですけどね。そんな中で「これはないだろう」という曲が採用されたりして、何度も驚きましたね。デモなんかで作った曲を持っていくと周りの人に「お前、どう思うんだ？」なんて訊《たず》ねたりしてね。そんなの、誰だって答えにくいじゃないですか。みんな「いい」とも「悪い」とも言わない。結局、相米さんと同じ。なんなの、このハッキリしない人たち！と（笑）。でもまあ、僕の音楽が相米さんの映画に合うかどうかなんて、僕自身、今もよくわからないところがありますし、当時は今ほどは経験もなかったから確信を持って作っていたわけではないですしね。ただ、相米さんはそんな僕を面白がっていた節はあったと思うんです。「風花」をやったあとには、ちょくちょく僕のライブにも来てくれていましたから。あんなに「エレクトロニクスが嫌い」って言っていたくせに、電気の入ったノイジーな音楽をガンガンやったライブに何の予告もなく来て驚いたりもしました。終演後に僕が「今日（のライブ）は嫌いだったんじゃない」って言ったら、相米さん、ニヤッとして「ま、エネルギーは伝わるよな」とか言って帰っていきましたけどね（笑）。

「あ、春」で最初に作ったのはギターソロの曲でした。結構、いい曲で、今でも弾くことができます。絶対、映画に合うと思ったんだけど、採用されなくて。相米さんの映画でギターというと、ちょうど直前の「夏の庭 The Friends」もギターだったじゃないですか。セルジオ・アサドが音楽担当で。で、相米さん、「前の映画がギターだったから、ギターはないかな」と。考えた末にマリンバやピアノ、トロンボーンなんかを使った曲を作ってＯＫがでて、ようやく音楽録音ってときに、相米さん、来なかったんですよ、スタジオに。「いいよオレは、勝手にやって」って言ってね。相米さん、「風花」のときも録音には来なかったです。録音を聴

「風花」
―
音楽
即興演奏やノイズ的な作品からポップスに至るまで多種多様な音楽をつくり続け、その活動範囲は世界中におよぶ。映画音楽家としても数多くの映像作品の音楽を手掛け、その数は１００作品を超える。連続テレビ小説「あまちゃん」なども手掛けた。

いてその場で「いい」とか「悪い」とか言いたくなかったのかもしれないなあ。僕もたくさん映画の仕事をしてきましたけど、録音に来なかった監督は相米さんと、あとは「あまちゃん」の井上剛さんだけですね。僕が最初に仕事をした中国の映画監督の田壮壮（ティエン・チュアンチュアン）監督とはメチャクチャ対照的でしたね。田監督は音楽のつける箇所を秒単位で出してきますから。そこに付ける音楽が合うか合わないかという理由も明確。それに比べれば、相米さんははるかに漠然としていて、一緒に一から考えていく感じなんです。その上いつまでもＯＫが出なくて、いろんなもんをたくさん作らされた挙句に、後になってから「最初のやつをもう1回、聴かせてくれ。……うん、やっぱりこれがいいな」なんてこともよくありましたねえ。作った曲の8～9割は捨てたんじゃないかな。まあ、オレが、的確なものを出せなかったからかもしれませんが。でも本当に「こんな曲を使うの?」っていう曲が残ったりして、今でもこれでよかったのかなってのありますよ。

回想

佐藤浩市

魚影の群れ
ラブホテル
台風クラブ
あ、春

「このシーンの何を見ようか」は
観客が選択することである。

1980年、俳優デビュー。「忠臣蔵外伝　四谷怪談」「64ロクヨン　前編」で日本アカデミー賞最優秀主演男優賞を受賞。「ホワイトアウト」「壬生義士伝」では同最優秀助演男優賞を受賞している。近作は「空母いぶき」「ザ・ファブル」「記憶にございません!」「楽園」「Fukushima 50」「サイレント・トーキョー」「太陽は動かない」「騙し絵の牙」などがある。待機作に秋山純監督「20歳のソウル」（2022年公開予定）がある。

構成＝金原由佳

――2021年は没後20周年ということで、改めて、相米慎二の映画に参加するということはどういう体験だったか、伺えればと思うのですが。

佐藤浩市　そうは言いましても自分の記憶の中にあるものというのは風化していくだけなんで。風化されるか、美化されていくか。尚且つ、どうしても自分が覚えていること、知っていることなんていうのは以前話したことと重なってしまう事もある。そこら辺は申し訳ない。

――大丈夫です。

佐藤　今回の本の話を聞いて、神格化されてしまう人になっちゃったんだな、って思いました。「あんたもう、小津安二郎さんみたいになったよ」。もし、相米の墓前だったらそう言うだろうな。じゃあ小津さんというものが、果たして僕らが聞いた小津さんと、現実の小津さんとどれくらい近しいんだろうかという事も含めて、人を語る難しさ、面白さってありますよね。人々が語る言葉がどれだけ本人の実像と乖離しているかってことだけど。それをふまえて、誤解を招く言い方だけど、僕が相米のことを言えば、本当に凡庸な人でした。

――佐藤さんは相米監督のことを「相米」って呼んでいたんですか。

佐藤　ええ。向こうは「浩市」。一回り違うんだけどね。あの人は意外に酒好き、女好き、ギャンブル好きで、そういう凡庸さがあるから、モノ作りを欲していた。凡庸な自分が生きている平場の私生活と、自分の頭の中で構築される映画の世界が乖離していないと面白さが生まれないと思うんですよ。最初から殿上人のような生活をしていて、人とほとんど接しない生き方をしている人間が、果たして人間をよく撮り、面白さをもって描けるかというと、そうではない。

——22年ほど前に相米監督にインタビューしたとき、「魚影の群れ」については、「いい大人の俳優さんたちをプロデューサーがみごとに集めてくれたんだけど、俺がその前に作った3本の作品の子供っぽさを残してた。それでこの映画を大きくすることができなかったね」と話していました。

佐藤　撮影時、相米は35歳前後で、僕は23歳あたりでしたか。

——あの作品は不思議な映画で、吉村昭さんの小説は青森が舞台だけれど標準語で描かれていて、主人公の漁師の父娘の関係性も淡々とした筆致で記されていますが、映画で夏目雅子さんが演じた小浜トキ子には、佐藤さん演じる依田俊一を海へ海へと駆り立てるような凄まじいパッションがあり、父との関係も母代わりに近い。海の向こうのマグロに激しく対抗するかのように、トキ子掌で男たちの悲劇が演出されているかのように見えてくるのが、原作と大きく違う点ですが、なぜあのような変容が起きたのでしょうか？

佐藤　（田中）陽造さんの本もそうではないですからね……。まあ正直言って、芝居を始めてまだ3、4年しか経ってない男が、脚本を読んだって読み切れるわけはないですよ。今、何十年かの経験を経て、この脚本は何がやりたいかがわかりますけど。確かに、陽造さんの脚本は原作に沿っていたと思います。それが相米のイズムとして、青森の大間の漁港に、準備で2カ月、ドラマで1カ月、そこに延々に居るということで、膨らむものと膨らんでいかないものがはっきりしてくる。相米は自分の製図を描いて構築していくタイプの監督ではないんでね。最初の一本杭はここに打つよと場所を決め、そこからどうなっていくのかは役者に聞いてくれよという人だった。だから極端なことを言えば、キャスティングで全部決まっちゃうのかな。

――スタッフについてはいかがですか?

佐藤　もっと不思議なことを言えば、熊谷秀夫さんって照明技師とはずっと一緒だけど、相米の映画はキャメラマンが常に違うわけですよ。かぶる人もいるけど、キャメラが相米氏の練っていく芝居をお約束的に構築していくっていう事をあの人は苦手としていた。自分にはない何かを持ってるキャメラマンのポジショニングに期待感を持っている人だった。ただ、それをやろうとすると、照明部は監督側の意図をわかってくれないと困る。何度もリハーサルをして、俳優たちの芝居が段々と固まってきて、本番のタイミングだなと相米の様子を熊谷さんが見ながら、「じゃ、そろそろだ」ってライティングの場所を決めだすのが撮影の始まりで。熊谷さんは長年、相米と付き合っていって、芝居が固まるタイミングがわかって照明を作り出すから、相米さんは安心するんです。相米組では照明技師と演出家の確固たる関係性があって、キャメラマンはそことは違う所でポジショニングやカメラワークを探り、キャスティングも常に重ならない人たちをメインで起用した。子供が好きだったということもある。色が付いてないから。僕はそう思うけれど。

――「魚影の群れ」では佐藤さんも夏目さんも色が付いていない俳優として起用されたと?

佐藤　と思いますよ。特に僕なんかね。雅子ちゃんはもう、結構大きい作品をやっていたよね?「鬼龍院花子の生涯」「南極物語」「時代屋の女房」のあとに、「魚影の群れ」かな。

――不思議なのが、屋外でのトキ子(夏目)と俊一(佐藤)の会話の場面で夏目さんは俊一に語り掛けるというより、俊一がいる大間の町そのものに感情を露わにして語り掛けているようで、そうなるとトキ子の言葉を受ける俊一として、佐藤さんの反応も変わってくると思うのですが、その辺りはどう意識して演じていたのでしょうか？

佐藤　それね、ぶっちゃけて、相米の作品に出てる人たち、特に若い子たちに正直に言ってごらんといったら、相手の芝居が見えて演じている人なんて多分ひとりもいない。僕も夏目雅子という女房役のトキ子を見てセリフも聞いていたけど、入ってきているかどうかと言うと別でね。雅子ちゃんとはお互いダメ出しされて、自分のことに精一杯で、それぞれ何か違うことをやらなきゃいけないということに没頭していた。互いに相手の芝居はまず見られていない状況です。

——面白いですね。ある種、近視眼的に、懸命にもがいて演じているという感じでしょうか？

佐藤　後から考えたらそうだったな、ってことだけど。

——先程、佐藤さんは杭一本打って、後の作業は俳優たちでどうぞという演出だったと話されていましたが、「魚影の群れ」を見ていて、ここは俳優間で突然、出てきた反応なのかなと想像する場面が随所にあります。例えばトキ子の父の小浜房次郎（緒形拳）が俊一の喫茶店に客を装い訪ねてくる場面。俊一が房次郎だと気づき、「結婚したい」と言いかけた瞬間、バンと頬を平手打ちされ、再度、言おうとしたら間髪入れずに二発目がくる。あれは緒形さんのアドリブですか？

佐藤　あそこはいろんなところで話しているけど、なかなかOKが出ないので、カウンターで待っているのではなく、少年マガジンを持って、便所から出てくるという芝居に俺がいきなり変えたんで、「この野郎、やりやがったな」と感じた緒形さんがいたと思います。で、今でも思い出す。相米は、「このシーンからやればよかったんだな、お前はな」と確かに言ったんです。

——そこでひとつ、相米監督の作品がわかった瞬間だったんですね。

佐藤　その時はわからない。後から考えたら、「なるほど」と思う。普通に考えるとファーストシーンの砂浜での雅子ちゃんと俺のエピソードで入ったほうが当然で、スケジューラーもそう思って組んだ。でも、「緒形さんとの出会いから入ったほうが、浩市の役への踏み出し方は入りやすかったのかな」と相米が思ったというのは、それもよくわかる。

――俊一は漁師を志願し、大間に押し掛けてくるけど、房次郎に相手にされず、船にも海にもなかなか出してもらえない。長沼六男さんのカメラは房次郎の第三登喜丸に乗って、堤防で取り残される俊一を何日も映し続け、俊一やトキ子にとっての海の遠さを強調するのですが、一度、第三登喜丸への乗船が許されると今度はものすごく陸が遠くなる。カメラの使い分けで、非業なまでに海と陸の世界が断絶されるのですが、佐藤さんから見ると、実際撮っているときの撮影隊の風景はどのようなものだったのでしょうか？

佐藤　緒形さんも僕も事前に大間に入ってやることと言えば船の練習だけなんですよ。あとは漁。今の映画作りだったら、普通は船舶の免許を映画会社から取りに行かせます。そうじゃなければ、そんな危険な撮影をさせられないでしょ。漁師が海に出たらやらなくてはいけないことを全て自分たちでやっている訳。そんな事を毎日練習して、漁となったら朝3時に起きて4時過ぎには港を出て、漁場まで1時間以上かけて行って、芝居はなるべく陸から近いところでと言ってはいるけど、実際、マグロは近場で獲れるわけがない。それの繰り返しで、15時くらいに戻ってくる。今のモノ作りから言えば、考えられないですよ。緒形さん、1回船、ぶつけてたからな。

――沖に着くときですか？

佐藤　いや、船同士で。上手くクッションを置いているところがぶつかっていればよかったけど、そうじゃなかったので船をちょっと壊しちゃって、「すみません」ってことはあった。劇用の第三登喜丸と、撮影隊が乗る船と、照明を乗せた船の3隻がいたかな。それで毎日出ていって。緒形さんがラスト、マグロを釣り上げ、僕が死にゆくところですが、あそこは緒形さんの息遣いと波の音しか聞こえない。それがリアルに聞こえてくる。緒形さんもミスれないんですよ。ここで逃したら、またマグロが釣れるまで待たなきゃいけない。そんな緊張感のある現場って、やっぱり相米組は何かを超えますよね。撮れなかったらまた明日の世界じゃない。次は一体いつ撮れるのかの世界。それで一発勝負の長回しをやってるんです。

――究極の一発撮りで、房次郎がテグスを手繰《たぐ》り寄せながら、本物のマグロと格闘している。なぜこんな場面が撮れたんだろうとその異様なエネルギーに驚いてしまうんですけど。

佐藤　録音部がちらっと映っているでしょ。今だったら、あのカットはなんで消さないんだろうと見た人は思うかもしれないけれど、相米さんのワンシーン・ワンカットの緊張感で観客はスクリーンを見ているから、誰もそこに気づかない。俺は何度もあの映画を見ているから、「あ、映ってんじゃん」って気づくけど、初見の人はそんなところ誰も見ないという確信めいた姿勢がある。

――3カ月いて、やっと現れた1匹を揺れる海上で、フィルムで撮るのですから恐ろしいくらいの一発勝負ですね。ぶれたり、フォーカスが合わなかったらお終いですよね。

佐藤　役者もどう動くか分からないならね。前ピン（撮りたい被写体の主役の前にある被写体にピントが合ってしまう事）を六さん（長沼六男）はやれなかったと思うんです。ピンはある程度中間に合わせて、前後一番良いところに合わせて撮っている。そういうルーズなショットしかないから俺にカメラが寄っているのは、テグスが頭に巻き付いたカットくらいです。相米もそれはよくわかっているからスタッフにも俺たちにもああしろこうしろなんて何も言わない。なので、助監督の榎戸氏たちが言う、「相米のある種しっかりした計算」というのは、方向性としてそっちに追い込んで行くということで、具体的な指示ではない。自分が予想していたことを役者が超えたときがＯＫなんですよ。だから、夏目雅子の最後の芝居なんか、あんなの相米がやってほしいと追い込んで、やらせた訳じゃない。いきなりあの子が歌いだした訳だから。

——月刊シナリオ1983年12月号に掲載された脚本のラストは俊一の「生まれてくる子は、もし男だったら、漁師にしたいって……」という言葉を父から聞いたトキ子の「イヤだ！　漁師なんかイヤだ！」が最後のセリフですが、実際には夏目雅子さんのしばしの沈黙のあとの海に向かって叫ぶ「漁師なんて、わかんねえじゃ」に変わっている。なんでこんなすごい飛躍になったのか。

佐藤　そうでしょ、あれは、誰もがやられたと思った。それこそ陽造さんも予想だにしていなかったでしょうね。あれは脚本を超えたでしょう。まさかあそこで「数え歌」を歌うなんて、誰も想像しない訳だから。自分も出来上がった映画を見て、当然これはやられた、って思いました。女優さんの瞬発力って、半端じゃないなって。

——夫が死んだと聞いて、それを体が理解するまでに間があって。

佐藤　それは単に「ため」ということではなく、夏目雅子という女優があの瞬間に感じた自分の生理を整理するための時間なんですよね。だから「魚影の群れ」は自分にとってエポックですよね。こんな形があるのかと知った。そのおかげで誤解もしましたよ。相米組は特化した一つの現場の在り方で、それを他の現場でやって理解してくれたのは井筒和幸さんの「犬死にせしもの」ぐらい。蟹江敬三さんに〝浩ちゃん、舞台やったほうがいいよ〟って言われましたね。映画では許されないから板の上でやったらっていうことで。ある現場では毎回違う芝居をするから嫌われて、照明部からあいつにライトを当てるなと言われたこともある。今、若い子で、毎回、芝居を変えてくる俳優がいたら、現場で面白いと思うけどね。

――三池崇史監督の「スキヤキ・ウェスタン・ジャンゴ」の撮影現場の取材に行ったとき、佐藤さんに、小栗旬さんがなぶり殺される場面で、リハーサルと違うことを仕掛けるのを目撃したんですけど、後で小栗さんから、「泥の中に倒され、必死にアドリブで対処しなくちゃいけなかったんだけど、一瞬の隙を衝かれて、〝これが佐藤さんだな〟と強烈な体験として残っている」と話していました。つまり、「魚影の群れ」で緒形さんにされたことを立場が変わって今、佐藤さんが仕掛けているんだなと。

佐藤　そういう相米イズムは現場の空気感が許せば、それはやります。相手を見て、楽しくかまさせてもらう。阪本順治の「人類資金」のときも、森山未來と一緒に車に乗っている場面で、本番でいきなり羊の大群がやってきて、車が通れなくなったときに、俺が車から出て、羊を蹴散らしてOKが出たんだけど、そこで未來に、「あぁ、俺がやらなきゃいけなかったんですよね、本当はね」って思ってもらえればいい。そういう事ができる現場がまだあると楽しいよね。

――佐藤さんは「ラブホテル」と「台風クラブ」にワンポイントで出演をされて、15年の歳月を経て、「あ、春」で再び相米監督と組むわけですが、撮影はかなり早くなっていましたよね。

佐藤　受け入れ方とか、裾野が広くなりましたよね。相米、これ絶対に許さないだろうなっていうのが案外受け入れられたりする部分はあった。話がちょっとずれるかもしれないけど、照明の熊谷さんの話によれば、相米がみんなに「最近、うちの熊谷さんが歳とったせいかさ、我慢がきかなくなって、芝居が来る前に灯りを突き出しちゃうんだ。参っちゃうんだよな」と笑うんだと。つまり、「魚影の群れ」の頃とは製作状況が違うことを彼なりにわかっていたんでしょう。それでスタイルを変えてきてるんじゃないかなと思いましたけどね。それは良い悪いじゃないからね。

——この作品には東映の任侠映画の華であった藤純子改め富司純子さんと、大映の女優だった藤村志保さんが出演されていましたが、昔の撮影所の話などは出たのでしょうか？

佐藤　喋ることはないけど、意外に相米は撮影所の出自がしっかりしてる人も好きなんですよね。富司さんのお出になられているシーンはほぼ一発撮りでＯＫだったな。山﨑努さんにもそんなには。緒形さんのときにはもう、ガンガン言っていたのに。

——「魚影の群れ」「あ、春」と父と息子の話で、その題材を佐藤さんに振るのは面白いですね。

佐藤　「セーラー服と機関銃」「夏の庭　The Friends」で三國連太郎ともやっているし、俺とも組んで知っている。ましてやプライベートでも付き合いがあって、そうすると多く語らないにせよ、感じるんですよ、近親憎悪っていうか父親への愛憎の部分。僕の親父というよりも、相米自身が子供の頃に父親を亡くし、独特の死生観を持っていた。父と息子という男同士の血族への思いは感じることはありました。「風花」ではうちの妻と当時3、4歳だった息子の寛一郎が、小泉今日子さん演じるレモンが眺める公園で遊ぶ母子役として出ている。それは相米がよくうちに泊まりに来ていて、「寛の高い声がいいから出してほしい」と言われて。だから三國、僕、寛一郎と三代で相米の映画に出ているんですよね。

――前出のインタビューのときに、最近一番考えていることは何かと聞いたら、「誰が俺の骨を死んだときに拾ってくれるんだろうっていうのはずっと考えている」と話され、「あ、春」で一種、自分の葬式の予行演習を佐藤さんに託したのかと感じるところもありました。

佐藤　「あ、春」の最初のタイトルは「ひよこ」で、山﨑努さん演じる父親の抱いた卵からひよこが孵《かえ》るか、孵らないか、2パターンのラストの選択があったんだけど、結局、そこは相米にとっては大きな問題じゃなかったんだね。一般的には大きなことなんだけど、あくまでもあれは映画的なラストであって、相米にとってはその前の病院の屋上での、血の繋がりがあろうがなかろうが、あなたは私の父親ですと僕が思い至るところで「あ、春」の父子関係は完結している。だから、ラストにはあまり大きな意味はなかったんだな、相米の中ではという風に僕は思いましたけどね。

――若い次世代の映画監督たちに相米慎二が持っていた演出のイズムみたいなものを引き継いでもらうのであれば、どういうことを託しますか？

佐藤　こういう言い方は語弊があるかもしれないけど、映画と言うのは丁寧に意図をもって見せる、観客は映画監督の演出や、カメラマンのクローズアップや、編集マンのカットに導かれて映画を見て進行していく、それも作家にとっては大事なことでしょう。でも、相米慎二がやっていたのは、「このシーンの何を見ようか」は観客が選択することである。役者が何人か出てくれれば、その何を見るのか？　見ることの主導権は常に観客にあり、役者が二人シンメトリーで登場してくれれば、そのツーショットのどちらを見るかは観客に委ねられる。そこに相米の映画の魅力があるという気がする。だから前の週に見た印象と、次の週に見た印象がまるで違う。その時々に受けた解釈を自分の中で繋いでいくっていうのはとても難しい作業だけど、そういうシーンがあっていい。相米の映画も全てのシーンがそうであるわけじゃないけれど、ここぞというときに、大胆に仕掛けてくる。だから、「セーラー服と機関銃」において、恒さん（渡瀬恒彦）と薬師丸ひろ子ちゃんが終盤、屋上で目高組の片づけで、延々と燃やしている姿を豆粒みたいな距離から撮っているけど、その斬新さはちゃんと観客に伝わるんですよ。そういう観客が選択できる画《え》作り、演出、物の見方はひとつ持っておいて欲しいと願いますね。相米慎二はもういないけれど、僕の同世代には阪本順治や瀬々敬久や成島出がいて、彼らが自分にオファーしてくるときは、何かやってくれるだろうと期待度はあると思います。どんな監督にもこのシーンがないと成立しないがいけるだろうか、と悩む局面は必ずある。それを乗り越えるのは演者も含め、スタッフが突破するしかないわけで、きつい道のりでも、仄《ほの》かな灯りは絶対にある。ある人が言ってたけど、「灯りっていうのは正面から受ければ眩《まぶ》しくて見えねぇんだよ。でも、その人の後ろから灯りを当てれば道が見えるだろ」と。今、日本映画の演出で多いのは、前から灯《あか》りを当てる演出。でも後ろから、灯りともいえない仄かな灯を当てて、役者を前へと進ませてくれていたのが相米のやり方だったんじゃないか。そう思います。

相米慎二監督作品 DVD & Blu-ray

「ションベン・
ライダー」

HDリマスター版
発売元：中央映画貿易／オデッサ・エンタテインメント
定価：3,800円（税別）

「セーラー服と
機関銃」

4 K Scanning Blue-ray
発売元：株式会社KADOKAWA／角川書店
定価：4,800円（税別）

「翔んだカップル」

HDリマスター版
発売元：中央映画貿易／オデッサ・エンタテインメント
定価：3,800円（税別）

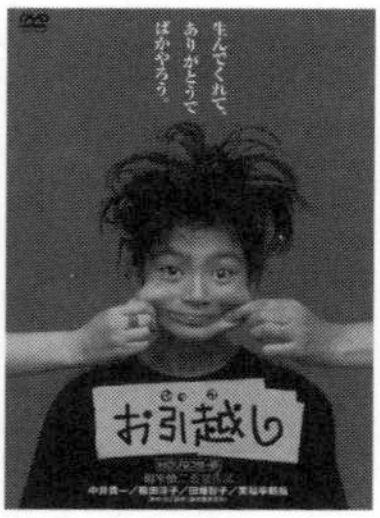

「お引越し」

HDリマスター版
発売元：中央映画貿易／オデッサ・エンタテインメント
定価：3,800円（税別）

「東京上空
いらっしゃいませ」

Blu-ray Disc
発売元：バンダイナムコアーツ
定価：3,800円（税別）
＊2021年8月27日に発売

「光る女」

デラックス版
＊廃盤

「雪の断章
—情熱—」

Blu-ray Disc
発売元：東宝
定価：4,700円（税別）
＊2021年8月18日に発売

「台風クラブ」

HDリマスター版
発売元：中央映画貿易／ダブルフィールド
定価：3,800円（税別）
＊2021年5月1日に発売

「ラブホテル」

Blu-ray Disc
発売元：日活
定価：4,200円（税別）

「魚影の群れ」

Blu-ray Disc
発売元：松竹
定価：3,630円（税別）

「風花」

HDリマスター版
発売元：中央映画貿易
定価：3,800円（税別）
＊2021年5月1日に発売

「あ、春」

発売元：松竹
定価：2,800円（税別）

「夏の庭
The Friends」

HDリマスター版
発売元：中央映画貿易／オデッサ・エンタテインメント
定価：3,800円（税別）

＊Blu-ray Discが発売されている場合、そちらの情報を掲載しています。

製作されなかった相米慎二版「壬生義士伝」

「石割桜」をめぐって

2003年に公開された滝田洋二郎監督作品「壬生義士伝」。実は、「風花」に続く相米慎二の次回作として準備されていたのも「壬生義士伝」であったが、その脚本も原作の切り取り方も違っていたという。当時松竹のプロデューサーを務める予定だった榎望に聞いた。

＊

「石割桜」というのが出ているんです、「壬生義士伝」に。ものすごい幹の太い桜。象徴的な使われ方を小説ではしているんですけれど、それを一緒に見に行ったりしました。滝田さんの「壬生」とは、違いましたね。相米さんは最初、脚本を田中陽造さんに依頼されて、田中さんは、京都の新選組をバシッと書かれたし、その主役のキャラクターがものすごく禁欲的で、カッコよく書いてあったんです。ただ、相米さんが持っていたイメージはそうじゃないようで、江戸時代、幕末の東北の武士が京都に行くという話なんですが、京都の新選組じゃない映画にしたいと強く思っていて。京都じゃないと新選組の話を撮るとすごく無駄が多いですよと僕が言ったら、東北にオープンセットを建ててもいいからと言い出して（苦笑）。どこにセットを建てるかまでは言っていなかったですけど、どこかに建てたいと。相米さんは職人的なところがあって、何をやっても自分の文体にしちゃうんです。自分のスタイルは文体だけで、それ以外のことで自分を表現しよう、映画の中で何かしら残そうっていうのは全くなかったと思いますね。ただ、東北に関しては、自分のルーツと繋がるという部分はあったと思う。新選組を東北人の視点で描くことに興味を持っていたんじゃないですかね。それで京都ってあらゆる惨劇が起こったところだったんですけど、新選組も不思議な存在じゃないですか。自警団みたいな。そこに紛れ込んだ東北人っていうことをフックにして映画を作ろうと思っていたと思う。相米さんの思いがこもった脚本というか、相米さんの頭の中にしかなかったんですよね。やっぱり東北の色を濃くしようとしていた。実際には陽造さんの一稿まで。そこで、終わりました。発想が、撮影所出身の人というのはありますよね。ロケーションのほうがリアリズムなので、いいという人も多いんですけど。撮影所の人間は、会社によっても違うんだけど、セットを建てることをまず考えちゃう。ただ、この「壬生義士伝」に関しては、ハイブリッドでしたね。東北にベースを置いてオープンセットを建てて、玉ねぎ倉庫かなんかを借りてそこにセットを建てちゃえばいいと思っていたはずなんですけど。相米さんの時代劇って初めてで、それを相米ファンとして見たいっていう思いはありましたね。

＊

相米のスタッフ、助監督だった榎戸耕史、衣裳の小川久美子、美術の小川富美夫が想いを馳せた相米版「壬生義士伝」。

＊

榎戸耕史「相米慎二のはじめての時代劇。時代劇は新しい撮り方をもう一度試行したんではないかと思います。端正でなおかつ長回しで、クレーンを使ってとか。それこそ、相米さんはある時「日本映画で一番好きなのは『忠次旅日記』（監督：伊藤大輔）」って雑誌に書いてあったんです。相米さん、伊藤大輔は絶対意識していたと思うんです。時代劇を撮るんだったら伊藤さんの映画をどこかで参考にしながら、移動の使い方とかいろいろなことを研究して撮ったんじゃないかと、僕は思っているんです。幼少期に映画ばかり見ていた相米さんの原点が見られたんじゃないかなと思っています」

小川久美子「うちの旦那と相米さんがふたりで東北を1週間以上、自転車旅行したことがあったんです。東京から青森だったかな。ふたりの40歳記念だったと思う（笑）。その時の写真を見るとね、相米さんがへばってる写真ばっかりで（笑）。『相米川』という川があったらしいんです。そこを渡ったとき、『自転車、降りよう』って相米さんが言って、旦那に『相米川って言うんだよなあ』と言って、じーと川を眺めていた、というんです。やはり、自分のルーツの土地にすごい思い入れがあったようで。それで、『壬生義士伝』に出てくる桜の話を、そのときしてくれたと言っていましたね」

小川富美夫「『壬生義士伝』を撮ろうとしていたことがあって、そのときも僕はもうオープンセットを建てるために、秋田と青森と岩手に候補地を探したりしてロケハンをしていたんです。相米が体調を崩していたので一人で行った。青森の市長に会って、オープンセットの場所を相談したり。たぶん、青森県の田子町（たっこまち・岩手県と秋田県の境にあり、相米慎二の墓がある）が一番良かったと僕は思っていますけどね。あの近所の場所がね、海が見えるところがいいなあと思っていたから。全部集めて、それで絵コンテもなんかこう、書き始めていたころです。盛岡の『石割桜』の写真は残っている。脚本では印象的に書かれていて。石を割って桜が咲くように、少年少女が育っていく姿を描きたかったんだと思います。相米には見せられなかった。僕が撮ったときは夏だから桜は咲いていなかったね。相米は『壬生義士伝』で、これが撮りたかったんだろうね」

構成＝小林淳一

美術・小川富美夫がロケハンで撮影した写真

風花

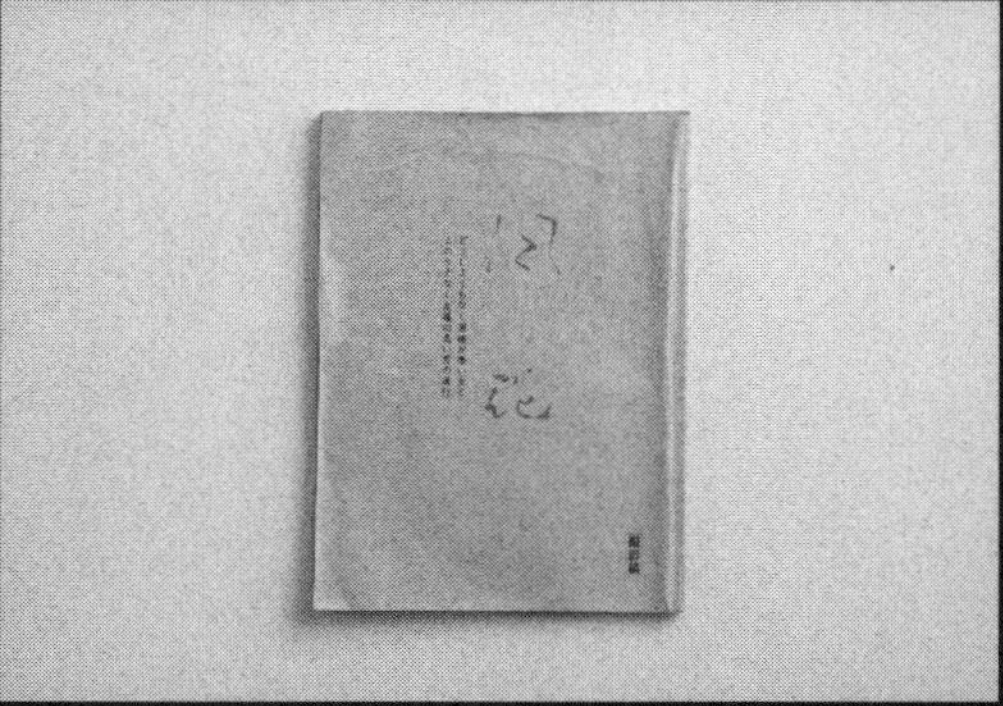

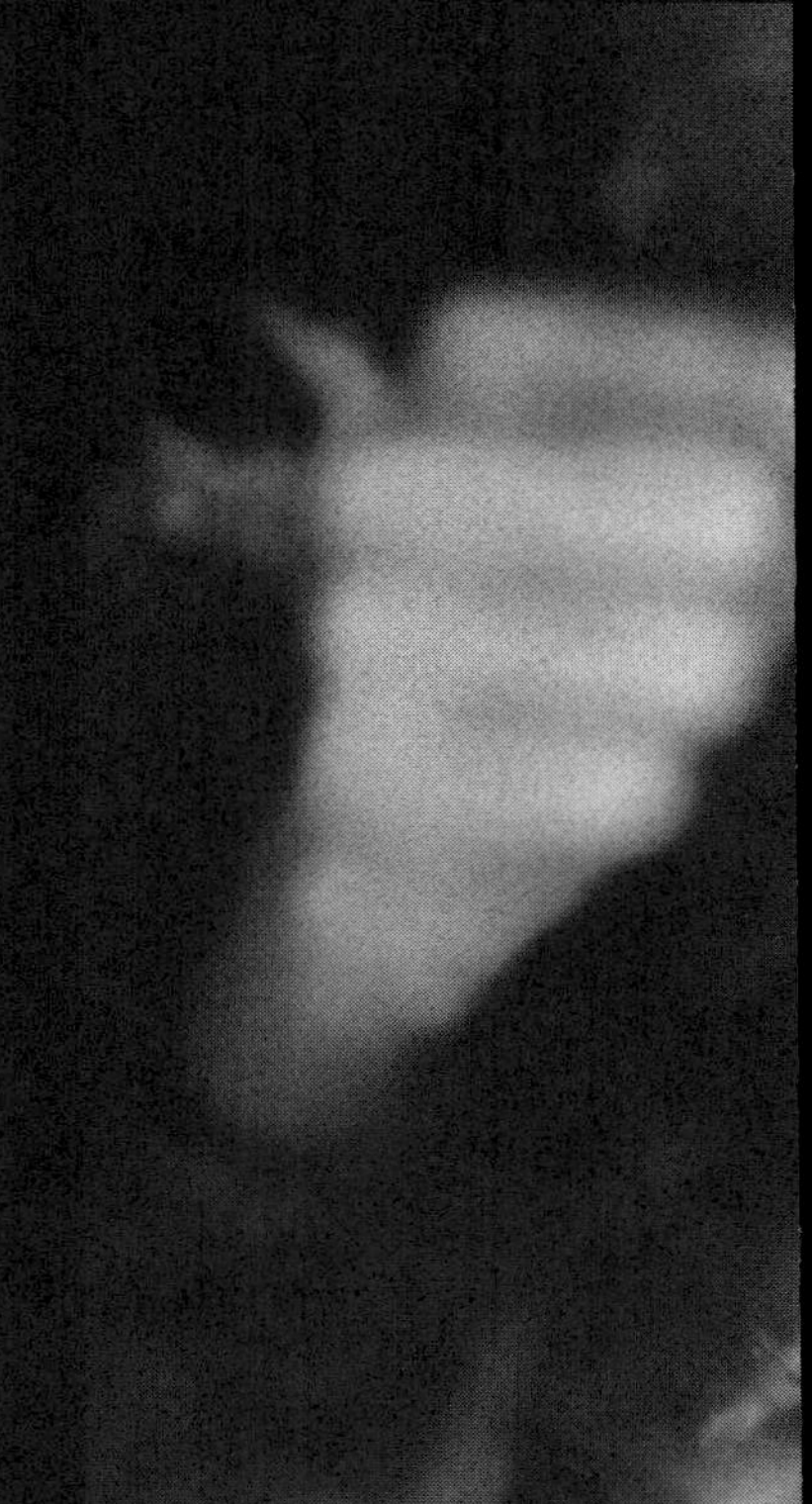

© ビーワイルド／テレビ朝日／TOKYO FM

故郷・北海道に残した一人娘の香織に5年ぶりに会いに行く風俗嬢のレモン。泥酔しコンビニで万引きした事から、自宅謹慎を命じられている高級官僚の廉司。廉司は酔った勢いからレモンの北海道への旅につきあうことになり、二人のぎくしゃくとしたドライブが始まった。だが実家に着いた義父の「東京で何しているか知らない訳じゃない。娘の香織の為にも、会わせるわけにはいかない」という言葉に返す術もなく実家を後にする。廉司には上司からの一方的な解雇通告が。行き場をなくした二人は雪の残る山奥へと向かっていく。

阪本順治監督作品で知られる椎井友紀子がプロデューサーを務めた。また、「鮫肌男と桃尻娘」などで知られていた町田博はCMでのタッグを経て、初の相米監督映画のカメラマンに。脇には鶴見辰吾、尾美としのり、寺田農、木之元亮、笑福亭鶴瓶、柄本明と相米映画のOBがずらりと登場。小泉今日子と浅野忠信は初の相米映画出演となった。本作は2001年の1月に公開。相米慎二が同年9月9日に死去。遺作となった(映像作品としては「風花」のあとに「BSスペシャル　朗読紀行にっぽんの名作　森敦　月山」がある)。

［証言］　風花

●スタッフ　製作＝若杉正明／早河洋　製作補＝田辺順子　企画＝木村純一／古川一博　プロデューサー＝椎井友紀子　原作＝鳴海章　脚本＝森らいみ　撮影＝町田博　照明＝木村太朗　美術＝小川富美夫　録音＝野中英敏　音楽＝大友良英　音楽プロデューサー＝佐々木次彦　衣裳＝小川久美子　装飾＝小池直実　編集＝奥原好幸　ヘアメイク＝豊川京子　記録＝今村治子　助監督＝高橋正弥　●出演　小泉今日子／浅野忠信／麻生久美子／柄本明／香山美子　2001年1月27日公開　116分　製作＝ビーワイルド／テレビ朝日／TOKYO FM　配給＝シネカノン　企画協力＝ムスタッシュ　製作協力＝KNHO

「ラブホテル」のような映画に

榎望（「森らいみ」名義で脚本）

相米さんから珍しく電話がかかってきて、ちょっと小さい映画ができる原作があるんで、ちゃちゃっと作りたいなっていうふうに。ちょっと読んでみてくれって言われたんですよね。それが鳴海章さんの原作で。『ラブホテル』みたいな映画にできるんじゃないか」と言っていましたね。バイプレーヤー二人で作ったらどうかなっていうのが相米さんの考えでした。僕は、相米さんだと出てくる俳優も多いから、小泉（今日子）さんと浅野（忠信）さんがいいんじゃないかって、そのときに提案して。相米さんもノっていましたね。原作がレモンという主役だったんですけど、最初に読んだとき小泉さんがやってくれたらいいなと思ったんですよね。そのほうが映画も広がるし、いかにも小泉さんだなと思った。最初に書いたのをわりと気に入ってくれたんじゃないですか。原作はものすごいマッチョなんですよ。男でござるみたいな主役が、風俗嬢と恋に落ちるって、ユーモラスでもないんですよね。僕はその二人のキャラクターを全部入れ替えて、文部官僚っていうのは原作にはない。原作は先端企業を辞めたばかりの社員。それを文部官僚に変えたりとか。酒乱でクビになったっていう設定にして。桜のシーンから始まるんですけど、あれも原作にはないですよね。それで一旦時系列で原作通りに書き直してみたり。いろいろやりましたね。何稿書いたかな？　15稿ぐらいやった。終わったと思ったら大変なんですよ。クランクインして安心していたら、相米さんから「ちょっとこのシーンがダメなんで、現場に来い」って。行きましたよ。撮影現場で直しました。

大友良英（音楽）

キョンキョンの口笛

「風花」では撮影現場にも行きました。東京都内での撮影をいくつか見学したんですが、現場を見たからといってそこで曲が浮かぶっていうことはほぼありません。ないけれど、現場の空気や役者さんの雰囲気にふれることで見える世界もあるんで、現場を見た方がやっぱり曲を作りやすい。監督と雑談したり、スタッフと話をしたりするのも（作曲の）ヒントになりますから。あと、映画音楽家って、他のスタッフよりあとから参加が決まることが多いんで、みんなとなかなか仲良くなれないというかチームに参加できない感じが常にあるんです。そんなのもあって、現場に行って顔をつなぐっていうのは気分的にも嬉しいっていうのはありましたね。ただ、当時はまだ経験が少ないということもあって、上がってきた映像を見て「うわ、こんなに（現場と）変わるんだ」っていうのが最初の感触としてありました。そういう驚きの方が大きかったです。小泉今日子さんが雪の中で踊るシーンでは、当初からかなり大胆にエレクトロニクスを使って音楽を作ったんです。相米さんが「エレクトロニクスは嫌い」って年中言うもんだから、じゃ思い切り入れてやろうと思って（笑）。もともと、この曲は、ラッシュのときに、映写室に楽器をたくさん持ち込んでその場で実際に演奏してライブで録ったものを組み合わせてデモとして使ってたんです。そんなことも相米さんおもしろがってくれてました。後日エレクトロニクスを使ってない生バージョンを改めて録音しなおしたんですが、結局は「電気の方がいいな」ってなって、これにはビックリしました。まさかデモで作ったエレクトロニクスのほうがそのまま使われるとは思っていませんでしたから。そうそう、小泉さんが口笛を吹いているシーンも驚きました。どこかで聴いたメロディーだなって思ったら、どうやら相米さん、僕が撮影前に書いたデモを小泉さんに聴かせていたみたいなんですよ。「この曲の感じで吹いてみて」みたいなことを言ったらしい。でも、僕からすると、あの曲、ＯＫをもらっていないんです。もらった覚えがないよ！　と。「あなたがあれでＯＫを出さないから、あんなにたくさん別の曲を書くことになったんじゃないか！」って、相米さんにぶーたれたの覚えていますよ（笑）。「早く言ってよ、そういうことは」っていうね。

「風花」のあと、いつだったか、相米さんに「映画の劇伴（伴奏音楽）をナマでできないかな」って相談されたことがあります。演奏シーンをどうこうするっていう話じゃなくて、通常、編集後につける音楽を撮影しながら生演奏できないかっていう。「それ、カット割りとかできなくなりますよ」って言ったら、相米さん、「いいんだよ、そんなのは」と。「やりたいんだよ。できるか？」って聞くから、僕も「もちろん出来ますよ」

って返しましたけれど。やりたかったなあ、そういうのを一緒に。そうそう、「時代劇をやるかも」とも言っていて、たぶん「壬生義士伝」のことだったと思うんですけど、「それも（音楽を）やるか？」って言うので、「あ、俺、やりたい。ヅラかぶりたい」って言ったら、「そっちじゃねえよ」って（笑）。「脇役の浪人役でもいいから」って粘ったんだけど「うるせえ」と（笑）。よく一緒に通っていた西荻の「外道屋」って魚のうまい店でそんな馬鹿話をよくしてました。相米さんが亡くなった後に行ったら、店のオヤジさんから「大友をよろしく頼むな」って言って店を出て行ったのが相米さんの最後だったんですよって聞かされてね、このときは本当に泣きました。ま、食えなくなったら店で雇ってくれってことだったのかもですが（笑）。

監督の背中

椎井友紀子（プロデューサー）

相米監督と初めてプロデューサーとして私が組む事は、当然、相米監督も「どんなヤツだろうな」という思いはあったはず。そんな私の本性を相米監督が知る事になったのは、映画のラストシーンの近く撮影での出来事です

小泉さんが自殺をしようとする場所があるじゃないですか。そこは雪溶けで出来た中洲なんです。雪溶けの川なんで、水量も多いし、流れが速い。しかし監督もキャメラマンの町田（博）さんもキャメラ機材やクレーンをどうしても川の中の中洲に持っていくっていうんですよ。だけどその川の流れの早い中でどうやって機材を持っていくんだっていう話じゃないですか。そしたら、美術の小川（富美夫）さんが、「監督は言い

椎井友紀子
「風花」
—
プロデューサー
1991年「王手」以降、多くの阪本順治監督作品をプロデュース。近作に2019年、白石和彌監督作品「凪待ち」などがある。

出したら聞かないのよくわかってるでしょ！」と。美術部・制作部などみんな総出で、ペンギン（作業着）を履いて雪解けの流れの早い川の中で、仮の橋というか、機材を渡す橋みたいなものを作ろうとしたんですよ。私は「死人が出る……」と心の中で呟いたんです。

で、私は「危険を冒してまで中州に渡らなくてもこっちの岸からクレーンで、小泉さんや浅野君に寄って撮れませんか？」と散々言ったんですけど、まあやらないですよね。「相米さんだからと言って甘やかさないで、この予算内でやってくれ」と言われていた事もあり、東京で満開の桜の井の頭公園の撮影から、北海道大雪山の麓の雪原での撮影までがんばってきた。そういうふうにやってる中で、そこに橋を渡せだのなんだのって話になって、日にちが遅れたりすると、もう、当然ですけれど、そうじゃなくてもいろんな事で予算オーバーしていたので、「これ以上は無理だ！」とついに堪忍袋が切れ始めたんですよ。その予算内でやってくれと言っていた張本人が、私と監督が現場で睨《にら》み合ってるところに入ってきて、「椎井さん、カッカッしないで監督の意向を聞いてあげてくださいよ、ハッハッハ」って現れたのに、もうぶち切れちゃって（笑）。「いいんですね、橋を作って！」って。で、実をいうと、そうは言うものの計算が私の中にあって、この村にはゴルフ場やスキー場があり、シーズン前には施設の整備を請け負う業者がいることを知り、もしものときのことを考えて、業者を役場の土木課に紹介して貰おうとしたんですが、ゴールデンウィークで役場もお休み。仕方なく民家を訪ねて、「役場の誰かの電話番号を教えて貰えますか？」って。だいたい小さい村って、誰々くんとこの父親は役場のドンだ、とかいう話になると思ったんで。で、とあるところから情報を聞いて、土木課の方を見つけたんです。その方に相談したら、ゴルフ場の業者が今も仕事をやってるみたいだって話になって。そこに行って「実は映画の撮影をしているのですが、仮に橋を作るとしたら、いくらぐらいかかりますか?」とか、「何人ぐらい人が出せますか?」とリサーチはしていたんです。でもお金が150万くらいかかる。しかしブチ切れた相手が、「監督の言うことを聞いてあげてくださいよう～」でしたから。かなりの興奮状態で一気に交渉して、一旦美術さん達の作業は止め、撮影も一日中止にして、翌日交渉に応じてくれた業者のおじちゃん、おばちゃんに早朝4時に来てもらい。当然私も現場に付き合うんですけど。監督たちやメインスタッフが現れたのが6時ぐらいかな。その時は既に私も材木をトラックから下ろしたり、一緒になってこれ見よがしに土木作業をやってるわけです(笑)。そしたらニタニタしながら、相米さんが寄ってくるわけですよ。「やればできるじゃん」みたいな。

私はどの監督の現場でも、最初に監督の背中を見たりするんですけど、演出家の背中を見て、なんだろうな、演出家が見てる先を想像したりして。ちゃんと演出できる監督たちの現場が私は好きなんですよね。映像とか音楽とかで拘る演出には興味はなく、どういう演出をするんだろうと見ているのが好き。必ず監督の後ろのほうに引いて見るんです。役者に言葉で丁寧に伝える監督もいれば、何も言わない監督もいるんですが、目では物を言ってたりしていて。相米さんは、余り役者に説明しないけど、実はそれとなく信号は送っているんですよ。1回しかお手合わせしてない役者には、その信号を受け止めるのは難しいかもしれないけど、それこそ佐藤浩市さんとかなら、当然阿吽《あうん》の呼吸で相米さんが何を求めているのかがわかるので、お望みの演技ができる。そういう感じの役者とのやりとりが面白かったかな。私にとって〝風花〟とは、相米慎二という演出家を知った唯一の作品ですね。

「覚えてないとはいわせないよ
……
「北海道？」

「風花」絵コンテより

回想

役者が主体であるために
「自分に目を向ける」ということ。

浅野忠信

風花

１９９０年に松岡錠司監督の「バタアシ金魚」でスクリーンデビュー。主演作「モンゴル」は米国アカデミー賞外国語映画賞にノミネートされ話題となる。11年、「マイティ・ソー」でハリウッドデビュー、続編にも出演。近年の出演作に「私の男」「岸辺の旅」「淵に立つ」「沈黙　サイレンス」「幼な子われらに生まれ」「アウトサイダー」「ミッドウェイ」「モータルコンバット」「唐人街探偵　東京ＭＩＳＳＩＯＮ」など。公開待機作に「ＭＩＮＡＭＡＴＡ －ミナマタ－」（２０２１年９月23日公開）等がある。

構成＝金原由佳

――浅野忠信さんは、奇しくも結果としては相米慎二監督の遺作となった「風花」のメインキャストということで、相米監督の演出について語ることのできる最も若い世代の俳優という立ち位置にもなってしまったと思います。

浅野忠信　僕は演出としては「風花」が相米監督との初めての映画になりますが、出会いということでいうと、もっと前にお会いしているんです。僕がまだ10代だったと思うんですけど、「お引越し」のオーディションを受けたんですね。僕ら若い俳優には、相米監督は怖いという声が届くことが多かったのですが、それでも絶対に演出を受けたほうがいい人としても知られていて、結局、落ちてダメだったんですけど。

――高校生のときに知らずして相米さんと出会っていたんですね。

浅野　1999年に僕はリトルモア・ギャラリーで個展を開いたんですが、そこに相米さんがふらっと来られたんです。そこで、「次は是非、お願いします」とお話しして。その後、「風花」の話が来たとき、「ついに怖い監督から来ちゃったよ」という感覚でした。

――「風花」の廉司（浅野）は酩酊状態のときと、素面《しらふ》のときとのギャップが激しい役どころでしたが、浅野さんは下戸で、普段、アルコールは飲まないじゃないですか。泥酔状態の演技が多いという設定はどう受け止めたんですか？

浅野　僕は若い頃からひねくれていましたから、10代で演技を始めて、「なんでこんな風なやり方をやるんだろう」と映画界やテレビ界で疑問に思うことがとても多かった。具体的に言うと、俳優の大げさな仕草。例えばくしゃみとか、酔っ払いとか、あくびとか、いちいちオーバーアクションで演じさせられることが疑問だったんですね。実生活で、そんな嘘みたいなリアクションをとることなんてないじゃないですか。それと同じように、映画でも、こんな酔っ払い、実際には見たことないなあと思っていたんですね。若い頃からそう思っていたので、「風花」の廉司役が来て、「これはやっと俺が見せるときが来た！」みたいな。俺はもう、周りに酔っ払いが多いから、いつも観察をしていたんで、これは俺、いけるよと思ったんですよね。

――実際、撮影が始まって、相米監督、ならびに相米組の現場をどう捉えましたか？

浅野　全く違う回答になってしまうかもしれないですけど、先ほど言ったように、僕は若い頃から、日本の映画やドラマにおける演技の在り方への疑問が多かったじゃないですか。それで相米組に入ってみて、全部がもう自分の中で納得がいったたって感じですかね。つまりは我々役者が主体である撮影現場ということ、俳優が何か生み出さない限りは現場は進まない。それこそが、僕が漠然と答えの出ない中で、日本の現場に違和感を感じていたものへの回答で、僕や小泉今日子さんが主体で動く中で監督が反応するという現場だったから、自分の中で全てが腑《ふ》に落ちないことが何一つないというか。それは撮影現場で演じるというのは、その人間を体現して生きるっていうことだということに他ならない。僕が最近、勝手に思ってることですけど、やっぱりキャラクターがしっかりしていれば、脚本はどうでもいいところがあると思う。例えば、「男はつらいよ」の寅さんは、もちろん脚本はしっかりしているけれど、それ以上に寅さんというキャラクターを観客は見ているわけですよね。だから寅さんが歩いてるだけで面白いし、ただ寅さんが黄昏れているだけでも面白いという世界が成立する。その状態に監督がさせてくれる要素はありますが。逆に僕たち演じ手がそういうキャラクターを出さないと、相米さんはカメラを回してくれない。

——浅野さんは「母べえ」で山田洋次組も経験されているじゃないですか。山田監督と相米監督の演出には何か共通点はありますか？

浅野　撮影の順序であったり、俳優への声の掛け方などは全然違いますけど、ただ核として、お二人ともやっぱり俳優が面白いか面白くないかで現場を進めている点では同じだと思います。山田監督は「浅野さん、これやって、あれやって、あれやって」と声をかけてくる方ですけど、結局、そういうときは、僕が面白くないから言ってきているわけなんですよね。で、ふとしたタイミングで僕から何か面白いものが出てきたら、山田監督は「それそれそれ！　さっきのはもう忘れて」と言う。相米さんの場合は俳優にはそういう声掛けはしない。ただ、僕の演技が、動きだしたなというタイミングで、「じゃあ撮るぞ」って言うんですよね。

——小泉今日子さんが演じたレモンと、浅野さんが演じた廉司に関しての人物の情報は脚本では最小限に留められていて、二人がどういう経緯で北へと向かっているのか、その真意は会話から盗み聞くしかない。小泉さんにお話を聞いたとき、相米監督はお二人の演技の質が全く違うので「最悪相性の二人」と言っていたと。一方で「だからこそ、この映画のこの配役は正解なんだ」とも話していたと。浅野さんは現場での小泉さんをどう見ていましたか？

浅野　他の現場だったら、多分何事もなく過ぎていくことなんでしょうけど、相米さんですから、僕にはっきり言いました。「俺はお前を撮りたいんじゃない、あくまでもキョンキョンを撮りたい。本当はお前がキョンキョンからもっと引きださないと駄目なのに、お前はファーストテイク以外はダメだから、お前は何回でもファーストテイクができるようにただ耐えろと（笑）。

――そんなことを言われたのですか？

浅野　お前は本当は俺のコマになって、一緒にキョンキョンを引き出すための仲間なのに、お前は滅茶苦茶なんだよって。もう笑っちゃうよみたいな感じで言われて。監督からすると、迷惑な奴が来たって感じだったんじゃないでしょうか。

――仲間の意味がよくわからないですね。

浅野　一緒になって、キョンキョンに対していろいろ仕掛けられると思っていたのに、いかんせん僕も女優並みにぴょんぴょん飛び跳ねていたんじゃないですかね。

――それは相米監督の責任転嫁ですよね、本当に（笑）。

浅野　僕は、相米監督が、そのとき、思っていることを全部正直に話すところが面白かった。ある場面で、すごい嫌な顔して「オッケー」と言ったときがあって、「全然顔がオッケーじゃないじゃないですか」って言ったら、「今、痔が酷くて、お尻から血がピュッと出たんだ」って。カットの後でそんなこと言うかねっていうようなこと言ってるんですよね。僕はそこがとても面白かったし、相米さんの現場を経験したから本当に救われましたし、それが今日まで続けられた理由だと思います。じゃなかったら、さっきも言ったように、あまりにも現場での疑問が多すぎて、そこで押し潰されていたかもしれないですね。全く違うようになってたかもしれない。

――私は浅野さんがいろいろな監督たちと楽しそうに共闘しているように現場で見ていたんですけど、現場に流れる過去からの根深い因習との葛藤があったんですね。

浅野　もちろんいろんな面白い現場があったんですけど、やればやるほど自分に対する芝居への何か発見だったり、本質みたいなものを監督やスタッフに見極めてもらえないのはすごく嫌なんですね。例えば今、僕はＮＨＫの朝の連続テレビ小説「おかえりモネ」に出ていますけど、役の感情に大きな魂の塊をぶつけて演じたら、必ずや視聴者から僕の演技の核心に迫る反応があるはずだと思って演じているわけです。そうすると、マンションの隣りのおばさんとか、住民の人たちが、「本当に良かったわ」と声をかけてくれるわけです。僕としたら、「なんで、この声掛けを監督がやってくれないんだ？」という気持ちがあるわけです。隣りのおばさんが、彼女の確かな目で、僕の演技の確かなポイントに反応してくれるのに、日本の映画の現場で、そこに言及されることがない。でも、相米さんは、僕の演技に何か核みたいなものを見つけたら、必ず、変な声をかけてきます。本質的な部分を見てくれているのがよくわかる。なぜなら、それが見えた瞬間に、相米組が一斉に動き出すから。

――スタッフ全員の呼吸と動きが有機体みたいに連動しているような感じですね。「風花」はファーストシーンでの男と女のその前の晩の残り香が強く残っている場面から始まるのですが、ああいう目に見えないセクシュアルな匂いはどうやって培養されていくんでしょうか？

浅野　あの夜のことはよく覚えてます。いわゆる、他の現場は段取りで進んでいくことが多いのですが、あの晩の現場はナイトクラブにずっといるみたいなムードがあるわけですね。みんなとてもリラックスしていて。でも、相米監督が、スタッフ全員に、「お前たちはあっちに行っていろ」と人払いをして、小泉さんと僕と二人で棒で地面に落ちている桜の花をつついたりとか、なんでもない遊びをして、ダラダラ話していると、それがものすごく現場を色っぽいものにしていくというか。

そうすると、小泉さんからえもいえぬ匂いみたいなものが発散されてくるんですけど、そういうものは、最初からオープンに出てくるものじゃない。相米監督が女優さんの魅力を引き出すのがうまいと言われるのは、出るまで待つことだと思うんですけど、僕、勝手な印象でいうと、日本の女優さんはやっぱりあの、映像より舞台のほうが断然いいなあと思うことが多いんですね。

——私も、映像の女性像より、舞台での女性像のほうが、圧倒的に幅があるから、女優さんたちも演じていてこっちのほうが面白いだろうなと劇場に行って感じることが多いです。

浅野　舞台には稽古の期間があるわけで、女優さんはそう簡単にはオープンにはできないものを内面に持っている。人によっては、カメラの前に出ると、オープンにするどころか、逆に殻に閉じこもっちゃうこともあるわけで。内面から何かを発してもらうにはやっぱり時間を掛けて、すごく丁寧に対応して、心の底からリラックスした状態の中にいてもらわないとダメだと思う。相米監督は「お前、バカだな」みたいな言葉も使うし、平気で「下手だな」とかも言うし、でもそれは怒りじゃなく、愛のある言い方だから、女優さんのバリアがそこでバーンって解けたりするんですよね。あの桜の下のファーストシーンの夜、小泉さんにも相米さんはそういう風に接していて、そのうち、「キョンキョン、飲んじゃえば?」「本当に飲んで、酔っぱらってもいいよ」とか声掛けしていて、ああ、相米さんは、映画っぽいものが撮りたいんじゃなくて、映画が撮りたいんだなというのがよくわかるというか。それであああいう場面が出来上がったんですけど。

——現場で印象深かった小泉さんの表情は?

浅野　あの時の記憶にあるのは、小泉今日子さんという女優さんのことではなく、レモンのことしか覚えてないんですよね。小泉今日子さんはレモンとして現場でずっと苦悩しているんです。目の前にいる廉司という男が、もしかしたら何かの希望になるのか、ならないのか。ずっとそのテンションを保って思考している。そういう小泉さんの一人の世界が存在していて、僕としては、廉司があいう男だから、どうにもできない。廉司を演じている俺としては、レモンに何かしなきゃいけない気もするけど、面倒くさくもある。そういう廉司の心境にさせてくれたのは、やっぱり、あの時のレモンさんですかね。とにかくずっと切ない状態で、小泉さんは現場に居ました。

――廉司さんがまた、殴りたくなるような嫌な男なんですよね。前半は車のシーンが多いので、画的《え》にはシンプルに、切り返しになってしまいますよね。

浅野　何しろ俳優主体で動いてますから、相米監督はリハーサルのときに、「スタッフ、キョンキョンと浅野がやることをちゃんと見ておけよ」と。これが他の現場となると、本来こんなことはあってはいけないことですけど、スタッフの都合で俳優を動かすことがある。相米さんは、「はい、ここでこう振り向いて」というのはない。何度もリハーサルをして、俳優が最後に面白いと思った事だけは何回か繰り返してくれと。演技の本質的な部分を繰り返すからつらくない。時には技術スタッフの問題で、どうしても動きが制約されることが出てきますが、そういうとき、相米監督はこういう言い方をしたんです。「(撮影監督の)町田(博)さんが、どうしてもそこの位置だと撮れないって言うんだけど、浅野くん、この場面だけ、町田さんのためにこっちに来られる?」と。もちろんですと返すと、町田さんも嬉しそうなんですよね。

――2021年7月に横浜シネマリンで相米監督の没後20周年の特集上映をした際、トークイベントで木之元亮さんのお話を聞いたのですが、「風花」の焼き肉屋で、廉司が北海道の悪口を延々と言っているとき、地元のお客さんに殴られるという場面がありますけど、そのお客さん役の木之元さんに相米監督が「とにかくここで、浅野を困らせてくれ」という明確な演出をされたそうなんです。

浅野　やあ、確かに困りましたね（笑）。そうですか、そんな指示があったんですね。さっき、金原さん（筆者）が廉司のことを殴りたくなるような男だって言ってくれましたけど、それで本当にどこだかわからない町で突然、殴られるわけですよね。それが僕自身も予想外だし、滅茶苦茶緊張感があったと言ったら変だけど、「なんだ？　なんだ⁉」という混乱はありましたよね。あの場面だけでなく、相米監督は本当に僕を混乱させるために、いろんな俳優さんを呼んでいて、そのことを俳優さんたちも理解して、仕掛けてくるから、より混乱した状況になっているというか。だから、リアクションとして嘘じゃなくなっているんですよね。それはやっぱり面白かったですね。

——大雪山系の山の中にある愛山渓温泉に二人が辿り着いて、レモンは雪原の中で睡眠薬を飲んで、自殺を図りますが、助けに行く廉司が、脚本の印象から何倍も滑稽なんですよね。悲壮な状況なのになぜかおかしい。どうしてそうなったんですか？

浅野　脚本に書かれていたことを僕はやっていたに過ぎないと思うんですけどね。最初から廉司は滑稽な男だし、適切な例えかわからないんですが、お笑いの三四郎の小宮浩信くんみたいな、余計なことを真面目に言ってしまって、周囲から叩かれるじゃないけど、その天然な感じは、脚本から受け取っていた要素です。けれどそれ以上に、相米監督と接する中で、監督が絶妙なリアクションで喜んでいることに常に応えようとした結果が、ああいう形になったんでしょう。

——相米監督の喜ぶ表情に誘導され、ああなったと。私の手元には、月刊シナリオ2001年2月号に掲載された「風花」の脚本があるのですが、そのバージョンでは、後日談として、廉司はその後、日本語学校の先生になっているとか、東京の街中でばったり、レモンと再会するエピソードがあるのですが、ばっさり割愛されたのは何故ですか？　後日談の東京編は撮影したんですか？

浅野　今、指摘されるまで、そんなシーンがあったことを僕も忘れていました。僕の記憶では、後日談は撮らなかったはずです。

——相米監督が俳優の考えに委ねていたというのに対し、おそらく今、日本映画のいろんな現場で、製作日数や予算に制限があり、状況が厳しくなっているのではないかと思います。浅野さんが相米組の現場にあったもので、次世代に引き継いでもらいたいというものはありますか？

浅野　今、金原さんが指摘したことは、多くの映画人が同様に考えていることだと思いますけど、でも、日本の現場が厳しくて俳優に時間をかける余裕がないという認識は、幻想でしかないと思っているんです。「おかえりモネ」でＮＨＫはものすごくいろんなチャレンジをしていて、僕の演技にもたっぷり間を取らせた演技をさせてくれているんですね。いろんな現場で言われた「すみません、もうちょっと短めに演技してください」という言葉は演出家から一切出ない。いろんな年齢の視聴者が見ている番組なので、いろいろな制約があるのかと思っていたら、逆だった。僕の演技もそんなに時間がかかっていないんですよ。

僕が言いたいのは、日本の映画の現場では、俳優にかかる負担が多すぎる。ミリ単位の位置でここの動きはこうしてくださいなどという。俳優たちが脚本を丹念に読んだ中で自然と生まれる動きを封じ、監督やカメラマンが、俳優の立ち位置から座る場所、動きまで全部決めてしまう。何か、ロボットみたいな状態で、なおかつ時間がないと急《せ》き立てられる。

でもね、カメラが撮りたいのは俳優なんですよね？　そういう間違った状況の中で若い映画俳優たちに何を一番伝えたいかと言ったら。「自分に目を向ける」ってことだと思いますよ。今言ったように、現場は余計なことをどんどん言ってくる。たまに現場によっては、俳優の好きにやってもいいという幸運にも恵まれる。要するに滅茶苦茶な状況で、その中で何を信じればいいかっていうと、自分しかないわけですよね。自分の中の廉司とコネクティングして見つけた何かを絶対に表現しなくてはいけないわけで、それが見つかるまで、何度も何度も探して演じるしかない。僕が相米さんに唯一言われた具体的な指示は、「浅野くんはバカだから、何回も台本を読んでくれ」でした。それから僕は台本をよく読むようになった。なぜならそこに答えが書いてあるからです。

——浅野さんはアメリカの映画にも多く出演していますけど、メジャーのスタジオでの映画作りにおいて、相米監督との共通点を感じることはありますか？

浅野　アメリカも俳優主体で、頭ごなしに映画監督から「こうやろう」という問いかけはありません。役者の動きにカメラのフォーカスが合わなくてNGという場合も、俳優のせいにされることはないし、フォトグラファーは、「次は絶対、きみの動きにフォーカスを合わせるから！」と言ってくれる。でも、日本の現場では悲しいことに、俳優の動きをカメラが捉え切れなかったら、カメラマンのほうが「次はこう動いてくれ」とリクエストを出してきて、自分たちのほうが俳優に合わせて動こうとはしない。それって演技を見ていない証拠で、風景ばかり見ている人が多い。アメリカの撮影部はそんな態度を取りません。お客さんは、俳優の内面から生まれたエネルギーしか見ていないですから。そのことをアメリカの映画人はとてもよく理解している。ただ、俳優をリスペクトしすぎて、甘やかして、時に俳優がわがままになりすぎるケースも出てくる。僕はそういう状況に居合わせたとき、「違う、ここはスタッフを動かさなくても、君の演技の技術でいくらでも乗り越えられるだろう」と思うときがあります。ともあれ、僕ら俳優にとってカメラマンが一番の味方になってくれないといけないし、信頼関係があってこそなんですよね。でもそれは簡単なことで、俳優の呼吸にカメラを合わせればいいだけのことだから。僕ら俳優の芝居を見て、カメラマンがその芝居にうっとりしていれば、おのずとフォーカスが合うはずなんです。だから、プロデューサーも映画監督もカメラマンもカメラを覗いて場所ばかりを見るのではなく、俳優そのものを見てくれ。それが相米組で得たものです。

——浅野さんの提言を聞けてよかったです。これがあるのとないのとでは、大違いだと思います。先日、三浦友和さんに、浅野さんは毎朝、相米さんの写真と対話していると聞きましたが。

浅野　仏壇に相米監督の写真を飾っていて、毎朝、水をお供えして、挨拶して、出かけていく存在なんです。ときに僕の不満を聞いてもらったり、励ましの言葉をいただいたり、そういうやりとりを毎朝交わしています。それはとても怖いことでもあるんです。毎日、厳しい目で睨まれていますからね。「浅野、逃げんなよ」っていつまでも言われ続けているような気がしているんです。

巡礼——風花

2021年撮影
井の頭公園の石垣

写真=星川洋助

回想

小泉今日子

風花

我々の世代が1回ぶち壊さないといけないのかなって思いますよね。

82年、歌手デビュー。日本歌謡史に数々のヒット曲を残す。同年、テレビドラマで女優デビューも。翌年、崔洋一監督の「十階のモスキート」で映画初出演。和田誠監督の「快盗ルビイ」、黒沢清監督の「トウキョウソナタ」、前田司郎監督の「ふきげんな過去」など、映画女優としても活動。舞台出演も多く、２０１６年の「日の本一の大悪党」以降は、演出・プロデュースも積極的に手がけている。２０２０年、映画「ソワレ」のアソシエイトプロデューサーを務めた。

構成＝金原由佳

――「風花」は相米慎二監督のフィルモグラフィにおいて、新しい変化が見受けられる作品だと思います。公開当時、個人的に不思議に思っていたのは、小泉今日子という10代からメディアの第一線で走り続けてきたエッジーな才能を持つ現代的な女性に、男性に尽くし、借金を背負い、娘を手放して風俗で働くという運命に対してかなり受容的な女性を演じさせる、つまりは私たち観客が小泉今日子という人に持つパブリックイメージの変換を利用して、悪い言い方をすると依存している企画に感じたのですが、小泉さん自身はどう感じていたのでしょうか？

小泉今日子　いや、全くそんなことは考えたこともなかったですね。今思い出せる範囲でお話しすると、当時、私のいた事務所は歌謡界との繋がりは強かったけれど、あまり映画界との繋がりがないところだったので、まず「風花」の台本が、カメラマンの町田博さんから私の知り合いのスタイリストさんに預けられたんです。でも、スタイリストさんは私的な仲介はよくないと考え、脚本を送り返したと聞いて、監督は誰だったか確かめると「相米監督だった」と。「え？　ちょっと待って」となって、当時の夫だった永瀬（正敏）くんにその話をしたら、「ぜひ受けたほうがいいよ」と、永瀬くんが相米さんに連絡を取ってくれて一緒に会うことになったという経緯なんです。私ありきの企画だという意識は全くなかったんだけど、今日、この取材の前に、「風花」のＤＶＤを見直したんですけど、「ここがまた新しいデビューだと思っている」とメイキングの中の私が言っていたんですね。それまで自分の意思でいろんなものを選ぶということは元々やっていたけれど、映画でそういうことを始めるのが「風花」だったと思う。じゃあ、相米さんはなぜ、私を選んだのかはもう確かめようがないんだけど、「共犯者」の撮影現場に相米さんが竹中直人さんの陣中見舞いでいらしていて、紹介だけされて、

「初めまして」みたいな挨拶を交わしたんです。もちろんその前から相米さんの映画は好きだったし、永瀬くんから話を聞いていたこともあったから、やるやらないは置いておいて、どんな企画をどんな風に私に持ってきてくれたのか、すごく興味があって会いに行ったんですね。

――3人で会ったとき、映画の内容の具体的な話はされたんですか?

小泉　口説かれるっていう感じでもなく、「共犯者」の話になって、そのとき、相米さんが、現場にいる私を見て、「いろんなことを持て余してるような気がしたんだ」と言ったんです。結局、その言葉が気になって、引き受けたような気がする。

――手元に月刊シナリオ2001年2月号掲載の「風花」の脚本があるのですが、小泉さんが演じた女性はキャスト表には富田百合子とありますが、脚本には一貫して、レモンという名でのセリフが並んでいますよね。原作は娼婦という設定ですが、シナリオでは風俗店勤務となっていて、実際にこの業界で働く女性に事前にお話を聞いたそうですが。

小泉　相米さんといっしょに、SM嬢の方に会ったんです。その世界ではかなり売れっ子だったらしいんです。なぜ、その人には会わせてくれたのかというのはすぐにわかったんだけど、妹さんがそのSM嬢として名を馳せた方で、お姉さんがマネージメントをして支えてるみたいな。そのSM嬢の方は相米さんの頭とか触って、「ハゲ」って言ったりして、ずっとケラケラ笑っていて、豪快にでもなく、微笑むというのでもなく、ケラケラケラ、カラカラカラと笑っていて、何か真面目な話をしてもスルっとすり替えて面白い話をするみたいな方で、ああ、これを見せたかったんだろうなっていうふうに私は思っていたから。それは廉司（浅野忠信）との会話とか、車に乗ってるときだとか、そういうところにその感じっていうのを出したいなって思ってやってた記憶があります。

――撮影に入る前に、相米監督から何か資料などは渡されたのでしょうか？

小泉　ルポライターの永沢光雄さんのインタビュー集の「AV女優」を渡されて読んで、興味深かったから自分で「AV女優2」を購入して、それも読みました。

――先程の百合子とレモンという二面性を抱えたキャラクターについてですけど、相手役の浅野忠信さん演じる廉司も官庁勤めの官僚としての顔を捨てきれない男で、二人ともなにかひとつ、膜をはったような人物ですよね。特に廉司は尊大な態度をとる男で、レモンに向けた侮蔑的な発言で百合子が傷つき、でも、彼女はそれをやり過ごすこともできる。映画の大半が二人芝居で、廉司役の浅野忠信とどう対峙するのかというのが、小泉さんに課せられた仕事だったのかなと。

小泉　どうだったかな。相米さんの言うには、もう相性最悪の二人という。

――それはお二人の演技のタイミングのことでですか？

小泉　そういうことではないと監督は言っていて、DVDのメイキングの話に戻るけど、監督が私のことを、「賢いからそのシーンを成立させようとする演技をする」というニュアンスのことを言っていたのね。「でも、映画ってそうじゃなくていいから」と。私は状況を把握して、こうすれば成立するという考え方をしちゃうみたいなことを言っていました。そういう意味で、浅野くんは演技であまり着地しようとしないのかな。それが浅野さんの素敵ないいムードって感じがするけど、ただ、シーンによっては、どっちかは着地しなきゃいけなかったり、どっちかは浮遊していなくてはいけなかったり、そういうタイミングが合わないというところがあったのかもね。で、「だからこそ、この映画のこの配役は正解なんだ」っていう風に相米さんは言ってました。

――確かに。そんなに最初から共鳴しあってはいけない役ですものね。

小泉　レモンはまだ何も自分の人生に確かな感覚というものを持てずにいて、ただひとつ、確かなのは子供を産んだことだけど、その一人娘も北海道の母親に引き取られ、東京という都会で一人、今日とか明日とかどうでもいいっていう境地だったのかな。それで、死のうと思ってたのかもしれないし、生きようと思っていたのかもしれない。ただ一人で現実と向き合うのがちょっと怖かったから、誰でもよかったんじゃないんですか。その誰でもよかった道行きの相手が廉司で、「雪のある所に行きたい」という返事が来たから共に北海道に行ったけど、もしかしたら他の人だったかもしれないし、そうなるとまた違うエンディングになるんだろう、そんな感じでとらえていたと思います。

――相米監督とのやり取りで、印象に残る言葉はありますか？

小泉　相米さんは浅野くんには「キョンキョンが綺麗に撮れればいいんだよ、お前なんかどうでもいいんだよ」みたいなことを言ってたって浅野くんが言ってましたけど、私には、遠くに立ってる浅野くんを指さして、「あの男があそこにああやって立っているんだよな、何考えているかわかんねえんだけど。そんとき、お前はどんな顔するんだよ」。そんなやりとりはよくあったな。そのとき、私って役者さんっていうメンタルじゃなかったみたい。さっき見返したら、より思いました。

――それはどうしてですか？

小泉　なんていうのかな。役を生きるっていうその気持ちはあるけど、役者さんってもっと勤勉だし、役を得るために何百回も台本を読むかもしれないし、自分でスキルをきちんと身に着けて、撮影の初日に立ったりするのかなと思うけど、あの頃はそれがまったくわかっていなかったと思う。

――それまでも数々の映画に出て鮮やかな印象を残していますけど、求められるものの質量が何か違ったということなんでしょうか。

小泉　瞬発力でやれていた若さがあったのかと思う。役者さんに憧れて目指した世界じゃなく、歌手になると演技をすることも普通に求められるんだなということから始めたから。相米さん然りだけど、当時はいろんなことを教えてくれる演出家がたくさんいて、そういう人たちにお金をもらいながら教えてもらっていたんだなって今になって思いますけどね。だから、覚悟みたいなものがちょっと違うのかな。いまだにちょっと不安に思うときがある。「他にも自分を表現する場所を持っているんだろうな、私って」と思うから。それは本当に役者一本でこの役、この映画ってやっている人にかなわないというか。そんな気持ちがあります。

――私、「風花」を見ていつも納得がいかないのが、レモンが北海道の実家に娘に会いに戻ったとき、実の母親（香山美子）や、その再婚相手の義理の父親（高橋長英）に「母親になる資格があるか」「会わせられない」と酷く冷たい対応をされることで、せっかく小泉さんが演じているのに、なぜ子供を取り上げられている女性の役なのか、シングルマザーで頑張る役でもいいのにと思ってしまうんです。

小泉　「小泉さんが演じているのに」ってことはよくわからないけど、でも、いまだに性産業で働く女性への偏見などはいっぱいあるし、私の友達にもAV女優をしたことがある人がいて、婚約まで行ったけど、最終的に親戚から反対されて破談になったり、いまだにそういうことありますよ。

――ああ、なるほど。

小泉　レモンの設定って、実母がお坊さんと再婚しているんですよね。それはね、ああいう拒否反応になるかなと思う。特に地方だと。ちょっと話が変わるけど、コロナ禍で、東京に出て来て働いている人が故郷に戻ると、「なぜ、戻ってきた」と後ろ指を指されるみたいなことってあったじゃないですか。「風花」は東京と北海道でかなり距離があって、やっぱり価値観は違うんじゃないかな。私が演じる演じないは別として、レモンは一人で、東京で、頑張っていた。懸命に生きていたことを描くためには、あの母親の反応は必要なことだったんじゃないかなと思うけど。

――確かに、コロナにおける感染症対策として、全国民が外出を控えて、静かに生活を送るための持続化給付金だったはずなのに、政府の方針で性風俗事業者は除外されましたものね。無店舗型性風俗店を運営する会社が国に給付金を求めた訴訟の、東京地裁での第1回口頭弁論で、国側は「性を売り物とする性風俗業者は本質的に不健全」と断定して、給付対象外は合理的だと反論していたことを思い出しました。

小泉　だから相米さんがなぜ、私にこの役をという問いにまた戻るんだけど、相米さんはそういうことを壊したかったのかもね。今、金原さん（筆者）が言ったみたいに、「小泉さんだったら女一人で子供を育てるような役でよかったのに」ってことは、私が役者として見られていないという感じがするじゃない。そういう「小泉さんだったら……」という枕詞を持て余してるように見えた、そういうことなんじゃないのかな。その前に「踊る大捜査線　THE MOVIE」や「共犯者」でチャレンジしているけど、どうしても、そういう風に見られてしまう。でも、この人、何かを持て余してはいるけど、やる気はあるようだ、みたいに見えたのかも。

――スタッフのことを聞きたいのですが、「風花」は撮影の町田博さんをはじめ、照明技師も新しい顔合わせの人で、何か変わろうとしていたのかなと感じるんです。

小泉　最初に相米さんに声をかけた若杉正明さんもテレビ関係の方で、「風花」が初めて手掛けた映画で、足りないところをお願いするために椎井友紀子さんをプロデューサーに迎えたんじゃないかしら。

――ファーストシーンの、東京の桜の満開の下でのレモンと廉司の前の晩、何があったのか、男と女の艶《なま》めかしい残り香が立ち上がる場面から始まりますが、北海道に行ってからはそういう匂いが全く遮断される。小泉さんが相米さんの演出スタイルに触れて、面白かったところは？

小泉　ファーストシーン、すごくいいですよね。私は大好きです。あの作品は意外と時間軸が行ったり来たりしているじゃないですか。レモンにも、廉司にも回想のシーンがあって、確かに相米さんは何か少しチャレンジングだったのかも。演出の面白さは、結論というか、答えに向かわないこと。それは、「風花」以降、今もよく考えるときがあります。相米さんは休憩中にふと、関係のない話をしたりするんだけれど、次のシーンにいったとき、「あ！　だから、あの話をしたのか」という謎といか、「ああして、こうして」という指示とは、全く違う誘導があるんです。これが黒沢清監督だったら、本番に入る前に、動きを全て決めてくださって、「あなたはここで、こうして動いて」と一人ずつ説明していって、キッチンのほうに歩いていく動きは黒沢監督が全部決めるんだけど、そこからキッチンに行くまでの動機は自分で考えてくださいという。それで、みんなの動きがパッと合うと、

「もう回したいんですけど」と直ぐカメラを回すスタイル。一方、相米さんは俳優の動きは何も決めない。本当は頭の中で決めているのかもしれないけど、「演技とか、技術とか、そういうことじゃなくて、画面の中でお前はどう生きるんだ?」。そこに技術があればもっと良くなるんだろうなと、そこが面白かったかな。簡単に言うと、相米さんとは心理戦。もちろん、どちらも面白いんですけどね。

——相米さんは囲碁がお好きで、頭脳戦もあったかもしれませんね。

小泉　映画が出来上がってから相米さんは「この映画は虚弱体質だ」ってすごく心配してたんですよね。公開前後には湿疹とかいっぱい出ていて、「お前と浅野で何とかしてくれ」というから「プロモーション、頑張るよ」っていつも言ってたの。釜山国際映画祭に一緒に参加したときも、壇上の挨拶で、「この映画は虚弱体質なんで、みなさんの、拍手に堪えられるかどうか」と言っていて、さっき金原さんが言った新しいことに挑戦したことでの不安があったのかもしれないし、後から思えば、もう体調が悪かったのかもしれない。現場でも変な咳をしているなあって思ったりしたんだよね。そしてその虚弱っていうのは、この映画はという言い方をしていたけど、20世紀から21世紀へと変わるときで、そういうことへの違和感もあったのかもしれない。私が、「21世紀になったら相米さんは生き字引として頑張ってね」みたいな発言をしたら「そんなの見たくもねえよ」と言われたんです。「そんなのまっぴらごめんだ、お前がやれよ、生きて伝えていけよ」って。それは、亡くなってからもずっと残ってる言葉です。

——「風花」の完成後は大学の先生をする予定だったたし、次世代の育成みたいなものは頭にあったと思うんです。永瀬さんの言葉を借りると、「小泉さんも、浅野さんも、『風花』のあとに活動を含め演技もすごく変わった」ということですが、小泉さんは完全に作り手のほうにシフトチェンジされたじゃないですか。

小泉　これは後から相米さんのマネージャーだった田辺順子さんから聞いた話だけど、亡くなった相米さんの部屋に「キョンキョンはプロデューサーに向いているから、プロデューサーやらせよう」というメモがあったんだそうです。それは、やっぱり、今の私の行動には影響があると思う。

――そうなんですか！　小泉さんは2020年に外山文治監督の「ソワレ」のアソシエイトプロデューサーを務め、初の映画製作に挑戦されたので、ある種、相米監督の予言があたったことになりますね。

小泉　「ソワレ」に関しては、映画制作会社である新世界合同会社を共に立ち上げ、代表を務める豊原（功補）の意思や理念が強い作品なんですけど、彼は助監督時代の相米さんと会っているらしいんです。相米さんを筆頭に、その当時に出会った監督たちとの仕事や現場を見てきた経験が、外山さんとの映画作りに反映されたわけですけど、私は音楽や舞台はともかく、映画に関しては、まだプロデュースしているといっても自信がなくて、サポートしているという感覚ですかね。舞台は作りたい内容の脚本を作って、チケット代を決めて、劇場に何人入ったら黒字になる、赤字になるというシンプルな計算なんですけど、映画は資金を集めるために複数の企業による製作委員会方式や、配信を前提にしたビジネス形態とか権利が複雑に絡むし、「風花」の頃に比べると、格段に権利関係が増えている気がして、勉強が全然足りない。シンプルにいいものを作りたいけれど、最初から「うちはこういう作品じゃないとやりません」みたいな制約や条件提示がすごく多い。だからみんな似たような作品が増えちゃうかなと思うし、特に若い人向けに作ろうとすると、キラキラとした恋愛ものとか漫画の原作ものを指定されてしまう。

だから、昔、相米さんたちがディレクターズ・カンパニーで挑戦したように、ATGで佐々木史朗さんが冒険したように、我々の世代が1回ぶち壊さないといけないのかなって思いますよね。せっかく、新しいことをしてきた先代たちと出会って、いろんなことを教えてもらった私たちなんだから、初老の私たちの世代がちょっと団結して、手を繋いで、いろいろと壊してみたりする？　そういうことをしなきゃいけないのかなって思う。そういうときに、相米さんと関わっていた人たちが集まったらかっこいいなと思うんですよ。

——そうですよね。「風花」には、相米監督のデビュー作の「翔んだカップル」に出ていた鶴見辰吾さんが小泉さんの夫役で、尾美としのりさんは風俗店の店長役で出ていて、ほっとしますよね。

小泉　寺田農さんも出ているし、（笑福亭）鶴瓶さんもラストのクレジットで、カエルの声で出ているしね。

——相米監督は青春映画が多いから、相米さんと10代で出会った人たちがまだ50代で、なおかつまだ第一線で活躍されているから集結するとすごいですね。

小泉　やっぱり、永瀬くんとか薬師丸ひろ子さんとか、相米さんの話をいろいろしたことがあるけど、彼らにとっては相米さんって10代のときにすごい衝撃と共に出会っているから、原体験に近いんですよね。そこが始まりじゃないですか。もう、ひろ子さんは、「翔んだカップル」のときはずっと相米さんの膝の上に座っていたって。だから、大人になって出会った私とは全然違うんだと思う。私はどちらかというと中井貴一さんとか、柄本明さんと一緒に話すときの相米さんの印象が一致していて、撮影で会うと、必ず「相米が生きていたら、これ見てなんていうかな」っていう話になるんです。私はさっき話したように、相米さんがいつもと違うスタッフと組んだ映画に出たので、いわゆる相米組と言われるスタッフとは組んでいないけど、でも、役者の中の相米組というのは確実に感じるんですよね。そこを体験したか、してないかっていうので、仲間としての意識も違うし、やっぱり演技という表現の中で目指す方向が、ちょっと違うのかなと感じるんです。同じ方向が見えているから、共演していてすごく嬉しいとか、安心するとか。それは「毎日かあさん」で組んだ永瀬くんとも、「あまちゃん」でのひろ子さんともそうでした。

——そうか、相米組の役者全員集合とか、見てみたいです。きっと面白いし、予測不能。

小泉　「風花」は佐藤浩市さんのお坊ちゃんで、今、俳優になっている寛一郎くんがちっちゃい子役として出てらっしゃるんですよ。レモンからに戻った顔でが自分の部屋のベランダから外を見ているとき、近所の公園のジャングルジムに男の子が登っていて、お母さんが「降りておいで」みたいなやり取りをしている。それは私の見た風景としてインサートされるショットなんだけど、相米さんから依頼を受けた浩市さんが奥様と息子さんを撮影現場に連れてきて、自分は映画に出ないのに、一生懸命演技指導していたのね。

——そうか。結果的に、寛一郎さんが、相米映画に出た最年少の俳優となったんですね。三國連太郎さん、佐藤浩市さん、寛一郎さんと三世代で相米映画に出ているんだ。

小泉　本人は覚えてないと思うけど（笑）。でも、「出たんだよ」って言われているかも。

――伝承というのはこの本を作るうえでの大きな目的なのですが、小泉さんは次世代に相米イズムというものを伝えるとしたら、何を伝えますか。

小泉　やっぱり、また原点に戻るけど、〝成立させるってことが映画じゃない〟っていうことでしょうか。いかに映画の中に生きるってことが、映画の中で役者がすることかもしれないですね。それはアドリブをするとか、そういうことじゃなく、カメラの前で本当に心が空っぽに一瞬なったり、そういうことも含めて映画だよっていうことなのかな。私は役者のメンタルにちょっと行き着いていない気がするから、このくらいしか言えないのかなとか思うし。

そして、〝成立させるってことが映画じゃない〟ということは監督にも言いたいよね。特に若い監督やプロデューサーたちに。今、映画を作ろうと思ったら、関わる人が多いだろうし、「こんなものだったら売れるんじゃないか」とか「こういう役者さんを起用しとけば安心じゃないか」「原作があったほうがいいんじゃないか」とか、どうしても考えちゃうだろうし、そうじゃないと食べていけないのかもしれない。相米さんはワンカットの長回しが有名だけれど、それって漫然と撮っているわけじゃなくて、映画を一本として考えたときに必要な場所にちゃんとそれがある。今は、カメラはデジタルだからどんどん撮れちゃう。いっぱいカットを撮らないと、後で編集のときにないと困るという撮り方が多い。それはそれでいいけど、フィルムを無駄にできない時代は、きちんとコンテを作って、でも、監督が現場で役者の顔を見たとき、用意していたコンテはさておき、今日はやっぱりアップを撮ろうというライブ感があったと思う。全部それでやれとは言わないけど、押さえのために何カットも保険で撮るのは正解ではないんじゃないかな。カメラの創成期、写真を撮られると魂を抜かれるって時期があったでしょ。それは昔、昔の話だけれど、今でもどこか、そういうことだと思うんです。

俳優は魂を込めるから、結構大変だったりする。技術が新しくなることはいいことで、だから昔と違う映画が作れるわけだけど、選択肢の中に「成立させることを目指さないっていう手もある」というのを知って欲しいかな。「ソワレ」の監督の外山くんはそういう感じを持っていたかも。1回原点にかえってみる。みんなも、私も。それが相米さんとの出会いから持ち続けていることです。

あとがき

映画評論において映画監督のコンセプトや思考や演出を探って、ひとつの作品を考察していく方法論がスタンダードだとしたら、相米慎二の映画でその方法をとると、大きな見間違いをしてしまうことになる。彼の映画作りに於いて、演者である俳優たちの自主性の度合いは途轍もなく大きい。スクリーンサイズの中のどこに立ち、座り、何を見て、何に憤り喜び、どう動くのかのイニシアティブは俳優の手にすっぽりと委ねられる。それを三浦友和は「放置プレイ」と言って笑い、斉藤由貴は今も演技をしているとき、引き出しから演技をしようとする自分を悲しげに見つめる相米慎二がそこにいるという。そして浅野忠信は相米組の俳優第一主義と巡り合えたからこそ、今も演技をしていると語る。

映画スタッフたちの役割もそれぞれのパートの仕事を越えて、演出の領域にときに積極的に、時に乱暴に丸投げされ、アクセスしていた。本書でスクリプターの今村治子が「台風クラブ」でのいくつかの名場面の元となる種の発案者だったことを語っているが、「雪の断章―情熱―」のファーストシーンの長回しも照明の熊谷秀夫と美術の小川富美夫の発案だったことは有名だ。私が参加した「夏の庭 The Friends」の終盤の重要な場面は、相米監督が美術部を中心とする若手スタッフにコンペをさせ、当時アシスタントだった都築雄二の描いた「三國連太郎さんが髭を剃っている途中で亡くなる」というイメージボードを「いいな、採用!」となって子供たちとの別れの場面となった。ついでに言うと、相米監督の意向を受けてか、カメラマンの篠田昇は毎シーン、正式スタッフでもない私にカメラのファインダーを覗かせて、今から何が写るのかを確認させせた。こんなことが許されたのは今に至っても相米組だけで、祭りともいうべきラジカルで、自由な映画作りを語らねば、相米映画の本質は伝わらない。それがこの「相米慎二という未来」を作る上での基盤となった。

この本では、制作順ではなく、ランダムな時系列の紹介となっている。佐藤浩市が言うように、相米映画では何を見るかは、観客に主導権があるからだ。こんな面白い映画作り、未来に伝えなくて、どうする!

金原由佳

相米慎二　そうまい・しんじ

1948年1月13日、岩手県盛岡市で生まれた。父親の転勤で6歳のときに北海道標茶町に転居し、58年に父親を失う。その後小学校5年のときに札幌市、中学3年の時に釧路市に移る。北海道釧路江南高等学校を卒業し、中央大学文学部に進学、72年同大を中退、長谷川和彦の口利きで契約助監督として日活撮影所に入所した。長谷川や曽根中生、寺山修司の下で主にロマンポルノの助監督を務めた。助監督時代には杉田二郎のペンネームも用いている。76年にフリーランスとなる。80年、「翔んだカップル」で映画監督としてデビュー、81年、「セーラー服と機関銃」で興行的な成功を収めた。82年6月、長谷川和彦、根岸吉太郎、黒沢清ら若手監督9人による企画・制作会社「ディレクターズ・カンパニー」を設立。85年の「台風クラブ」は第1回東京国際映画祭（ヤングシネマ）でグランプリを受賞。その後、93年の「お引越し」で芸術選奨文部大臣賞を受賞。同作は第46回カンヌ国際映画祭のある視点部門に出品された。98年の「あ、春」は1999年度キネマ旬報ベストテンの第1位に選出されたほか、第49回ベルリン国際映画祭で国際映画批評家連盟賞を受賞した。2001年、小泉今日子主演の「風花」を発表。同年6月、体調不良のため病院で検査を受けて肺癌を告知され、8月中旬より療養生活を送り、9月5日に容体が急変し、9月9日16時10分に神奈川県伊勢原市の病院で死去した。享年53。同年1月公開の「風花」が遺作となった。葬儀は9月14日に築地本願寺にて営まれた。没後は青森県三戸郡田子町相米地区にある先祖代々の墓に埋葬され、同地区には「相米慎二慰霊碑」が建立された。

フィルモグラフィ

翔んだカップル（1980年）
セーラー服と機関銃（1981年）
ションベン・ライダー（1983年）
魚影の群れ（1983年）
ラブホテル（1985年）
台風クラブ（1985年）
雪の断章—情熱—（1985年）
光る女（1987年）
東京上空いらっしゃいませ（1990年）
お引越し（1993年）
夏の庭 The Friends（1994年）
あ、春（1998年）
風花（2001年）

1985年、東京国際映画祭、ヤングシネマグランプリを受賞。相米慎二と、審査委員のベルナルド・ベルトルッチ

［編者］

金原由佳

映画ジャーナリスト／兵庫県神戸市出身。関西学院大学卒業後、金融業界を経て映画業界に。相米慎二監督とは「お引越し」の取材で出会い、「夏の庭 The Friends」「あ、春」の撮影現場を密着取材した。現在、「キネマ旬報」、朝日新聞、「母の友」（福音館書店）などで映画評を執筆。著書に「ブロークン・ガール 美しくこわすガールたち」（フィルムアート社）、共著に「伝説の映画美術監督たち×種田陽平」（スペースシャワーネットワーク）。インタビュー集に「アクターズファイル 永瀬正敏」「アクターズファイル 妻夫木聡」「アクターズファイル 浅野忠信」（キネマ旬報社）。２０２０年から東京国際映画祭作品選定コミッティメンバー。書籍「相米慎二 最低な日々」企画協力（取材部分の構成を務める）。

小林淳一

編集者／東京都出身。立教大学卒業後、ぴあ株式会社に入社。「Invitation」編集長などを務めた。退社後、「東京カレンダー」「女優美学」編集長などを経て、フリーの編集者に。著書に、相田冬二との共著「ＳＭＡＰとは何だったのか」がある。２０２１年、渋谷、横浜で行われた特集上映「没後20年 作家主義相米慎二」（主催・A PEOPLE）の企画者のひとり。編集した書籍・ムックに「ケイゾク／雑誌」「雲のむこう、約束の場所 新海誠 2002―2004」「SPEC MAGAZINE」「相米慎二 最低な日々」（２０２１年９月発売）などがある。現在、フリーで活動しつつ、カルチャーサイト「A PEOPLE」編集長を務める。

資料提供　小川富美夫
「光る女」
絵コンテ・写真（Ｐ１７６‐１７７）
「雪の断章―情熱―」
設計図・絵コンテ（Ｐ98‐１０３）
「東京上空いらっしゃいませ」
絵コンテ（Ｐ１２２‐１２３）
「風花」
絵コンテ（Ｐ２４６‐２４７）
正田俊一
「光る女」絵コンテ（Ｐ１７４‐１７５）

協力　中央映画貿易／東宝／バンダイナムコアーツ

特別協力　ムスタッシュ
編集協力　田辺順子／榎戸耕史

相米慎二という未来

2021年9月6日　第1刷発行

編者　金原由佳　小林淳一
発行者　田中賢一
発行　株式会社東京ニュース通信社
〒104-8415 東京都中央区銀座7-16-3
TEL 03-6367-8004

発売　株式会社講談社
〒112-8001 東京都文京区音羽2-12-21
TEL 03-5395-3606

印刷・製本　株式会社シナノ

ISBN978-4-06-525276-5